ソクラテスからデカルトまで

山本 新著

北樹出版

まえがき

　若いひとが哲学をまなぼうとするばあい，人間の生きかたの問題にたいするこたえを期待してのことがおおいのではないだろうか。しかし人間の生きかたの問題にたいするこたえを期待して，哲学の古典とされる本をよもうとすると，失望におわることもおおいのである。哲学の古典のなかには，人間の生きかたの問題にふれているものもあるが，ふれていないものもすくなくないからである。哲学の古典をよもうとして失望したひとは，哲学への興味をなくして，哲学からはなれる。哲学をまなぼうとするひとは，哲学の古典を入手するまえに，哲学とはなにか，哲学にはどのような種類があるのかを知っておく必要があるであろう。

　哲学とはなにか，という問いにたいするひとつの無難なこたえは，それは世界観についての学問的な研究である，というものであろう。哲学とは，世界観すなわち世界の見かたについての学問的な研究である。このばあいの「世界」とは，地球とか宇宙という意味での世界ではなく，人生，自然，社会，科学，芸術，宗教などをふくむ，ひろい意味での世界である。哲学とはそれゆえ，人生，自然，社会，科学，芸術，宗教などの見かたについての学問的な研究である，ということになる。哲学は，世界のなかのなにの見かたについての研究であるかによって，おおくの種類に分けられる。たとえば，人生の見かたについて研究するのは人生哲学であり，自然の見かたについて研究するのは自然哲学であり，社会の見かたについて研究するのは社会哲学である。ほかにも，科学哲学や芸術哲学や宗教哲学など，おおくの種類の哲学がありうるわけである。

　哲学（世界観についての学問的な研究）はおおくの問題をあつかうが，哲学があつかう問題のなかにはつぎのような3種類の問題がふくまれる。(1)「人間はいかに生きるべきか」やそれに関連する問題。たとえば，人間は道徳や良心の声（命令）のようなものにしたがって生きるべきであろう

か。人間の道徳は，すべての人間にあてはまる普遍的なものであろうか。それともある時代や社会の人間にのみあてはまる，相対的なものであろうか，など。(2)「世界はいかにある（存在する）か」やそれに関連する問題。たとえば，世界は永遠の昔から存在しているものであろうか。それともあるとき，神によって創造されたものであろうか。また感覚的な世界のほかに，より実在的な世界が存在するのであろうか，など。(3)「人間の知識はいかにしてなりたつか」やそれに関連する問題。たとえば，人間のすべての知識は経験に起源をもち，経験にもとづくのであろうか。それとも経験にもとづかない，理性のみによってえられる知識も存在するのであろうか，など。これらの問題のうち，(1)の種類の問題にこたえようとするのが倫理学であり，(2)の種類の問題にこたえようとするのが形而上学(存在論)であり，(3)の種類の問題にこたえようとするのが認識論である。哲学には，主要な分野として，倫理学と形而上学と認識論という3つの分野が存在するのである。

　「倫理学」という分野を確立したのは，前4世紀のギリシアの哲学者アリストテレスである。アリストテレス以前にも，倫理学の主張はおこなわれていた（人間は善く生きることがたいせつであるとするソクラテスの主張など）のであるが，倫理学という分野を確立したのは，アリストテレスである。アリストテレスの『ニコマコス倫理学』が，倫理学の最初の体系的な著作である。『ニコマコス倫理学』によると，人間の徳には，知性的な徳（知恵，思慮など）と倫理的な徳（勇気，節制など）の2種類がある。倫理的な徳は，人間の情意にかんする徳であり，おおすぎること（過度）とすくなすぎること（不足）の中間の状態（中庸）をたもつことである。たとえば勇気という徳は，無謀と臆病の中間の状態をたもつことであり，節制という徳は，放埓（ほうらつ）と無感覚の中間の状態をたもつことである。

　「形而上学」という分野を確立したのも，アリストテレスである。アリ

ストテレス以前にも，形而上学の主張はおこなわれていた（イデアが実在するものであり，感覚的な事物は実在しないものであるとするプラトンの主張など）のであるが，形而上学という分野を確立したのは，アリストテレスである。アリストテレスの『形而上学』が，形而上学の最初の体系的な著作である。『形而上学』によると，実在するものはイデアではなく，個物すなわち，感覚的な個々の事物である。そして個物は，質料と形相（けいそう）がむすびついたものである。質料というのは，個物を形成する素材のことであり，形相というのは，個物の本質や目的のことである。たとえばレンガのばあい，レンガの素材である土が質料であり，レンガの本質（レンガとはなにか）や目的（レンガのつかいみち）が形相である。

　「認識論」という分野を確立したのは，17世紀のイギリスの哲学者ロックである。ロック以前にも，認識論の主張はおこなわれていた（イデアについての知識が真の知識であり，感覚的な事物についての知識は見かけの知識にすぎないとするプラトンの主張など）のであるが，認識論という分野を確立したのは，ロックである。ロックの『人間知性論』が，認識論の最初の体系的な著作である。『人間知性論』によると，生得観念（人間が生まれながらにもっている観念）は存在しない。神の観念も，生得観念ではない。観念が生得的であるためには，普遍的にみとめられていることが必要であるが，神の観念は，普遍的にみとめられているとはいえないからである。生得観念が存在しないとすると，人間のもつ観念はどこから生ずるのであろうか。それは経験から，というのがロックのこたえである。人間の心はもともと，文字がなにもかきこまれていない白紙（タブラ・ラサ）のようなものであり，この白紙の心に観念という文字をかきこむのは，経験である。人間のもつすべての観念や知識（観念から構成される）は，経験から生ずる。

　本書は，ソクラテスからデカルトまでの6人の哲学者の生涯と哲学についてのべたものである。各章でひとりずつの哲学者をとりあげ，その前半

の部分（§1）で，哲学者の生涯についてのべ，後半の部分（§2）で，哲学者の哲学についてのべている。前半の部分には，哲学者が生きていた時代の概観や，哲学者の主要な著作の要約もふくまれている。また後半の部分には，哲学者の著作からの抜粋や，入手しやすい著作（日本語の翻訳）のリストもふくまれている。

　各章の前半の部分は，＊で区切られた3つの部分（時代の概観，哲学者の生涯，主要な著作の要約）からなっている。「時代の概観」の部分をよむのがわずらわしいと思われる読者は，さきに「哲学者の生涯」の部分をよんでいただいてもかまわない。「哲学者の生涯」の部分をよんで，言及されている歴史的事件の概要を知りたいようなときに，「時代の概観」の部分にもどってよんでいただけばよいのである。「主要な著作の要約」の部分は，哲学の古典への読書案内として役立てていただけるのではないかと思う。

　（本書中，哲学者の文章を引用するさい，諸先生の翻訳を参照させていただきました。翻訳をつうじて諸先生よりうけた学恩にたいして，心からの謝意を表します。）

目　次

まえがき i

第1章　ソクラテス
§1. ソクラテスの生涯 2
§2. ソクラテスの哲学 17

第2章　プラトン
§1. プラトンの生涯 36
§2. プラトンの哲学 55

第3章　アリストテレス
§1. アリストテレスの生涯 78
§2. アリストテレスの哲学 98

第4章　アウグスティヌス
§1. アウグスティヌスの生涯 118
§2. アウグスティヌスの哲学 140

第5章　トマス・アクィナス
§1. トマス・アクィナスの生涯 158
§2. トマス・アクィナスの哲学 177

第6章　デカルト
§1. デカルトの生涯 196
§2. デカルトの哲学 218

あとがき 235

第1章

ソクラテス

ソクラテス
(前469年〜前399年)

ソクラテス関連地図

§1. ソクラテスの生涯

アテナイ（アテネ）にはもともと，王政がしかれていた。アテナイの伝説によると，前13世紀ごろの王テセウスが，周辺の町や村のアテナイへの統合を達成して，のちの都市国家アテナイの基礎をきずいたのだという。また前11世紀ごろの王コドロスが，ドーリア人のアテナイへの侵入を阻止して，アテナイを滅亡の危機から救ったのだという。

アテナイの王政は，コドロスの死後，貴族政に移行した。貴族政においては，貴族だけが政治や裁判を担当する役人になることができ，アルコン（執政官）とよばれる役人が最高の権限をあたえられていた。前7世紀ごろ，富裕な貴族と平民とのあいだの抗争がはげしくなり，前594年にアルコンにえらばれたソロンは，貴族と平民とのあいだの調停をこころみ，一部の平民に政治参加への道をひらいた (ソロンの改革)。

アテナイの貴族政は，ペイシストラトス父子の僭主政の時代（約半世紀）をへて，民主政に移行した。アテナイの民主政の基礎をきずいたのは，クレイステネスである (前508年・クレイステネスの改革)。クレイステネスは，アテナイの市民を10部族に分け，各部族の代表者（50人ずつ）から構成される「500人評議会」を設置した。評議会は，民会 (成年男子の市民の総会) へ提出する議案を予備的に審議する機関であり，民会とともに，アテナイの民主政治の根幹をなす機関である。クレイステネスはまた，「陶片追放」(オストラキスモス) という制度をはじめたことでも知られている。陶片追放は，僭主 (独裁者) となるおそれのある人物の名前を陶片にかいて投票させ，それが一定数にたっした人物を10年間国外に追放するという制度である。

東方では，アケメネス朝ペルシア（前550年に建国）が急速に領土を拡大し，東はインダス川から西はエーゲ海にたっする，空前の大帝国を形成しつつあった。前500年，小アジア沿岸のギリシア人の諸都市が反乱を

第1章 ソクラテス

おこし，ペルシアと戦ったが，数年後に鎮圧された。この反乱にアテナイが援軍を送ったことから，ペルシア王ダレイオス1世はアテナイに報復しようとして，ギリシア本土に遠征軍を送り，ペルシア戦争をはじめた (前492年)。マラトン平原の戦い (前490年) では，アテナイ軍がペルシア軍をやぶり，ペルシア軍はギリシア本土から（余力をもちながら）撤退した。アテナイは，ペルシア軍の再度の襲来にそなえて，スパルタと同盟をむすび，海軍力を増強した。10年後 (前480年)，ペルシア王クセルクセスじしんの指揮のもとに襲来したペルシア軍は，テルモピレーの戦いでスパルタ軍をやぶり，一気に南下して，アテナイに侵入した。アテナイの将軍テミストクレスは，市民をアテナイから退去させ，海上での決戦にもちこむ作戦をとった。アテナイ海軍を主力とするギリシア海軍はサラミスの海戦でペルシア海軍に大勝し，それを見ていたペルシア陸軍もアテナイから撤退した。翌年 (前479年) のプラタイアの戦いでも，スパルタ・アテナイ連合軍がペルシア軍をやぶり，ギリシア方の勝利が決定的になった。これでペルシア戦争はほぼ終結したのであるが，ギリシアとペルシアとのあいだにはなお冷戦状態がつづき，前449年のカリアスの和約によって，正式にペルシア戦争が終結することになる。

　プラタイアの戦いでギリシア方の勝利が決定的になったとはいえ，プラタイアの戦いののちも，ペルシアの脅威は存在していた。アテナイは，ペルシア軍の襲来にそなえるため，前478年，エーゲ海沿岸やエーゲ海の島々のポリス（都市国家）によびかけて，デロス同盟を結成した。同盟に加盟したポリス（200以上）は，軍船と水兵を提供するか，あるいは軍資金を拠出しなければならなかった。最初デロス島におかれていた同盟の金庫は，のちにアテナイに移された。カリアスの和約（前449年）によってペルシア戦争が正式に終結し，同盟もその存在理由をうしなったのであるが，アテナイは同盟を存続させた。同盟は以後，アテナイによって支配されたポリスの集団に変わらないものになった。

プラタイアの戦いののちの約50年間が，アテナイの黄金時代であり，とくに最後の約15年間が，アテナイの全盛期である。全盛期の指導者はペリクレスであった。ペリクレスの時代，政治の民主化が徹底され，ほとんどの役職(技術と経験を必要としない役職)が市民に開放された。大多数の役人は，市民のなかから抽選（くじびき）によってえらばれた。裁判の陪審員も，市民のなかから抽選でえらばれた。すべての成年男子市民からなる民会が，国政の最高機関としての役割をはたすようになった。町の中心にあるアクロポリスの丘に，15年の歳月（前447年～前432年）をかけて，壮麗なパルテノン神殿が建築された。パルテノン神殿の建築や装飾を指揮したのは，ギリシア最大の彫刻家とされるペイディアスである。ギリシア演劇が隆盛をみたのもこのころである。ギリシア演劇は，ディオニュソス神の祭りの行事としておこなわれ，審判員の投票によって優劣の順位がきめられた。アイスキュロス，ソポクレス，エウリピデスなどの悲劇詩人や，アリストパネスなどの喜劇作家が活躍した。

前431年，アテナイとスパルタが対立し，ペロポネソス戦争がはじまった。ペロポネソス戦争は，アテナイを盟主とするデロス同盟と，スパルタを盟主とするペロポネソス同盟との戦争であり，ギリシア世界全体をまきこむ大戦争であった。アテナイの開戦時の指導者ペリクレスは，海軍だけで敵地を攻撃する作戦をとり，アテナイの市民に農地をすてて城壁内に移ることを強要した。食糧は外国から輸入することにした。スパルタ王アルキダモスはしばしば，陸軍を指揮してアテナイ領内に侵入し，農地を荒らしたり，民家を破壊したりしてひきあげた。開戦の2年目，エチオピアに発生して各地にひろまった疫病（ペスト？）がアテナイをおそい，籠城中のアテナイ市民のあいだに蔓延した。疫病は2年にわたって猛威をふるい，開戦時のアテナイの人口（約30万人）の，およそ3分の1がうしなわれたとされる。ペリクレスも疫病の流行の2年目に，66才でなくなった。ペリクレスの死後には有能な指導者があらわれず，アテナ

イの民主政治は，民衆煽動家（デマゴーゴス）にあやつられる衆愚政治におちいってしまう。

ニキアスの和約（前421年）によってもたらされた平和も長つづきしなかった。好戦的なアルキビアデスが将軍にえらばれ，民衆の支持をえて，アテナイ軍の無謀なシケリア島（シチリア島）への遠征を決行した（前415年）。アルキビアデスは，シケリア島へついてまもなく，神にたいする不敬罪を問われてアテナイに召喚されたが，召喚に応ぜず，敵国のスパルタに逃亡した。そして祖国への反逆者となって，スパルタにアテナイを攻略するための策をおしえた。スパルタは，アルキビアデスの勧告にしたがい，シケリア島に援軍を送ってアテナイ軍（遠征軍）を壊滅させ，アテナイ北方のデケレイアを占領して北方からアテナイへの食糧の補給路を断った。またスパルタは，ペルシアの資金的な援助をえて海軍力を強化し，ヘレスポントス海峡のアイゴスポタモイの海戦でアテナイ軍をやぶって（前405年），黒海方面からアテナイへの穀物の輸入路をおさえた。その翌年，スパルタ軍がアテナイを包囲するにおよんで，アテナイはスパルタに全面的に降伏した。

アテナイには，スパルタの支援のもとに，クリティアスを中心にした三十人政権（寡頭政権）が樹立された。クリティアスは，戦争犯罪者を処罰し，危険分子をのぞくという口実のもとに，反対派のひとびとを殺したり，財産めあてに，富裕なひとびとを殺したりした（1年足らずのあいだに1500人以上を殺したといわれる）。反対派のおおくのひとびとは国外にのがれたが，ボイオティアにのがれた民主派のひとびと（トラシュブロスやアニュトスなど）は，三十人政権にたいする武力抵抗団を組織した。抵抗団はじょじょに勢力を拡大し，アテナイの表玄関であるペイライエウス港の台地でクリティアスの軍と対戦し，これをやぶった。クリティアスは戦死し，三十人政権は1年足らず（8か月ほど）で崩壊して，アテナイに民主政が回復された。

＊

　ソクラテスがアテナイに生まれたのは、プラタイアの戦いの10年後の、前469年である。父親のソプロニスコスは石工（彫刻師）であり、母親のパイナレテは産婆（助産婦）であった。パイナレテは、前夫とのあいだにひとりの男の子があり、その子をつれてソプロニスコスといっしょになったということであるから、ソクラテスにはひとりの異父兄がいたことになる。父親のソプロニスコスがアテナイの名士アリステイデス（の息子）と親交をもっていたことや、ソクラテスが後年、重装歩兵（自家伝来のよろい、かぶと、たてで武装し、やりをもって戦う兵士で、一定の財産がなければなれなかった）として出征したことなどから、ソクラテスの生家は、かなりよい家柄で、ある程度の財産にもめぐまれていたと推定される。ソクラテスは少年時代、当時のアテナイの法律や習慣にしたがって、音楽や体育などの基礎的な教育をうけた。

　ソクラテスの回想談（獄中における）によると、ソクラテスは青年時代、自然哲学の問題に関心をもち、自然哲学の研究に熱中した。当時の自然哲学では、自然のもとの物質（アルケー）はなにか、大地は丸いか平たいか、地球は宇宙の中心にあるのかどうか、などの問題が研究されていた。ソクラテスは、そのような問題に関心をもち、自然哲学の研究をつづけているうちに、しだいに自然哲学に不満の思いをいだくようになる。自然哲学は、なにが善であり、なにが悪であるかについておしえてくれないではないか。大地が丸いというのであれば、なぜ大地が丸いことが善であるのかについてこたえてくれないではないか。地球が宇宙の中心にあるというなら、なぜ地球が宇宙の中心にあることが善であるのかについてこたえてくれないではないか。

　そのような不満の思いをつのらせていたとき、ソクラテスは、アナクサゴラスが「知性（ヌース）が万物の原因である」と主張しているときい

第1章 ソクラテス

て, 興味をおぼえる。アナクサゴラスは, 知性が万物の原因であり, 知性が万物を秩序づける, と主張しているという。知性が万物を秩序づけるのであれば, 知性は万物を, それが最善であるようなしかたで秩序づけるであろう。アナクサゴラスの書物をよめば, 事物がどのようなしかたで存在するか, なぜそのようなしかたで存在するのが最善であるのか, についておしえてもらえるにちがいない。そう考えて, ソクラテスは大急ぎでアナクサゴラスの書物を手にしてよんだのであるが, ソクラテスの期待はみごとにうらぎられる。アナクサゴラスは知性に重要なはたらきをさせていなかったのである。知性を事物の原因としているわけではなく, 空気とか水とか, そのほかたくさんのくだらないものを原因としていたのだった。それはたとえば, 行為の原因について, つぎのように説明するようなものだ, とソクラテスはいう。ぼくがここに（獄中に）すわっているのは, ぼくの肉体が骨と腱（けん）からできており, 腱をのばしたり縮めたりしてひざをまげることができ, それが原因で, ぼくはこうしてひざをまげてすわっているのだと。しかしそのようなものは真の原因ではない, とソクラテスはいう。真の原因とは, ぼくが（逃亡しないで）ここにすわっていることが善いことであり, 正しいことであると思ったというそのことなのだと。

ソクラテスの関心は, 空気や水のような, 素材としての原因にではなく, 善や正義のような, 目的としての原因にむけられている。ソクラテスは, 自然哲学が素材としての原因を重視し, 目的としての原因を重視しないことに失望して, 自然哲学の研究をすてる。

ソクラテスが40才にちかいころ, ソクラテスの友人のカイレポンという男が, デルポイのアポロン神殿にゆき,「だれかソクラテスよりも知恵のある者がいるか」というおうかがいを立てた。それにたいする, 神殿の巫女のこたえ（神のこたえ）は,「ソクラテスよりも知恵のある者はだれもいない」というものであった。ソクラテスは, 帰国したカイレポンからこの

ことをきき，ひじょうにおどろく。自分が知恵のある者ではないということは自分でよく知っている。それなのに神は，わたしがいちばん知恵のある者であるという。いったい神はなにをいおうとしているのであろうか。ソクラテスは長いあいだ思案したすえに，自分よりも知恵のある人物を見つけだして，ここに自分よりも知恵のある人物がいるではないですかと神託に異議をとなえ，神託を反駁しようと考えた。そしてソクラテスは，知恵のある人物と一般に思われているひとびと，たとえば政治家，悲劇詩人，技術者（手に技能をもつひと）といったひとびとを訪問して，その知恵を吟味してみることにした。

　ソクラテスは，これらのひとびとを相手に問答をかわし，観察しているうちに，つぎのことに気づいた。これらのひとびとは，知恵のある人物と一般に思われており，自分じしんでもそう思いこんでいるけれども，たいせつなことについてはなにも知らない。かれらは，自分の職業にかんする知識はもっているけれども，たいせつなこと，すなわち善美のことがら（魂の善さ）についてはなにも知らない。このことに気づき，そして考えて，ソクラテスはつぎのような解釈（結論）に到達した。知恵のある人物と思われているひとびとは，たいせつなことについてなにも知らないにもかかわらず，自分では知っているつもりでいる。わたしは，たいせつなことについてなにも知らないから，そのとおりに，知らないと思っている。この点で，わたしはかれらよりもまさっている。自分が知らないということを知っている（無知の知）という一点で，わたしはかれらよりも知恵のある者である。このように解釈して，ソクラテスは，「ソクラテスよりも知恵のある者はいない」という神託の正しさをみとめたのである。神託を反駁しようとして，逆に神託の正しさを立証することになったのである。

　ソクラテスは，「（無知を自覚している）ソクラテスよりも知恵のある者はいない」という神託を，自分にたいする神の命令としてうけとった。

第1章 ソクラテス

その命令というのは，ひとびとに無知を自覚させて知をもとめるようにさせよ，ということである。ソクラテスは，この命令を実行するために，アテナイのひとびと（知者にかぎらず）との問答をはじめた。広場（アゴラ）や街頭や体育場にでかけてゆき，ひとびとをつかまえて，「正義とはなにか」，「勇気とはなにか」というようなことを問いかけ，問答をつうじて，ひとびとに無知を自覚させようとした。しかし無知の自覚をせまられたひとはどのように反応するだろうか。はじめのうちはがまんして問答に応じていても，しまいには腹を立てて，ソクラテスを罵倒して追い払うということがおおかったのである。ソクラテスはそのような，ひとびとの冷たいしうちにも耐え，精力的に問答をつづけた（ソクラテスは自分を，アテナイというにぶい馬を覚醒させるために神からつかわされたあぶにたとえている）。知者を自任するおおくのひとびとはソクラテスを憎み，軽蔑したが，ソクラテスの問答に興味をもち，ソクラテスの問答に耳をかたむける青年たちもおおくあらわれた。かれらはソクラテスのあとにつきしたがい，ソクラテスの問答をきいたり，しばしば自分たちで，他のひとびとに問答をしかけたりした。かれらのおおくは，閑暇にめぐまれ，好奇心にあふれた，貴族の子弟たちであった。

　広場や街頭で問答をくりかえすソクラテスは，なにか役に立たない議論に熱中する，風変わりな人物として，アテナイのひとびとに強い印象をあたえた。そしてソクラテスは，天体や生物のことをしらべたり，自分の立場を強弁して議論に勝つ方法をおしえたりする，というようなうわさもひろまったのである。ソクラテスが46才のときに上演された，アリストパネスの『雲』という喜劇は，そのような一般のひとびとのうわさをもとにしてつくられている。『雲』のだいたいのあらすじをのべてみよう。田舎出の主人公ストレプシアデスは，ぜいたくな都会の女と結婚して，財産を浪費したうえ，その息子がまた馬道楽にふけったので，借金の利子の支払いにもこまるほどの窮地におちいってしまった。かれは苦慮のすえ，息子

をソクラテスの主宰する学校（道場のようなもの）に入れることを思いつく。息子をソクラテスの学校に入れて，債権者を法廷でいい負かす方法を身につけさせようと思ったのである。というのは，ソクラテスの学校では，自分が正しくないときでも，自分の立場を強弁して議論に勝つ方法をおしえてもらえるときいたからである。しかしかれの息子は，ソクラテスの学校の青白い顔の連中に加わることを恥として，父親のいうことをきこうとしない。そこでストレプシアデスじしんがまず，ソクラテスの学校にいってみることにする。かれはソクラテスの学校を見てまわり，ソクラテスの指導をうけるなどして帰宅し，息子をもう一度説得して，ソクラテスのもとに弟子入りさせる。しかしその結果は，かれの予想に反するものであった。つまり，かれの息子がソクラテスの学校でまなんできたものは，父親であるストレプシアデスをなぐっておきながら，この不正な立場を，ことばたくみに弁護する方法だったのである。怒ったストレプシアデスは，ソクラテスの教育に責任があるとして，ソクラテスの学校におしかけて火を放つ，というところで『雲』の劇はおわる。

　ソクラテスが風変わりな人物と思われたのは，その風貌にも原因があるであろう。ソクラテスは独特の風貌をしていた。鼻はしし鼻で，鼻孔が大きく，その鼻孔がうえをむいていた。両目は左右にひろくはなれ，陰険な目つきをしていた。髪の毛は大きく後退していた。その風貌は，酒の神ディオニュソスの従者シレノス（馬の耳や尾をもち，怪異なすがたをしている）にそっくりであったという。背はひくいほうで，肥満体であった。あひる（水禽）が歩くように，胸をはり，腹をつきだして，身体をゆらしながら歩いた。夏でも冬でも粗末な衣服を一枚，身につけているだけであった。はきものをはかず，いつもはだしであった。寒い戦場でも，はだしで平然と氷（凍った道）のうえを歩いて，周囲をおどろかせたという。身体はすこぶる頑健で，ほとんど病気にかかるということがなかった（アテナイで疫病が流行したときも，ソクラテスはぴんぴんしていた）。

第1章　ソクラテス

　ソクラテスはこどものころからしばしば，ダイモン（鬼神）あるいはダイモニオン（鬼神的なもの）の声をきく，という神秘的な体験をした。それはなにかをなせとすすめる声ではなく，なにかをしようとするのを禁止する声であった。それは，ソクラテスがある場所から立ち去ろうとするのを禁止したり，ソクラテスがある人物に話しかけるのを禁止したり，話している最中にソクラテスの話を中断させたりした。ソクラテスはダイモン（ダイモニオン）の声を，自分の身に危険がせまっていること，あるいは自分が悪いことにちかづこうとしていることを警告する声とみなして，それを重視し，それにしたがおうとした。

　ソクラテスには，われをわすれて思索に没頭するくせがあった。思索に没頭しはじめると，周囲のよびかけにこたえなくなってしまう。あるとき，悲劇詩人のアガトンの家の饗宴にまねかれていたソクラテスが，食事がはじまるころになってもやってこないので，アガトンが召使にようすを見にいかせると，ソクラテスはとなりの家の玄関先に立ちつくして，思索に没頭している最中であった。召使がいくらよんでもこたえないので，そのままにしておいたのであるが，ソクラテスがやってきたのは，食事が半ばすんだころであったという。またソクラテスが北部バルカンの戦場にでかけたときのことである。ソクラテスが朝からおなじところに立ちつくし，思索に没頭していて，正午になっても夕方になっても動こうとしないので，おどろいたひとびとが寝具をそとにもちだして，夕涼みがてら（そのときは夏であった）寝具のうえに寝そべってソクラテスを見張っていたのであるが，ソクラテスがそこを立ち去ったのは翌朝，太陽がのぼるころであったという。

　ソクラテスが結婚したのは，50才のころである。相手は後世，悪妻として名をはせることになるクサンティッペという女性である。クサンティッペはソクラテスより，30才ほども年下であった。当時のギリシア人の社会では，おじとめいの結婚が異例ではなかったから，父娘ほどの年令差のある

男女が結婚することもめずらしいことではなかった。結婚は，子孫をのこし，家系をたもつためのものであり，恋愛を条件とするものではなかったのである。クサンティッペの悪妻ぶりは，おおくの逸話のなかで，多彩につたえられている。ソクラテスが友人との議論に熱中していて，クサンティッペの小言に耳をかそうとしなかったので，クサンティッペが怒って，ソクラテスの頭から水をあびせかけたとか，広場で，大ぜいのひとが見ているまえで，クサンティッペが（なにかのことで機嫌をそこねて）ソクラテスの上衣をはぎとってしまったとか，友人をつれて帰宅したソクラテスにクサンティッペが腹を立てて，食卓をひっくりかえしてしまったとか，いろいろである。おおくの逸話のなかで，クサンティッペはいろいろな悪態をつくのであるが，それにたいするソクラテスの態度は一貫している。ソクラテスは，クサンティッペになにをされても，いつも平然としていて，すこしも怒る気色がないのである。ソクラテスは，クサンティッペがなにか鳥や獣と同様なものであり，そのようなものを相手に本気で怒ってもしかたがない，とみなしている風なのである。クサンティッペの悪妻ぶりをつたえるおおくの逸話（ほとんどが後世のつくり話である）は，ソクラテスの非凡さを強調するために，クサンティッペをじっさい以上に無知で狂暴な女に仕立てあげたものであろう。

　ソクラテスは生涯に3度，戦地におもむき，戦いに参加している。37才のときのポティダイアの戦いと，45才のときのデリオンの戦いと，47才のときのアンピポリスの戦いである。ポティダイアの戦いは，ペロポネソス戦争の直前におこなわれた戦いで，デロス同盟に加わっていたポティダイアが，盟主のアテナイに反抗して，アテナイ軍の包囲攻撃（3年もつづいた）をうけたものである。ソクラテスが，寒中にはだしで氷のうえを平気で歩いたとか，一昼夜おなじところに立ちつくして思索に没頭したとかいわれるのは，ポティダイアに出征したときのことである。デリオンの戦いは，ペロポネソス戦争にふくまれる戦いで，アテナイがボイオティア

の要地デリオンを占領するためにおこなった戦いである。アテナイ軍の作戦は失敗におわり，アテナイ軍は敵の追撃をうけながら退却する破目におちいった。このときソクラテスは，重装歩兵として従軍していたのであるが，退却するアテナイ軍のしんがりをつとめて勇敢に戦い，アテナイの武将ラケスを感嘆せしめたという。アンピポリスの戦いも，ペロポネソス戦争にふくまれる戦いで，アテナイがスパルタ軍に攻略されたアンピポリスを奪還するためにおこなった戦いである。そのときのソクラテスの行動については，なにもつたえられていない。

　ソクラテスが65才のとき，ペロポネソス戦争が終結し，スパルタの支援のもとに三十人政権（寡頭政権）が樹立された。そして66才のとき，その三十人政権がたおされ，アテナイに民主政が回復された。ソクラテスがアテナイの法廷に告訴されたのは，アテナイに民主政が回復されて4年後のことである。そのころは，ペロポネソス戦争の敗北と三十人政権の恐怖政治という，不幸なできごとが一段落ついて，ひとびとは，あのような惨状をアテナイにもたらした責任者はだれであったのか，と過去をふりかえり，周囲を見まわしていた時期なのである。

　ペロポネソス戦争でアテナイが敗北にむかう大きな転機となったのは，アテナイ軍のシケリア島への遠征の失敗であり，その遠征を決行し，みずから失敗にみちびいた（スパルタに援軍を送らせて）のは，アルキビアデスであった。（スパルタに要地デケレイアの占領を勧告したのも，アルキビアデスである。）またペロポネソス戦争の終結後に，恐怖政治を強行して，おおくのひとびとを殺した三十人政権の中心人物は，クリティアスであった。アルキビアデスとクリティアスが，アテナイの敗北とその後の混乱をもたらした責任を負うべき人物であることは，だれの目にもあきらかであった。しかし，アルキビアデスはアテナイの敗北直後に暗殺され，クリティアスもすでに戦死していた。2人ともすでになくなっていたが，2人はそろいもそろって，若いころ，ソクラテスのおしえをうけ，

ソクラテスと親しく交流した人物であった。2人にたいする憎しみが，2人を教育したソクラテスにむけられたのも，やむをえないことであったのである。

　ソクラテスは，アテナイに民主政が回復された4年後に，アテナイの法廷に告訴された。ソクラテスを告訴したのは，メレトス，アニュトス，リュコンの3人である。メレトスは悲劇詩人であり，アニュトスは民主派の政治家であり，リュコンは弁論家である。告訴の名義人はメレトスであるが，中心になって告訴を進めたのはアニュトスである。リュコンは告訴の手つづき上の準備をしたといわれている。クリティアスと戦い，アテナイに民主政を復活させたアニュトスが，メレトスを名義人に立てて，ソクラテスを危険人物として，アテナイの法廷に告訴したのである。告訴状には，ソクラテスの罪状と求刑について，つぎのようにしるされていた。「ソクラテスは，国家のみとめる神々をみとめず，べつの新奇なダイモンのまつりを導入し，また，青年たちを堕落させるという罪をおかした。その罪にたいして告発者は死刑を要求する。」

　アニュトスたちがソクラテスを告訴した理由のなかに，アルキビアデスやクリティアスをそだて，みずからも反民主主義的な傾向をもつソクラテスを，民主政をおびやかす危険人物として排除しようとする政治的な理由がふくまれていたことは疑うことができない。しかし，政治的な罪状をかかげてソクラテスを告訴することは，民主派と反民主派との和解の条件に，それまでの政治上の罪を問わないという条件があったから，ゆるされないことであった。そこでアニュトスたちは，一般のひとびとのソクラテスにたいする誤解や偏見を利用しながら，告訴状にのべられているような，あいまいな罪状をかかげて，ソクラテスを告訴しようとしたのである。

　アテナイの裁判は，陪審制による裁判であった。市民のなかから抽選によってえらばれた陪審員たちが，原告と被告の双方の弁論をきいて，有罪

第1章　ソクラテス

か無罪か（有罪であれば，どのような刑が適当であるか）の票決をした。陪審員の人数は裁判によってことなるが，ソクラテスの裁判のばあいには，501人であった。ソクラテスの裁判では，まず原告のメレトスとアニュトスが，ソクラテスの罪状をのべ，ソクラテスの有罪であることを主張した。それにつづいて被告のソクラテスが，自分の立場を弁明し，自分の無罪であることを主張した。ソクラテスは，その弁明のなかで，自分にむけられた一般のひとびとの偏見や中傷が根拠のないものであること，魂ができるだけ善いものになるように配慮しながら生きることがたいせつであること，などを主張した。ソクラテスの弁明のあとで，陪審員たちによる投票がおこなわれ，結果は，すくない票差で，有罪であった。有罪であれば，どのような刑が適当であるかを決定しなければならない。ソクラテスは，自分にふさわしい刑として，アテナイの迎賓館での食事を申し出たり，銀1ムナの罰金刑を申し出たりするが，裁判の結果を心配したプラトンやクリトンなどのすすめにしたがって，けっきょく，銀30ムナの罰金刑を申し出る。そして，原告のもとめる死刑が適当であるか，被告のもとめる銀30ムナの罰金刑が適当であるかを決定するために，もう一度，陪審員たちによる投票がおこなわれ，今度は大差で，ソクラテスの死刑が決定してしまう。

アテナイは毎年，デロス島へ聖船を派遣して，アポロン神に供物をささげていた。昔アテナイのテセウス（のちに王になった）がクレタ島に遠征して，怪物ミノタウロスを退治し，無事にアテナイに帰還することができたことへの感謝をあらわすためである。その聖船が，アテナイを出港してから帰港するまでのあいだ，アテナイでは不浄なことをつつしむならわしになっており，死刑の執行もゆるされなかった。ソクラテスが死刑の判決をうけたつぎの日に，デロス島へむかう聖船が（予定どおり）アテナイを出港したので，ソクラテスの死刑の執行は，聖船が帰港するまで延期されることになった。ソクラテスは死刑をまちながら，聖船が帰港するまでの

30日のあいだ，牢獄にとらわれていた。友人たちとの面会はゆるされていたので，ソクラテスは，牢獄に毎日やってくる友人たちを相手に，いつもどおりの談論をたのしんだ。友人たちは，牢獄にソクラテスを訪ねる一方で，ひそかに逃亡の準備をととのえ，再三にわたって，ソクラテスに逃亡をすすめた。しかしソクラテスは，国法にそむくことの不正であることを主張して，逃亡のすすめに応じなかった。

ソクラテスの死刑は，聖船が帰港した翌日の日没時に執行されることになっていた。そしてついに，その聖船がアテナイに帰港した。ソクラテスの妻のクサンティッペと3人の息子たち（長男は10代後半，次男と三男はまだ幼児であった）は牢獄にとまりこんで，最後の夜をソクラテスとともにすごした。つぎの日の早朝，ソクラテスの友人たちが牢獄にあつまってきた。クサンティッペは，友人たちの顔を見ると，「あなた（ソクラテス）がお友だちとお話なさるのも，これが最後なのですね」とかなしみのさけび声をあげた。ソクラテスは，友人にたのんで，泣きさけぶクサンティッペを家につれかえらせ，自分はベッドのうえに身体をおこして，手で足をさすりながら，友人たちとの談論をはじめた。ソクラテスは，死ぬことをすこしもおそれていない。自分がこれからゆくのは，賢明で善良な神々のもとへであり，すでになき，すぐれたひとびとのもとへであると考えている。ソクラテスにとって，死はおそろしいものではなく，きたるべき幸福な生への入口にすぎない。ソクラテスは，魂の肉体からの解放としての死について，魂の不死について，また死後の世界について，友人たちとの談論をつづけた。

いよいよ日没の時刻がちかづいてきた。ソクラテスは立ちあがって別室へゆき，沐浴をすませて，息子たちに家にかえるように命じてから，ふたたび友人たちのところへもどってきた。やがて日没の時刻がきて，刑務員の配下の者が死刑の執行をつげ，ソクラテスがそれに同意すると，毒を盛った盃を手にした男がやってきた。（毒は毒にんじんの種子や茎などを

すりつぶして水にとかしたものである。）ソクラテスは盃をうけとり，平然として，一気に飲みほした。盃をもってきた男の指示にしたがって，ソクラテスはしばらく部屋のなかを歩きまわっていたが，足が重くなってきたので，ベッドのうえに横になった。毒は足先から上体のほうへと，じょじょに効いてきた。足先が冷たくなり，すねやもものあたりが冷たくなった。腹のあたりまで冷たくなったとき，ソクラテスは，そばにいたクリトンに，医術の神（アスクレピオス）ににわとりを供えてくれるようにたのんで，しずかに息をひきとった。ソクラテスの臨終に立ち会ったのは，クリトンのほか，パイドン，アンティステネス，エウクレイデスなどのひとたちであった。プラトンは病気のため，立ち会うことができなかった。『パイドン』のむすびで，プラトンはパイドンにつぎのようにかたらせている。「これが，ぼくたちの友人，ぼくたちの知るかぎりでは，同時代のひとびとのなかで，もっともすぐれた，もっとも賢い，もっとも正しいというべきひとのご最期でした。」

§2. ソクラテスの哲学

哲学は，紀元前6世紀，小アジアのギリシア人の植民都市ミレトスではじまった。ミレトスは当時，ギリシア本土やエジプトや東方地域との交易によって，経済的に繁栄していた。ミレトスで活躍したひとびと（大商人）は，交易の必要から各地に旅行して，ことなる文化に接し，ひろい知識をもっていた。かれらは，ギリシア本土のひとびとに比べて，伝統的な宗教の見かたに束縛されることがすくなく，比較的に自由な立場で思索することができた。またかれらは，奴隷所有者であり，学問的な議論や考察をする閑暇にめぐまれていた。

初期の哲学は，自然のなりたちや現象を，神話をもちいて説明するのではなく，自然にそくして合理的に説明しようとするもの（自然哲学）で

あった。初期の哲学の中心の問題は，すべてのものがそれから生じ，すべてのものがそれへとかえってゆく，自然のもとの物質（アルケー）はなにか，という問題であった。

　最初の哲学者とされる，ミレトスのタレス（前624年ごろ～前546年ごろ）は，自然のもとの物質，つまりアルケーは水であると考えた。水は無限に存在し，水は動物や植物など，すべての生物の発生や成長に欠かせないものであり，水はさまざまなかたちに（氷や水や水蒸気に）変化する。このようなことを考えて，タレスは水をアルケーとしたものと推測される。タレスの弟子のアナクシマンドロスは，水のような特定のものから火や土などが生じたとは考えにくいことから，アルケーは「無限定なもの」（ト・アペイロン）であると考えた。無限定なものから，水や火や土のような特定のものが生じたというのである。また，アナクシマンドロスの弟子のアナクシメネスは，その無限定なものがすなわち空気にほかならないとして，アルケーは空気であると考えた。空気が希薄になると火になり，空気が凝縮されると水になり，その水がさらに凝縮されると土になるという。タレスとアナクシマンドロスとアナクシメネスは，いずれもミレトスのひとであり，この3人を「ミレトス学派」とよぶことがある。

　「すべてのものは変化する」という思想で知られるヘラクレイトス（前540年ごろ～前480年ごろ；小アジアのエペソスのひと）は，アルケーは火（もっとも変化しやすい物質）であると考えた。火が凝縮されると（空気をへて）水になり，その水がさらに凝縮されると土になるという（下り道）。また逆に，土が希薄になると水になり，その水がさらに希薄になると（空気をへて）火にかえるという（上り道）。すべての変化の根底には永遠の法則（ロゴス）があり，この法則によって世界は秩序をたもつことができるという。

　アルケーを，水や空気や火のような，1種類の物質であると考えると，

1種類の物質からいかにして世界の多様な事物が生じたのか，という問題が生ずる。1種類の物質が，濃くなったり，薄くなったりするだけで，世界の多様な事物が生じたとは考えにくい。そこでエンペドクレス（前494年ごろ～前434年ごろ；シケリア島のアクラガスのひと）は，アルケーは，1種類の物質ではなく，4種類の物質（土，水，火，空気）であると考えた。世界のすべてのものは，土，水，火，空気という4つの「根」（リゾーマタ）すなわち4つの元素から構成されている，というのである。ことなる事物のなかには，4つの元素がことなる割合でふくまれている。4つの元素じしんは変化しないものであり，世界のすべての変化は，4つの元素が混合したり，分離したりすることによっておこる。4つの元素が混合することによって事物が生成し，分離することによって事物が消滅する。4つの元素は「愛」の力によって混合し，「憎しみ」の力によって分離するという。

　小アジアのクラゾメナイに生まれ，約30年間アテナイに滞在したアナクサゴラス（前500年ごろ～前428年ごろ）は，アルケーとして，1つや4つのものではなく，無数のものを考えた。アルケーは，無数の種類の「種子」（スペルマタ）であるという。種子は無限小のものであって，性質によって区別されるものである。世界のすべてのものは種子から構成されている。すべてのもののなかには，すべてのものの種子がふくまれている。たとえば水のなかには，水の種子だけではなく，土の種子や空気の種子もふくまれている。それが水であるのは，水の種子がもっともおおいからである。われわれが食物をとって血や肉や髪の毛が生ずるのは，食物のなかに血や肉や髪の毛の種子がふくまれているからである。種子は変化しないものであり，世界のすべての変化は，種子が混合したり，分離したりすることによっておこる。アナクサゴラスは，種子の混合や分離をおこさせ，世界に秩序をもたらす力として，「知性」（ヌース）の力を想定している。知性の力はしかし，世界（原初的世界）に種子が充満し，混沌たる状態で

あったときに，そのなかにうずまき運動を生じさせただけであって，それ以後の世界には干渉せず，それ以後は，まったく機械的に種子の混合と分離がおこなわれて，現在の世界が生成されたのだという。

　デモクリトス（前460年ごろ～前370年ごろ；トラキアのアブデラのひと）もまた，アルケーとして，無数のものを考えた。アルケーは，無数の種類の「原子」（アトマ）であるという。原子は，それ以上分割することのできない微小な物質である。原子は，アナクサゴラスの種子のように性質によって区別されるものではなく，形と大きさ（と重さ）によって区別されるものである。世界のすべてのものは原子から構成されている。原子は，空虚な空間（真空）のなかを運動する。原子は永遠に変化しないものであり，世界のすべての変化は，原子が空虚な空間のなかを運動することによっておこる。色や味のような感覚的な性質は，原子の運動がわれわれの感覚器官にはたらきかけて生ずる現象であり，事物のなかに存在する性質ではない。原子はみずから運動するものであるから，愛や憎しみや知性の力のような，原子の運動をおこす力を考える必要はない。現在の世界は，原子の機械的な運動によって生成されたものである。世界にはもともと，無数の種類の原子が充満し，あらゆる方向に運動して，衝突をくりかえしていた。その世界に，自然に大きなうずまき運動が生じ，重い原子が中心にあつまって大地をかたちづくり，軽い原子はそとがわにおしやられて多数の小さなうずまきとなり，それらが乾燥して，灼熱の天体となったのである。物理的な現象のみならず，心理的な現象も，原子の機械的な運動として説明できる。世界におこるすべてのことは原子の運動であり，すべてのことは，原子の運動を支配する必然的な法則にしたがっておこる。なにごとも偶然にはおこらず，すべてのことは必然的におこる。過去におこったことも，現在おこっていることも，未来におこるであろうことも，すべてあらかじめ決定されているという。

　前5世紀の後半のアテナイには，ソフィスト（知者，学者）とよばれる

ひとたちが活動していた。かれらは弁論術の教師であり，高額の報酬をうけとって，貴族の子弟たちに，裁判で勝ったり政治家として成功したりするのに必要な弁論術をおしえた。かれらは，自然よりも人間や社会にたいして，強い関心をもっていた。そして，いろいろな人間や社会を観察した経験にもとづいて，自然（ピュシス）にかんすることがらについては普遍的な真理が存在するが，法律・習慣・道徳のような，人間にかんすることがら（ノモス）については普遍的な真理は存在しない，と主張した。ノモスは人間が勝手につくりだしたものであり，国家や社会によってことなるものであるから，ノモスについての真理は，相対的なものである。ノモスについての真理は相対的なものであり，普遍的なものではないから，ノモスの主張について，それが真理であるかどうかということは問題ではなく，それをいかにして真理らしく見せかけるかということだけが問題になる。こうして自分の主張を真理らしく見せかける技術（他人を説得する技術）としての弁論術が重視されることになり，ソフィストたちは，そのような弁論術をおしえることを職業とするひとたちであったのである。

　ソフィストとしてもっとも有名なのは，プロタゴラス（前500年ごろ〜前430年ごろ；トラキアのアブデラのひと。生涯に2度アテナイをおとずれている）である。プロタゴラスは，「万物の尺度は人間である」という主張で知られている。すべてのものの尺度はそれぞれの人間であり，すべてのものはそれぞれの人間に感覚されるようにある，という主張である。すべてのものは，わたしに感覚されるようなものとして，わたしにとってあり，きみに感覚されるようなものとして，きみにとってある。それぞれの人間に感覚されることが真理であり，それぞれの人間の感覚をはなれてなりたつ真理というものはない。真理はしたがって，相対的なものであり，それぞれの人間にたいする相対的な真理が存在するだけである。すべての人間にたいする普遍的な真理は存在しない。

ソクラテス（40代以降のソクラテス）も，ソフィストたちと同様に，自然よりも人間や社会にたいして，強い関心をもっていた。そしてソクラテスは，なによりも，人間の生きかたの問題（人間はいかに生きるべきかという問題）を重視した。ソクラテスは，人間の生きかたについて，ただ生きるということではなく，善く（美しく，正しく）生きるということがたいせつだ，と主張する。では，善く生きる，とはどういうことであろうか。それは，徳にしたがって生きる，ということである。そして徳とは，人間の魂の善さ（正義，勇気，節制，知恵など）のことである。人間は，徳すなわち，魂の善さにしたがって生きなければならない。人間は，自分の生きかたを吟味して，自分の魂ができるだけ善いものになるように配慮しながら生きなければならない。自分の魂が善いものになるように配慮する，ということがたいせつなのであって，金銭や評判や身体のことなどを，魂に優先させて気づかうようなことをしてはならない，とソクラテスはいう。

　ソクラテスのいう魂（プシュケー）とは，人間をして人間たらしめているところのもの，すなわち，人間の精神のことである。自然哲学者たちは，魂を物質的なものとしてとらえた。たとえばデモクリトス（代表的な自然哲学者）によると，魂は，球形でごく微小な原子のあつまりである。魂を構成する原子は，肉体を構成する原子のあいだをすりぬけてすばやく動き，感覚や認識などのはたらきをおこなう。肉体が死ぬと，魂の原子は肉体をはなれて空中に飛散する。肉体の死とともに魂のはたらきも消滅するのであるから，魂は不死ではないことになる。ソクラテスは，このような，魂を物質的なものとしてとらえる考えかたを否定する。ソクラテスによると，魂は人間の内面に存在するもの（精神）であり，いかにしても物質的，外面的にとらえることのできないものである。

　人間は，徳にしたがって生き，徳にしたがったおこないをしなければならない。徳にしたがったおこないをするためには，徳について知らなければ

第1章　ソクラテス

ならないが，逆に，徳について知るならば，徳にしたがったおこないをするはずだ，とソクラテスは考える。徳について知るならば，かならず，徳にしたがったおこないをする。徳について知りながら，徳にしたがったおこないをしないということはありえない。徳にしたがったおこないをしない人間は，徳について知らない人間なのである。ではなぜ，そのようなことがいえるのであろうか。ソクラテスによると，徳（にしたがったおこない）は人間に幸福をもたらすものであり，幸福をのぞまない人間はいないから，徳について知りながら，徳にしたがったおこないをしないことはありえない，というのである。

　人間が徳について知るためには，徳について知ろうとする意志をもたなければならないであろう。そしてそのためには，自分が徳についてなにも知らない，ということを自覚することが必要である。（無知を自覚しない人間は，知ろうとする意志をもたない。）それゆえ，人間が徳について知るためには，自分が徳についてなにも知らない，ということを自覚することが必要である。ソクラテスがひとびとをつかまえて問答をおこなったのも，自分が徳についてなにも知らない，ということをひとびとに自覚させるためであった。ソクラテスは問答によって，相手のこたえの矛盾をつきながら，徳について知っていると思っていたがほんとうはなにも知らなかったのだ，ということを相手に自覚させようとした。

　ソクラテスは問答において，相手にこたえさせはするが，自分ではこたえをのべない。相手にこたえさせるだけで，自分では無知をよそおって（ソクラテスの皮肉）こたえをのべないのはずるいやりかたのようにも思われる。なぜソクラテスはそのようなやりかたをしたのであろうか。それはソクラテスが，自分の力で発見した知のみがほんとうの知であると考えていたからである。自分の力で発見した知のみがほんとうの知であり，かならず実践にむすびつくような知である。それゆえソクラテスは，自分ではこたえをのべず，相手があくまで自分の力で知を発見することを

もとめたのである。問答によって，相手の思索を誘導しながら，相手が自分の力で，徳についてのほんとうの知を発見するのを助けようとしたのである。ソクラテスは自分の活動を，母親（パイナレテ）の職業である産婆のしごとにたとえている。ひとびとが徳についての知を発見するのを助ける問答のやりかたが，若い女性がこどもを産むのを助ける産婆のしごとに似ているからである。

ソフィストたちは，人間にかんすることがら（ノモス）についての真理は普遍的な真理ではない，と主張していた。それにたいしてソクラテスは，人間にかんすることがらのうち，徳（道徳）についての真理はすべての人間にあてはまる普遍的な真理である，と考える。徳についての真理は普遍的な真理であり，徳についての知は普遍的な知である。人間は，その徳についての知を愛しもとめながら生きなければならない。徳についての知を愛しもとめながら生きる生活こそ，人間の生きるべき生活である。ソクラテスは『弁明』のなかで，「知を愛しもとめながら生きていかなければならないことになっているのに，その場において，死をおそれるとか，なにか他のものをおそれるとかして，命ぜられた持場を放棄するとしたなら，それこそとんでもないまちがいをおかしたことになるだろう」，「わたしの息のつづくかぎり，わたしにそれができるかぎり，けっして知を愛しもとめることをやめないだろう」とのべ，「徳その他のことがらについて毎日談論するというのが，これが人間にとって最大の善なのであって，吟味のない生活というものは，人間の生きる生活ではない」とのべている。

ソクラテスは「哲学」（ピロソピアー）ということばをもちいた最初のひとである（ピュタゴラスがそれであるとする説もある）。「哲学」は「知を愛しもとめること」であるが，ソクラテスのばあい，知とは徳についての知であるから，「哲学」は「徳についての知を愛しもとめること」である。ソクラテスのばあい，徳についての知を愛しもとめる活動が「哲学」であり，そのような活動をすることが「哲学する」（ピロソペイン）と

いうことであり，そのような活動をするひとが「哲学者」(ピロソポス) である。

　ソクラテスの正義観や幸福観は，プラトンの『ゴルギアス』のなかによく表現されている。ソクラテスは『ゴルギアス』の前半で，ポロスというソフィストにたいして，つぎのような主張をする。魂の劣悪さをもたない人間は幸福であるが，魂の劣悪さをもつ人間は不幸である。不正をおこなう人間は魂の劣悪さをもつ人間であり，不正をうける人間はそうではないから，不正をおこなう人間のほうが，不正をうける人間よりも不幸である。そして，不正をおこなう人間のうちでも，さばきをうけない人間のほうが，さばきをうける人間よりももっと不幸である。不正をおこなう人間は，どっちみち不幸であるが，さばきをうけない人間（魂の劣悪さから解放されないでいる人間）のほうが，さばきをうける人間（魂の劣悪さから解放される人間）よりももっと不幸である，というのである。

　またソクラテスは『ゴルギアス』の後半で，カリクレスという実利主義的な政治家の挑戦をうける。カリクレスはソクラテスにたいして，つぎのような主張をする。平等にもつことが正しく，他人よりもおおくもつことは不正であるというのは，たんに法律・習慣のうえでのことであり，その法律・習慣とは，世の大多数を占める弱い人間どもが（少数の強者に対抗して）自分たちの利益をまもるためにさだめた約束ごとにすぎない。自然のほんらいにおいては，強者が弱者のものをうばい，強者が弱者を支配して，強者が弱者よりもおおくもつのが正しいのである。それゆえ，自然のほんらいに忠実に生きようとする者は，もろもろの欲望をおさえてはならず，欲望を最大限に解放して，勇気と思慮とをもって，それの充足をはかるべきである。欲望が充足されるところに，幸福があり，人間の卓越性があるのだ。正義や節制などの徳は，欲望を充足させることのできない者たちが，自分の無能を恥じて，これをおおい隠すためにいいだした，体裁のよい美名にすぎない。ソクラテスは，このようなカリクレスの露骨な挑戦

にもひるまず，むしろカリクレスの主張の率直さをよろこびながら，カリクレスの主張を冷静に反駁しようとする。そして，みち足りることのない放埓（ほうらつ）な生活よりも，あたえられたもので満足する節度ある生活のほうが，より幸福であることをカリクレスにみとめさせようとする。カリクレスはなかなか承服しないのであるが，ソクラテスは，来世におけるさばきと賞罰についての物語をのべ，徳を修めて生きることのたいせつであることを説いて，『ゴルギアス』の対話をおえる。

ソクラテスじしんは著作をのこさなかったので，ソクラテスの生涯や哲学について知るためには，他のひとびとの著作を参考にするしかない。ソクラテスの同時代人で，ソクラテスの生涯や哲学について知ることのできる著作をのこしたのは，アリストパネス（喜劇作家），プラトン（ソクラテスの弟子），クセノポン（ソクラテスの弟子，軍人）の3人である。(1) アリストパネスは，『雲』という喜劇のなかで，ソクラテスを痛烈に風刺している。『雲』のなかに登場するソクラテスは，天体を観測したり，生物を観察したりする自然哲学者であり，黒を白といいくるめ，弱い議論を強くする強弁の術をおしえるソフィストでもある。(2) プラトンは，対話形式のおおくの著作（対話篇）のなかで，ソクラテスを主人公として登場させている。今日ソクラテスの哲学とされているものは，プラトンの初期の対話篇のなかで（ソクラテスの主張として）のべられている思想である。プラトンがいなかったら，ソクラテスの哲学について，われわれはほとんどなにも知ることができなかったであろう。プラトンこそは，ソクラテスの哲学の真の理解者であり，継承者である。(3) クセノポンは，『ソクラテスの思い出』などの著作のなかでソクラテスをえがいている。しかしクセノポンのえがくソクラテスは，月並みな道徳の説教者である。もしそれがソクラテスの実像であったとすれば，ソクラテスがアテナイのおおくの青年たちを魅惑することもなかったであろうし，アテナイの国家がソクラテスを処刑することもなかったであろう。クセノポンはソクラテスの弟子では

あるが，ソクラテスの哲学の真の理解者とはいえない。

*

「ソクラテス：この神託（ソクラテスよりも知恵のある者はだれもいないという神託）のことをきいてから，わたしは心に，こういうふうに考えたのです。いったいなにを神はいおうとしているのであろうか。いったいなんの謎をかけているのであろうか。なぜなら，わたしは自分が，大小いずれにしても，知恵のある者ではないのだということを自覚しているからです。すると，そのわたしをいちばん知恵があると宣言することによって，いったいなにを神はいおうとしているのであろうか。というのは，まさか嘘をいうはずはないからだ。なぜなら，神にあっては，それはあるまじきことだからです。そして長いあいだ，いったいなにを神はいおうとしているのであろうかと，わたしは思い迷っていた。そしてまったくやっとのことで，その意味を，なにかつぎのようなしかたで，たずねてみることにしたのです。それはだれか，知恵があると思われている者のうちのひとりを訪ねることだったのです。ほかはとにかく，そこへゆけば，神託を反駁して，ほら，この者のほうが，わたしよりも知恵があるのです，それだのに，あなたはわたしを，知者だといわれたというふうに，託宣にむかってはっきりいうことができるだろうというわけなのです。ところが，仔細にその人物（というだけで，とくに名前をあげていう必要はなにもないだろう。それは政界のひとだった）を相手に，これと問答しながら，観察しているうちに，なにかつぎのようなことを経験したのです。つまりこのひとは，他のおおくのひとたちに，知恵のある人物だと思われているらしく，またとくに自分じしんでも，そう思いこんでいるらしいけれども，じつはそうではないのだと，わたしには思われるようになったのです。そしてそうなったときに，わたしはかれに，きみは知恵があると思っているけれども，そうではないのだということを，はっきりわからせてやろうとつとめ

たのです。すると、その結果、わたしはその男にも、またその場にいたおおくの者にも、憎まれることになったのです。

しかしわたしは、自分ひとりになったとき、こう考えた。この人間より、わたしは知恵がある。なぜなら、この男もわたしも、おそらく善美のことがらは、なにも知らないらしいけれども、この男は、知らないのに、なにか知っているように思っているが、わたしは、知らないから、そのとおりに、また知らないと思っている。だから、つまりこのちょっとしたことで、わたしのほうが知恵のあることになるらしい。つまりわたしは、知らないことは、知らないと思う、ただそれだけのことで、まさっているらしいのです。そしてその者のところから、またべつの、もっと知恵があると思われている者のところへもいったのですが、やはりまた、わたしはそれとおなじ思いをしたのです。そしてそこにおいてもまた、その者や他のおおくの者どもの、憎しみをうけることになったのです。」

(プラトン『ソクラテスの弁明』)

「ソクラテス：わたしは、アテナイ人諸君よ、きみたちにたいして、切実な愛情をいだいている。しかし、きみたちに服するよりは、むしろ神に服するだろう。すなわちわたしの息のつづくかぎり、わたしにそれができるかぎり、けっして知を愛しもとめることをやめないだろう。わたしは、いつだれに会っても、諸君に勧告し、宣明することをやめないだろう。そしてそのときのわたしのことばは、いつものことばと変わりはしない。〈世にもすぐれたひとよ。きみはアテナイという、知力においても、武力においても、もっとも評判のたかい、偉大な国都のひとでありながら、ただ金銭を、できるだけおおく自分のものにしたいというようなことにだけ気をつかっていて、恥ずかしくはないのか。評判や地位のことは気にしても、思慮や真実は気にかけず、精神をできるだけすぐれたものにするということにも、気もつかわず、心配もしていないというのは〉といい、諸君のうちのだれかが、これに異議をさしはさみ、自分はそれに心をもちいて

いると主張するならば、その者をわたしは、すぐには去らしめず、またわたしも立ち去ることをせず、これに問いかけて、しらべたり、吟味したりするでしょう。そしてその者が、すぐれた精神をもっているように主張しているけれども、じっさいにはもっていないと、わたしに思われるなら、いちばんたいせつなことを、いちばん粗末にし、つまらないことを、不相応にたいせつにしているといって、その者を非難するだろう。このことは、老若を問わず、だれに会っても、わたしのおこなおうとすることであって、よそからきた者にも、この都市の者にも、そうするだろう。しかしどちらかといえば、この都市の者にたいして、余計にそうするだろう。あなたがたは、種族的にわたしにちかいわけだからね。つまりわたしが、こういうことをしているのは、それが神の命令だからなのだ。この点は、よく承知しておいてほしいものです。そしてわたしの信ずるところでは、諸君のために、この国都のなかで、神にたいするわたしのこの奉仕以上に、大きな善は、未だひとつもおこなわれたことがないのです。つまりわたしが、歩きまわっておこなっていることはといえば、ただつぎのことだけなのだ。諸君のうちの若いひとにも、年寄りのひとにも、だれにでも、精神ができるだけすぐれたものになるように、ずいぶん気をつかわなければならないのであって、それよりもさき、もしくは同程度にでも、身体や金銭のことを気にしてはならないと説くわけなのです。そしてそれは〈金銭をいくらつんでも、そこからすぐれた精神が生まれてくるわけではなく、金銭その他のものが、人間のために善いものとなるのは、公私いずれにおいても、すべては精神のすぐれていることによるのだから〉というわけなのです。」

(プラトン『ソクラテスの弁明』)

「ソクラテス：そこで今度は、もうひとつこういうのを、ぼくたちにとって、それは依然として動かないか、否かということを、よく見てくれたまえ。それはつまり、たいせつにしなければならないのは、ただ生きるということではなくて、善く生きるということなのだというのだ。

クリトン：いや，その原則は動かないよ。
ソクラテス：ところで，その〈善く〉というのは，〈美しく〉とか〈正しく〉とかいうのと，おなじだというのは，どうかね，動かないだろうか，それとも動くだろうか。
クリトン：動かないよ。」

(プラトン『クリトン』)

「ソクラテス：とにかく不正というものは，不正をおこなう者には，どんなにしても，まさに害悪であり，醜悪であるということになるのではないか。どうだね，ぼくたちの主張は，これかね，それとも，これではないかね。
クリトン：うん，ぼくたちの主張はそういうことになる。
ソクラテス：それなら，どんなにしても，不正をおこなってはならないことになる。
クリトン：むろん，そうだ。
ソクラテス：そうすると，たとい不正な目にあったとしても，不正の仕返しをするということは，世の多数の者が考えるようには，ゆるされないことになる。とにかく，どんなにしても，不正をおこなってはならないのだとするとね。
クリトン：それはあきらかにそうだ。」

(プラトン『クリトン』)

「ソクラテス：なぜって，ひとに不正をおこなうのは，害悪のなかでもまさに最大の害悪だからだ。
ポロス：え？ ひとに不正をおこなうのが最大の害悪なんですか？ ひとから不正をうけるほうが，もっと大きな害悪ではないのですか。
ソクラテス：いや，とんでもない。
ポロス：するとあなたは，不正をおこなうよりも，むしろ不正をうけるほうをのぞまれるのですね？

第1章　ソクラテス

ソクラテス：ぼくとしては、そのどちらものぞまないだろうね。だがもし、不正をおこなうか、それとも不正をうけるか、そのどちらかがやむをえないとすれば、不正をおこなうよりも、むしろ不正をうけるほうをえらびたいね。」

(プラトン『ゴルギアス』)

「ソクラテス：しかし、そうすると、不正をおこなっている者が、さばきをうけなければ、きみの説だと、幸福になるのだね？

ポロス：そうです。

ソクラテス：だが、ぼくの考えでは、ポロスよ、不正をおこなっている者や、不正な人間は、どっちみち不幸だけれども、しかし、不正をおこなっていながら、さばきもうけず、罰にも処せられないなら、そのほうがもっと不幸であり、それに比べると、神々や人間たちによるさばきをうけて、罪のつぐないをするなら、その者の不幸はまだしもすくないのである。」

(プラトン『ゴルギアス』)

「カリクレス：しかしながら、ぼくの思うに、法律の制定者というのは、そういう力の弱い者たち、すなわち、世の大多数を占める人間どもなのである。だからかれらは、自分たちのこと、自分たちの利益のことを考えにおいて、法律を制定しているのであり、またそれにもとづいて賞賛したり、非難したりしているわけだ。つまりかれらは、人間たちのなかでもより力の強いひとたち、そしてよりおおくもつ能力のあるひとたちをおどして、自分たちよりもおおくもつことがないようにするために、余計に取ることは醜いことで、不正なことであるといい、また不正をおこなうとは、そのこと、つまり他のひとよりもおおくもとうとつとめることだ、といっているのだ。というのは、思うに、かれらは、自分たちが劣っているものだから、平等にもちさえすれば、それで満足するだろうからである。

かくて、以上のような理由で、法律習慣のうえでは、世の大多数の者たちよりもおおくもとうとつとめるのが、不正なことであり、醜いことである

といわれているのであり，またそうすることを，ひとびとは不正行為とよんでいるのだ。だが，ぼくの思うに，自然そのものが直接にあきらかにしているのは，優秀な者は劣悪な者よりも，また有能な者は無能な者よりも，おおくもつのが正しいということである。」

(プラトン『ゴルギアス』)

「アルキビアデス：なにしろぼくは，このひと（ソクラテス）の話を耳にするばあいには，かのコリュバンテスの信徒（小アジアの秘儀的宗教の信徒）たちに輪をかけたようで，心臓は動悸するし，また，このひとの話のためになみだもしたたるというありさま。いや，ぼく以外の他のひとびとも，ぼくとおなじようなふうになってしまうのを，ぼくは見ている。ところが，ペリクレスとか，他のたくみな弁論家の話をきいたばあいには，なるほどうまいものだなあ，と思いはする。しかし，このひとのばあいのような目にあったことは，絶えてない。つまり，ぼくの魂のさわぎ立ったこともなければ，また奴隷のように身動きのとれぬ状態になって，いらいらした経験もない。しかるに，このここにいるマルシアス（ソクラテスのこと）にやられて，ぼくは幾度こういう気持にされてしまったことだろう。——つまり，いまのぼくのままでは，生きる値打ちなどないのではないか，というような気持に。ところでソクラテス，以上の点は真実ならずと，あなたもおっしゃいますまい。いや，いまだってぼくは，もしこのひとの話に耳をかそうという気持になろうものなら，それにどれほど抵抗してみてもおよばず，いまかたったような気持に落とされてしまうことを，ぼくはよく自覚している。それというのも，このひとは，ぼくじしんが，いまだわが身におおくのものを欠いているのに，それでいて，自分じしんのことはそっちのけにして，アテナイの国事にたずさわっているのだ，ということを，否応なくみとめさせるにきまっているからです。だからぼくは，ちょうどセイレンたちから，耳をふさいで逃げ去るように，むりやりに，身をひきちぎるようにして，耳をふさぎ，このひとから逃げ去るのだ。

第1章 ソクラテス

このひとのそばで，じっとすわったまま，年をとったりしてはたいへんだから。それにまた，ぼくは，このひとにたいしてだけ，ひとにたいして恥ずかしいという気持 ── こういう気持がぼくのなかにあるとは，まさかだれも思いはしないだろうが，── その，恥を知る気持を味わったのです。いやまったく，このぼくともあろう者が，ただこのひとにたいしてだけは，ああ恥ずかしいと思うのです。」

(プラトン『饗宴』)

「アルキビアデス：さて，たとえば諸君の目にしているソクラテスのすがたは，美しい少年たちへの愛に落ち，いつも美しい少年たちにつきまとい，それに夢中になっているすがたです。しかも，万事にかけて心得なく，なにひとつわきまえてはいないすがたです。こういうかれのすがたこそは，まことにシレノス（酒の神の従者，馬の耳と尾をもつ）に似てはいないだろうか？ むろんこのうえなく似ている。なぜなら，以上のすがたは，このひとがそとがわにまとっているすがたにすぎないのだ。シレノスの彫像とおなじようにね。しかし，この席の諸君，ひとたびそれがひらかれたばあい，その内部は，どれほどのみごとな思慮にみちていると思います？ 諸君，知るがよい，このひとにとっては，だれそれが美しいというようなことは，およそ問題ではないんです。むしろ軽蔑すらしている，それも，だれひとりおよばぬほどの軽蔑なのだ。あるいはまた，だれそれが裕福だとか，世人にうらやまれるような栄誉をになっているとか，そういうことについても，事情はおなじです。なにしろ，そういう財のいっさいを，かれは，無に等しいものと考えている。またぼくたちをも ── いや，用心のため諸君にいうんですよ ── ぼくたちをも，無きに等しく考えているのです。それでいて，ひとびとを相手に，空（そら）とぼけ，戯れのつきあいをしながら，生涯を送ろうというのだ。しかしながら，反対に，そのかれが真剣になり，そのシレノスの内部がひらかれたばあい，内部の宝を ── だれか目にしたひとがあるかどうかはいざ知らず ── とにかく

このぼくは，かつてそれを見たことがあった。そしてぼくには，ああこれはなんと神々しい金無垢（きんむく）だ，げにも卓絶した美品だ，と思われた。そのおどろきといったら，まったく，このソクラテスがなせとすすめることなら，ただもう文句なしにやらなければなるまいと，そう思われたほどだった。」

(プラトン『饗宴』)

第2章
プラトン

プラトン
(前427年〜前347年)

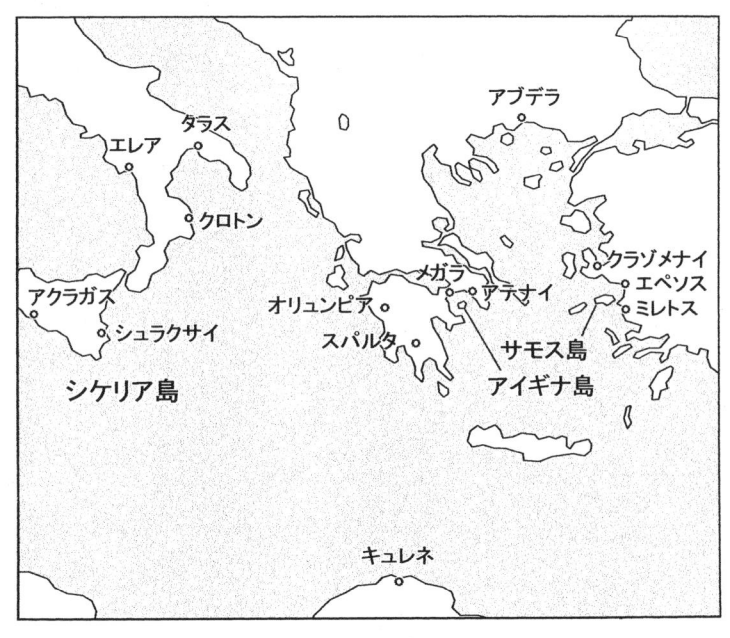

プラトン関連地図

§1. プラトンの生涯

　ペロポネソス戦争の勝利によって，スパルタがギリシアの覇権を獲得したが，スパルタによるギリシア支配も長くはつづかなかった。中部ギリシアのテバイが台頭し，ギリシアの覇権をめぐって，スパルタと対立するようになった。前371年，レウクトラの戦いで，エパミノンダスにひきいられたテバイ軍がスパルタ軍をやぶり，テバイがギリシアの覇権を獲得した。エパミノンダスは，レウクトラの戦いで，2つのたくみな戦術をもちいた。ひとつは，重装歩兵が横一列になって敵にたいするのではなく，自軍の一翼に密集部隊をおき，手うすな部隊をななめうしろに配し，密集部隊が敵の一翼をやぶったのちに転回して敵軍を包囲して壊滅させるという「斜線陣」の戦術である。もうひとつは，たがいに愛しあう戦士2人ずつのグループからなる「神聖隊」という部隊を利用する戦術である。神聖隊は愛人のために身を挺して戦う勇猛果敢な戦士（もちろんすべて男）の集団であったという。しかしテバイも，エパミノンダスがなくなると，たちまちにして衰退し，ギリシアの覇権をうしなった。ひとつのポリスが覇権を獲得すると，他のポリスが同盟をむすんでこれに対抗し，ひとつのポリスが長くギリシア世界を支配することは困難であった。

＊

　プラトンがアテナイに生まれたのは，前427年である。前427年は，ペロポネソス戦争がはじまって4年後にあたり，アテナイ民主政の指導者ペリクレスがなくなって2年後にあたる。プラトンの父親のアリストンは，アテナイの最後の王コドロスの子孫であり，プラトンの母親のペリクティオネは，ソロンの改革で知られる立法家ソロンの身内の子孫であるから，プラトンは，アテナイのたいへんな名門貴族の生まれということになる。プラトンの一族からは，著名な人物が輩出している。ペロポネソス戦争の終結後に樹立された三十人政権の中心人物であるクリティアスは，プラトン

第2章 プラトン

の母親のいとこであり，おなじく三十人政権に参画したカルミデスは，プラトンの母親の兄弟である。

　プラトンには，アディマントスとグラウコンという2人の，かなり年長の兄があり，ポトネという妹があった。プラトン（およびポトネ）がまだ幼年のころ，父親のアリストンがなくなり，母親のペリクティオネが再婚したので，長兄のアディマントスが親代わりとなって，したの兄弟の面倒をみていたらしい。ペリクティオネは，あたらしい夫とのあいだに男の子（アンティポン）をもうけている。この男の子はプラトンの異父弟にあたることになる。

　プラトンの誕生についてはつぎのような逸話がつたえられている。アリストンが適齢期にあったペリクティオネを，むりやりに自分のものにしようとしてはたせないでいたとき，夢にアポロンの神の幻を見た。そこでアリストンは，ペリクティオネ（直後に妊娠した）がこども（プラトン）を生むまで，ペリクティオネにふれることをせず，ペリクティオネを清らかなままにまもってやったというのである。（この逸話が，処女のペリクティオネからプラトンが生まれたことを意味するものであるなら，この逸話は，プラトンに兄がいたという事実と明白に矛盾する。）

　少年時代のプラトンは，当時の貴族の子弟がうける，通常の教育（よみかき，算数，音楽，体育などの教育）をうけたものと思われる。プラトン少年は，りっぱな体格をしていたので，レスリングの選手として競技会に出場したこともあったそうである。また，プラトンという名前は，プラトンをおしえた体育の教師によってつけられた名前であって，それまではアリストクレスという名前であったという。「プラトン」は「ひろい」という意味であり，プラトンがそのような名前をつけられたのは，かれの額（ひたい）がひろかったためであるとか，肩幅がひろかったためであるとか，かれの文体が広汎にわたっていたためであるとか，いわれている。

プラトンは，クラチュロスという哲学者のもとで哲学の勉強をはじめた。クラチュロスは，すべて感覚的なものは流動していて，感覚的なものについては真の知識はなりたたない，というヘラクレイトス流の哲学を主張していた。プラトンが哲学の勉強をはじめたのは，18才のころである。

　プラトンは，20才のときはじめて，ソクラテス（62才）に出会った（ソクラテスのうわさは，それ以前に，すでにきいていたかもしれない）。プラトンは，悲劇のコンテストに参加するため，自作の詩をたずさえてディオニュソス劇場のまえまできたとき，たまたまソクラテスが話をしているのを耳にした。ソクラテスがどのような話をしていたのかわからないが，プラトンはソクラテスの話に感銘をうけ，ソクラテスに弟子入りを願い出た。そのときからソクラテスが処刑されるまでの8年間，プラトンはソクラテスの弟子として親しく交流し，ソクラテスから大きな影響をうけた。（ソクラテスとプラトンの風貌は対照的である。ソクラテスは背がひくく，醜い顔をしていたが，プラトンは背がたかく，ととのった美しい顔だちをしていた。）

　プラトンとソクラテスの運命的な出会いについては，つぎのような逸話がつたえられている。ソクラテスはある夜，一羽の白鳥のひながひざのうえにいて，そのひなにみるみる羽が生えて大きくなったかと思うと，美しい声で鳴きながら飛び去る夢を見た。ところが翌日，ソクラテスの話に感銘をうけたプラトンが，ソクラテスに弟子入りを願い出たのである。ソクラテスはプラトンとことばをかわして，この青年こそ昨夜の夢の白鳥だ，といったという。白鳥はアポロン神に仕える神聖な鳥である。この逸話には，プラトンの誕生にまつわる逸話のばあいとおなじく，プラトンとアポロン神（光・予言・音楽・詩の神）とをむすびつけようとする，後世の人間の作為が感じられる。

第2章 プラトン

　ソクラテスが告訴され，処刑されたのは，プラトンが28才のときである。ソクラテスは，「国家のみとめる神々をみとめず，新奇なダイモンのまつりを導入し，青年たちを堕落させた」という理由で告訴された。アテナイの法廷でソクラテスの裁判がおこなわれ，陪審員たちの票決によって，ソクラテスの死刑が決定した。死刑の執行は，デロス島に派遣されていた聖船がアテナイに帰港するまで延期された。30日後に，聖船がアテナイに帰港し，ソクラテスの死刑がアテナイの牢獄で執行された。ソクラテスの臨終の場には，ソクラテスのおおくの弟子たちが立ち会っているが，プラトンは病気のために立ち会うことができなかった。

　プラトンは晩年にかいた手紙（第7の手紙）のなかで，「かつて若いころ，わたしは他のおおくのひとびととおなじことを感じました。すなわち，わたしは成人して一人前の人間になるとすぐ，国家の公事にたずさわろうと考えたのです」とのべている。若いころのプラトンは，国家の公事にたずさわる政治家になろうとしていたのである。プラトンの一族には，クリティアスやカルミデスなどの政治家がおり，プラトンはこれらのひとびとから，政治家になるようにすすめられたりもした。しかし，ペロポネソス戦争の直後に，クリティアスやカルミデスなどによって樹立された三十人政権は，プラトンに嫌悪の念をいだかせるのにじゅうぶんな恐怖政治を強行した。三十人政権は1年足らずでたおされたが，今度は，その三十人政権をたおした民主派のひとびとが，プラトンの敬愛するソクラテスを法廷に告訴し，死刑にしたのである。プラトンは，このようなきびしい現実を目のあたりにして，政治家になるという希望をすてた。

　ソクラテスが死んでまもなく，プラトンはアテナイをはなれ，数年間（約5年間）にわたる遍歴の旅に出た。恩師の死によって傷ついた心をいやすため，また哲学の諸学派の思想に接するため，また師に加えられたのとおなじしうちが弟子たちにも加えられるのをさけるためであったといわれる。プラトンはまず，ソクラテスの数人の弟子たちとともに，アテナイ

の西方のメガラにゆき,エウクレイデス(ソクラテスの弟子)のもとに身をよせた。プラトンはつぎに,アフリカのキュレネにゆき,数学者のテオドロスを訪ねた。キュレネでは,アリスティッポス(ソクラテスの弟子)にも会っている。プラトンはさらに,南イタリア(おそらくクロトン)にゆき,ピュタゴラス学派のピロラオスを訪ねた。そして最後に,エジプトにゆき,予言者たちをおとずれてから,長い遍歴の旅をおえてアテナイに帰国した。プラトンがアテナイに帰国したのは,プラトンが33才のころである。

ソクラテスの思想を全面的にうけつぎ,その思想を発展させたのはプラトンであるが,ソクラテスの思想を一面的にうけつぎ,みずからの思想を展開したひとたちもいた。そのようなひとたちの学派は,「小ソクラテス学派」とよばれる。小ソクラテス学派には,エウクレイデスがひらいたメガラ学派や,アリスティッポスがひらいたキュレネ学派や,アンティステネスがひらいたキュニコス学派などがある。メガラ学派(エウクレイデス)は,ソクラテスとパルメニデスの思想をむすびつけて,ソクラテスのいう「善」は,パルメニデスのいう「あるもの」とおなじように,不生不滅・不変不動なものであると主張した。またキュレネ学派(アリスティッポス)は,快楽こそが善いものであり,のぞましいものであるとする快楽主義を主張し,キュニコス学派(アンティステネス)は,それと対照的に,心を乱す快楽や欲望をさけることによって幸福がえられるとする禁欲主義(あるいは無欲主義)を主張した。

キュニコス学派には,学派をひらいたアンティステネスのほか,数々の奇行で知られるディオゲネス(シノペのディオゲネス)がいる。ディオゲネスは,黒海南岸のギリシア人の植民都市シノペに生まれ,アテナイに出てきて,アンティステネスの弟子になった。ディオゲネスは,徹底的に無欲で簡素な生活を実行した。食料を入れた頭陀袋(ずだぶくろ)をもち歩き,一枚の粗末な衣服を身につけているだけであった。大きな樽(あるい

は甕)のなかに住み，ひとびとの施しをうけたり，ときには神殿の供物を失敬したりしながら生活した。ディオゲネスは白昼，火をともしたランプをかかげて街の雑踏のなかをうろつくことがあった。いぶかしく思ったひとがなにをしているのかとたずねると，「人間をさがしているのだ」とこたえたという。ディオゲネスがコリントスに住んでいたころ，アレクサンドロス大王と対面した（前336年のこととされている）という有名な逸話がある。コリントスに逗留していた大王のもとには，近隣のおおくの学者たちがご機嫌うかがいにおとずれたが，ディオゲネスはすがたをみせなかった。大王は興味をおぼえて，みずからディオゲネスのところへでかけてゆく。ディオゲネスは，大王の一行がやってきたとき，寝そべって日なたぼっこをしていた。ディオゲネスはちょっと頭をもたげて，一行にちらりと目をやりながらも，またそのまま横になって日なたぼっこをつづけた。大王が「余はアレクサンドロスである」とおごそかに名のると，ディオゲネスは「余はディオゲネスである」としずかにこたえた。大王は，ふたことみこと，ことばをかわして，大王をすこしもおそれないディオゲネスの態度におどろきながら，「所望のものがあれば，申せ」という。ディオゲネスは，大王を片手で払うようにして，「日かげになるから，どいてくれ」とこたえた。護衛の兵士たちは，ディオゲネスの傲慢さを罰しようとしたが，大王はそれを制して，「余がもしアレクサンドロスでなかったならば，余はディオゲネスになることを欲しただろう」といったという。

　プラトンは，36篇の対話篇（このうち数篇のものは偽作とされている）と13通の手紙をのこしている。プラトンの対話篇は，かかれた時期によって，初期，中期，後期の対話篇に分けられる。そのうち初期対話篇は，プラトンが遍歴の旅をおえてアテナイに帰還してから40才までの，約7年間にかかれたものと推定されている。初期対話篇には，『ソクラテスの弁明』，『クリトン』，『ラケス』，『カルミデス』，『ゴルギアス』，『メノン』

などがふくまれる。プラトンは初期対話篇において，プラトンの記憶のなかにある恩師ソクラテスのすがたを忠実にえがきだそうとしている。ソクラテスは，人間の徳の問題をもっとも重要な問題として追求したひとである。したがって初期対話篇のおおくは，徳の問題を主題としてあつかっている。

　プラトンは40才のとき，南イタリアおよびシケリア島への旅行（第1回シケリア旅行）にでかけた。旅行の最初の目的は，南イタリアでピュタゴラス学派の思想をまなぶことであった。プラトンは南イタリアのタラスにゆき，アルキュタスという学者を訪ねた。アルキュタスは，ピロラオスの弟子で，当時のピュタゴラス学派の指導的な学者であった。プラトンはアルキュタスのもとで，ピュタゴラス学派の哲学および数学をまなび，大きな影響をうけた。プラトンはアルキュタスとの交流ののち，南イタリアからシケリア島にわたった。南イタリアでシケリアのことをきき，興味をおぼえて，見聞する気持になったものであろう。

　プラトンはシケリアのシュラクサイで，ディオンという20才の青年に出会った。ディオンとの出会いは，プラトンの生涯において，ソクラテスとの出会いにつぐ大きな出会いであった。プラトンは，俊敏で才気にあふれた青年ディオンを愛し，ディオンもプラトンを敬愛した。プラトンのディオンにたいする関係は，ソクラテスのプラトンにたいする関係に似ているかもしれない。ディオンは，シュラクサイの僭主ディオニュシオス1世の義弟であった。ディオニュシオス1世は，カルタゴとの戦いで名をあげて僭主となり，シュラクサイをギリシア最強の都市に仕上げたひとであるが，当時すでに老齢であった。老齢の独裁者は，すべての人間を信じることができず，猜疑心と恐怖心になやまされていた。自分の部屋には，兄弟や息子であっても，そのままの衣服で入れることはなかった。番人のまえで衣服をぬがせ，べつの衣服に着がえさせてから部屋に入れるという周到ぶりであったという。

第2章　プラトン

　ディオンは，プラトンの哲学に感銘をうけ，僭主をプラトンに会わせようとした。僭主もプラトンの哲学に感銘をうけることを期待したからである。しかしディオンの期待どおりには，ことは進まなかった。プラトンは僭主と会見し，人間の徳についてのべ，独裁者には勇気がないこと，正しい人間は幸福であるが，不正な人間は不幸であることなどをのべた。僭主は自分が非難されていると感じて，ひじょうに立腹し，プラトンを殺そうとした。おどろいたディオンが僭主を制止し，その場はことなきをえたのであるが，僭主のいきどおりはおさまらなかった。僭主はスパルタのポリスという男に，アテナイにかえるプラトンを船にのせ，とちゅうで奴隷に売ってくれるようにたのんだ。プラトンは，アイギナ島の奴隷市場につれてゆかれ，奴隷として売りにだされた。そのときたまたま，プラトンの知己のキュレネのアンニケリス（アリスティッポスの弟子ともいわれる）が居あわせて，プラトンを20ムナ（あるいは30ムナ）で買いとって自由の身とし，アテナイの友人のもとに送りかえした。アテナイの友人たちは，すぐにその金をアンニケリスに送ってやったが，アンニケリスは，かれらだけがプラトンのことを心配する値打ちのある者ではない，といって金をうけとらなかったそうである。

　第1回シケリア旅行は1年にみたない旅行であったから，アテナイに帰国したとき，プラトンはまだ40才であった。アテナイに帰国してまもなく，プラトンはアテナイの西北郊外に，「アカデメイア」という学校を創設した。アカデメイアはもともと，英雄アカデモスにちなんで名づけられた地名であったが，プラトンがその地（のちかく）に学校をたてると，その学校の名前としてももちいられるようになったのである。アカデメイア（プラトンの学校）以前にも，ピュタゴラス学派の学校やエウクレイデスの学校など，学校はあった。しかしアカデメイアは，プラトンの住居や図書館や講義室のほか，弟子たちの研究室をもそなえた，最初の本格的な学校であった。アカデメイアは，プラトンの死後も，プラトンの後継者たち

にうけつがれ，後529年に東ローマ帝国（ビザンツ帝国）のユスティニアヌス帝によって，キリスト教に反する思想の温床になっているとして閉鎖を命じられるまで，900年以上も存続した。

　プラトンは，クリティアスの恐怖政治やソクラテスの処刑に直面して，政治家になるという希望をすてたのであるが，政治そのものにたいする関心をすてたわけではなかった。プラトンはたえず，理想的な国家とはどのようなものであるか，現実の国家を改善するためにはどのようにすればよいか，という問題に思いをこらしていた。そして，現実の国家を改善するためには，なによりも政治家の資質を改善することが必要であると考えるようになった。プラトンがアカデメイアを創設したおもな目的が，国家の指導者としてふさわしい政治家を養成することであった。プラトンによれば，国家を指導する政治家は，哲学をまなび，善（のイデア）についての知識をもたなければならない。哲学をまなび，善についての知識をもたなければ，りっぱな政治家になることはできない。アカデメイアでの研究の中心はそれゆえ，善についての知識をあたえる哲学であった。

　アカデメイアではまた，数学や天文学なども，哲学の予備学問として研究された。とくに数学が重視され，数学の研究がさかんにおこなわれた。アカデメイアの入口には，「幾何学を知らざる者は入るべからず」とかかれた額（がく）がかかげられていたという。プラトンの門下で，もっともすぐれた数学者であったのは，エウドクソスとテアイテトスである。エウドクソスは，円錐の体積を，アルキメデスにさきだって「取り尽くし法」でもとめ，惑星の複雑な見かけの運動を，いくつかの天球（地球を中心とする同心球）の回転を組み合わせることによって説明した。またテアイテトスは，正8面体，正20面体を発見し，正多面体には5種類（正4，6，8，12，20面体）しかないことを証明した。

　プラトンは，アカデメイアを創設してから「第2回シケリア旅行」にで

第2章　プラトン

かけるまでの，約20年のあいだ，アカデメイアでの教育と研究に専念してすごした。プラトンはこの時期に，ソクラテスの思想を発展させて独自の思想（イデア論）を確立し，中期対話篇を執筆した。中期対話篇には，『パイドン』，『パイドロス』，『饗宴』，『国家』などがふくまれる。『国家』では，理想国家論が展開され，哲人政治の思想がのべられている。哲学者が王になるか，王が哲学をまなぶかして，国家の権力と哲学の精神とがひとつになるのでなければ，国家や人類は現実の不幸から救われることがないであろう，とプラトン（ソクラテス）はいう。

プラトンが60才のとき，シケリアのシュラクサイでは，老齢のディオニュシオス1世が病気でなくなり，その息子（30才）がディオニュシオス2世として僭主の座についた。20年前にプラトンに出会っていらい，プラトンの哲学に心酔していたディオン（40才）は，プラトンのようなすぐれた哲学者をシュラクサイにまねいて，若い僭主にその感化をうけさせるべきだと考えた。そこでディオンは，プラトンに使いを送って，あたらしい僭主は哲学にたいへん興味をもっており，あなたの哲人政治の理想を実現する好機であるから，早速シケリアにでかけてほしい，と要請した。プラトンは，若い僭主の気持が変わりはしないかと危惧して，出発をちゅうちょするのであるが，ディオンの要請をことわればディオンの友情をうらぎることになると考え，また僭主の教育に成功したばあいの影響の大きさなども考えて，出発を決意する (第2回シケリア旅行)。

プラトンがシュラクサイの港についてみると，僭主からさしむけられた豪奢な車がまっていた。僭主の宮殿につくと，僭主は自分の支配に偉大な幸運がさずけられたといって，神々に特別な犠牲をささげた。宮廷の生活は一変し，それまでのぜいたくな饗宴や，ただれた悪習はすがたをけした。僭主の態度もおだやかなものになった。ひとびとは，哲学の議論に夢中になり，幾何学の問題に熱中した。ひとびとが幾何学の問題に熱中したので，宮殿からは砂ぼこりがまいあがったという。当時は，ゆか（平らな面）にまいた

砂のうえに図形をかいて幾何学の問題を考えていたからである。

しかし、このような情景も長くはつづかなかった。やがてディオンの反対派が、ディオンをおとしいれようとして、ディオンは若い僭主をまどわせて自分の思うままにしようと企てている、とあらぬうわさを流しはじめた。僭主がそのようなうわさを耳にして、ディオンにたいして疑惑の念をいだくようになっていたころ、たまたま、ディオンがシュラクサイの敵国であるカルタゴの役人にあててかいた手紙が僭主の手に入る、という事件がおこった。手紙の内容は、両国が和を講ずるときには、ディオンがあいだに入っていっさいのことを運ばせる、というものであったが、猜疑心のとりこになった僭主は、一言の釈明もきかずに、ディオンを国外追放にした。プラトンは怒って、アテナイへの帰国を願い出た。僭主は、いまプラトンに帰国されることは自分にとって不利だと考え、プラトンを城中に監禁した。しかしほどなくして、シュラクサイとカルタゴ（およびルカニア）とのあいだに戦争がはじまり、僭主はプラトンのことなどかまっておれず、プラトンにアテナイへの帰国をゆるした。僭主は、アテナイに帰国するプラトンに、戦争がおわりしだいディオンの追放を解くこと、それまではディオンの土地からあがる収入をディオンに送ること、を約束した。プラトンが、哲人政治を実現することのむずかしさを思い知らされて、アテナイに帰国したのは、61才のときである。

プラトンはアテナイに帰国し、ふたたびアカデメイアでの教育と研究に専念する生活にもどった。第2回シケリア旅行から帰国後、80才でなくなるまでにかかれた対話篇が、後期対話篇である。後期対話篇には『パルメニデス』、『ティマイオス』、『法律』(未完) などの対話篇がふくまれる。『パルメニデス』では、イデア論の有する問題点が考察されており、また「一なるもの」についての議論がおこなわれている。『ティマイオス』では、宇宙創成説がのべられている。創造者（デミウルゴス）は、火、土、空気、水の4つの元素（それぞれ正4, 6, 8, 20面体をしている）をもちいて、

イデアを範型にしながら宇宙を創造したのだという。『法律』は, プラトン最後の著作であり, もっとも大部の著作でもある。

シュラクサイを追放されたディオンは, アテナイに移り, アカデメイアに出入りしながら, プラトンのおしえをうけた。また諸都市を訪問して知名の士と交流し, その教養と徳性のゆえに, おおくのひとびとの尊敬をあつめた。ディオンの評判はシュラクサイの僭主ディオニュシオスの耳にも入り, 僭主はディオンにたいする羨望と嫉妬にかられて, ディオンへの送金を中止してしまう。僭主は, ディオンの評判をきくにつけても, もう一度プラトンのおしえをうけたいと思うようになり, プラトンに使いを送って, シケリアへの渡航を要請した。プラトンは, 僭主の移り気な性格を知っていたので, 老年であることを理由に, 招請をことわった。しかし僭主が, ピュタゴラス学派のひとびと（アルキュタスなど）をつうじて依頼したり, 軍艦をさしむけて依頼するなど, あらゆる手段で招請につとめたので, 僭主の哲学への情熱をたしかめるために, また僭主とディオンとの不和を解消するために, プラトンはシケリアへの渡航を決意した。プラトンが「第3回シケリア旅行」に出発したのは, 66才のときである。

僭主はプラトンの来訪をよろこび, プラトンを盛大に歓迎した。僭主はプラトンの歓心をえようとつとめ, 多額の金銭提供を申し出さえした。しかし僭主の心のなかにあるのは, 哲学をまなぼうとする真摯な情熱ではなく, プラトンを友人とすることによって自分に教養があるという評判をえたいという名誉欲だけであった。プラトンがこのことに気づくのに, さほどの時間はかからなかった。歓迎の祝宴もすみ, プラトンが僭主の哲学の進歩をためそうとすると, 僭主は口実をもうけて, 親しく話す機会をあたえなかった。また, ディオンの件をもちだそうとすると, 僭主は話をそらせて, 誠意ある態度をしめさず, ディオンへの送金を禁止したうえに, ディオンの財産をかってに処分するという挙に出た。

プラトンは，僭主に哲学をおしえることは不可能であり，ディオンの問題を解決することも不可能であると考えて，アテナイに帰国しようとした。しかし僭主は，プラトンの船出をゆるさず，表面的には敬意をしめしながら，帰国しないように説得するばかりであった。そのようなとき，傭兵たちのあいだに騒動がおき，プラトンが騒動の指導者をかばおうとしたことから，僭主はそれまでの仮面をぬぎすてて，プラトンを傭兵たちのあいだに住まわせた。これはプラトンにとって生命の危険にさらされることを意味した。プラトンが僭主に護衛兵のいない生活をするようにすすめていたため，傭兵たちは解雇されることを心配してプラトンを憎んでいたからである。プラトンは，タラスのアルキュタスに使いを送って，助けをもとめた。アルキュタスはおどろいて，すぐさまむかえの船と使いをよこし，僭主にプラトンの身柄を要求して，プラトンをタラスにつれかえった。

　プラトンは，タラスにしばらく滞在したのち帰国したのであるが，そのとちゅう，オリュンピアに立ちよった。ちょうど祭礼の時期で，ディオンが来あわせていた。プラトンから一部始終をきいたディオンは，はげしい怒りにもえて僭主への復讐を決意し，プラトンにも協力をもとめた。しかしプラトンは，すでに老齢の身であること，またあらそいをこのまないことをのべてことわった。プラトンが第3回シケリア旅行をおえて，アテナイに帰国したのは，プラトンが67才のときである。数年後，ディオンは手兵（800人ほど）をひきいてシケリアへわたり，僭主ディオニュシオス2世を追放して，みずから僭主の座についた。しかしディオンの支配も長つづきせず，わずか4年で，ディオンは暗殺者の凶刃にたおれた。プラトンが，愛弟子ディオンの死を知らされたのは，74才のときであった。プラトンはその翌年，ディオンの遺族たちにあててかいた手紙（第7の手紙）のなかで，ディオンとの交流や3度のシケリア旅行のことなどを回想している。

第2章 プラトン

　第3回シケリア旅行をおえて，アテナイに帰国してからのプラトンは，もはや政治に手をだそうとはしなかった。北方に興隆したマケドニアのためにさわがしくなってきた世情をよそに，アカデメイアで弟子たちをおしえたり，対話篇や手紙をかいたりしながら，しずかにくらした。プラトンがなくなったのは，80才のときである。プラトンは「かきながら死んだ」(キケロ)とか，婚礼の宴席で死んだとかいわれている。遺骸は，すべての弟子たちに見送られながら，アカデメイアの地にほうむられた。プラトンは生涯を独身でとおしたから，プラトンじしんには子や孫はいない。プラトンの遺産を相続したのは，長兄アディマントスの孫である。また，妹ポトネの子のスペウシッポス（プラトンのおい）が，アカデメイアの2代目の学頭（校長）になった。

＊

　『ソクラテスの弁明』では，アテナイの法廷に訴えられたソクラテスが，法廷にあつまった陪審員や傍聴人たちをまえにしておこなった弁明がのべられている。『弁明』は3つの部分からなっている。『弁明』の第1の部分（もっとも長い部分）では，ソクラテスが有罪であるか無罪であるかの票決のまえに，ソクラテスがみずからの無罪を主張する弁明をおこなっている。ソクラテスは，自分にたいする告訴は，おおくのひとびとのうわさや中傷にもとづくものであることを指摘する。おおくのひとびとは以前から，ソクラテスは空中のことをしらべたり，地下のことをしらべたり，弱い議論を強弁したりする，奇妙な知恵をもったやつだといううわさをひろめ，ソクラテスを中傷していた。ソクラテスは弁明のなかで，そのようなうわさや中傷が根拠のないものであることを主張する。そして，自他を吟味して知を愛しもとめながら生きることを神の命令と考えるようになったいきさつを説明し，魂ができるだけ善いものになるように配慮しながら生きることがたいせつであることを力説する。『弁明』の第2の部分

では，ソクラテスの有罪がきまったあとで，原告の死刑の求刑にたいして，ソクラテスがみずからの刑として適当と考える刑を申し出る。ソクラテスは，アテナイの迎賓館での食事を申し出たり，銀1ムナの罰金刑を申し出たりするが，それを見ていたプラトンやクリトンなどが銀30ムナの罰金刑に変更するようにすすめ，ソクラテスもそれにしたがう。『弁明』の第3の部分では，ソクラテスの死刑がきまったあとで，ソクラテスが陪審員たちに決別の辞をのべる。まず有罪の投票をした陪審員たちにたいして，諸君はわたしの死後，おおくのひとびとの吟味をうけ，きびしいとがめをうけるであろうと予言する。つぎに無罪の投票をした陪審員たちにたいして，死がこの場所から他の場所へ住居を移すようなものであり，死後の世界でアガメムノン（トロイア遠征軍の総帥）やオデュッセウスのようなひとたちと親しく交流することができるのであれば，死はこのうえもなく善いものであろうとのべる。ソクラテスは「弁明」をつぎのようなことばでしめくくっている。「もうおわりにしよう，時間だからね。もういかなければならない。わたしはこれから死ぬために，諸君はこれから生きるために。しかしわれわれのゆく手にまっているものは，どちらがよいのか，だれにもはっきりわからないのだ，神でなければ。」

『**クリトン**』では，ソクラテスとクリトン（ソクラテスの幼いころからの親友）との対話がのべられている。ソクラテスはアテナイの法廷で死刑の判決をうけ，法廷にほどちかい牢獄にとらわれている。ある日の早朝，クリトンが牢獄のソクラテスを訪ね，デロス島に派遣されていた聖船がきょうにもアテナイに帰港するであろうとつげる。聖船が帰港した翌日に，ソクラテスの死刑が執行されることになっている。クリトンはソクラテスに逃亡をすすめていう。看守や密告する者たちを買収して，きみを逃亡させるのに，たいしたお金はかからないのだ。きみが逃亡に同意しなければ，ぼくがお金をだしおしみしたと思われるだろう。大多数の者たちに，友人よりもお金をだいじにしたと思われるなんて，これほど不面目なこと

があるだろうか。ソクラテスは，それにこたえていう。多数の者たちがどう思うだろうかというようなことは，まったく気にする必要はないのだ。むしろただひとりでも，正・不正についてよく知っている，そのひとがどう思うかということのほうがたいせつなのだ。ぼくが判決を無視して逃亡することが正しいことなのか，それとも正しくないことなのかということを考えてみなければならない。もしぼくが判決を無視して，ここから逃亡するとするならば，いちばん害悪をあたえてはならないもの（国家と国法）に害悪をあたえることになるだろう。国家と国法がすがたをあらわして，こうたずねるとしたらどうだろうか。〈ソクラテスよ，おまえはなにを不服として，わたしたちを破壊しようと企てるのか。おまえに生をさずけ，おまえを養育し，おまえを教育したのは，わたしたちではなかったのか。おまえの両親は，わたしたちのしきたりによって，おまえを生み，そだて，教育したのである。そうである以上，おまえとわたしたちとのあいだに，正しさの平等というものは存在しないのだ。わたしたちがおまえにたいしてなにをしようとも，おまえがわたしたちにたいして仕返しすることは正しくない。祖国はなによりも尊いものである。祖国の命ずることは，ひとはなんでもしなければならない。もし不服なことがあれば，祖国を説得しなければならない。祖国にたいして暴力を加えるというようなことは，神のゆるしたまわぬことである。〉

『パイドン』では，ソクラテスの最後の一日のできごとがのべられている。ソクラテスは，デロス島に派遣されていた聖船がアテナイに帰港した翌日の日没時に，アテナイの牢獄で処刑された。ソクラテスの臨終にはおおくの友人たち（パイドン，クリトン，アンティステネス，エウクレイデスなど）が立ち会っているが，プラトンやアリスティッポスは立ち会うことができなかった（プラトンはパイドンに「プラトンは病気だったように思う」とかたらせている）。処刑の日の早朝，友人たちが牢獄にあつまってくると，ソクラテスはベッドのうえに身体をおこし，手で足をさす

りながら，友人たちとの談論をはじめる。ソクラテスはいう。肉体は魂の牢獄のようなものである。肉体は，欲望や恐怖や戦争をひきおこすものであり，もろもろの悪の根源である。死は，魂の肉体からの解放である。哲学は，魂の肉体からの解放をめざすものであり，死の練習である。われわれの魂は，われわれが生まれるまえから存在していたし，死んでからのちも存在する。なぜなら，死んでいるものは生きているものから生じ，生きているものは死んでいるものから生じる（すべて相反するものは，たがいに他から生じる）からである。魂が，生まれるまえから存在していたことは，想起説をもちいてしめすこともできる。知識をまなぶことがすなわち，魂がすでにもっていた知識を想起することであるならば，魂が，生まれるまえから存在していたのでなければならない。また魂が，死んでからのちに存在することは，魂の不可視的・不変的なものとの類似性をもちいてしめすこともできる。魂は，等しさそのもの，美そのもののような，不可視的・不変的なものに類似しているから，肉体（可視的・変化的なものに類似している）の死とともに消滅してしまうことはない。とくに，魂の肉体からの離脱をもとめて生きた哲学者の魂が，肉体の死とともに消滅してしまうはずがない。死んだひとびとは裁判をうけ，善いおこないをしたひとは報償にあずかり，悪いおこないをしたひとは罰せられる。大罪をおかしたひとは，罪をゆるされることがなく，タルタロス（奈落）になげこまれる。ソクラテスは，日没ちかくまで，友人たちとの談論をたのしむ。やがて日没の時刻がきて，毒の盃を手にした役人がやってくる。ソクラテスは盃をうけとり，無造作に，平然として飲みほす。ソクラテスはクリトンに，医術の神（アスクレピオス）ににわとりを供えてくれるようにたのんで，息をひきとる。『パイドン』は，パイドンのつぎのようなことばでおわっている。「これが，ぼくたちの友人，ぼくたちの知るかぎりでは，同時代のひとびとのなかで，もっともすぐれた，もっとも賢い，もっとも正しいというべきひとのご最期でした。」

第2章　プラトン

　『饗宴』では，悲劇詩人アガトンの家でひらかれた饗宴のようすがのべられている。饗宴の食事がおわり，酒がはじまるころ，出席者のひとりが，愛の神（エロース）に讃美のことばをささげることを提案し，6人の出席者が，愛の神を讃美する演説をおこなう。パイドロス（1番目）の演説によると，愛の神は，われわれにとって，もっとも善いものの源である。愛は，美しいものをもとめ，醜いものを恥じる心をうえつけるものであり，その心なしには，国家にせよ個人にせよ，大きな美しいしごとをなしとげることはできないのである。2番目のパウサニアスの演説によると，愛には，地上的な愛と天上的な愛とがある。地上的な愛は，男性にも女性にもむけられる愛であり，魂よりも肉体をもとめる愛であり，一時的な愛である。天上的な愛は，男性にのみむけられる愛であり，肉体よりも魂をもとめる愛であり，持続的な愛である。4番目のアリストパネスの演説によると，むかし人間には，男と男が合体したもの，女と女が合体したもの，男と女が合体したものの3種類がいた。かれらは，2つの顔（背中あわせ）と4本の手と4本の足と丸い胴体をもっていた。かれらがあまりに強くて，神々に挑戦的にふるまうようになったので，ゼウスの神はかれらを縦にまっぷたつに切断し，顔（頭）を半回転させて，現在のようなすがたの人間にした。切断された人間は，もとの片割れにあこがれ，もとのような完全な人間になろうとする。その情熱が恋愛というものなのである。6番目の話し手はソクラテスである。ソクラテスはかつて，ディオティマという女性からつぎのような話をきいたという。愛の神は，善と悪，美と醜の中間の状態のものである。愛の神は，ほんとうは神ではなく，神々と人間の中間のもの，すなわち，鬼神（ダイモン）のひとつである。愛は，善や美を永久にわがものにしようとするものであり，善や美とともに，不死をも欲求する。人間は不死への欲求を，身体における出産，および魂における出産によってみたそうとする。徳にすぐれたひとは，美しい魂の持主を見つけると，そのひととまじわり，そのひとを教育して，知恵のこどもを

生みだす。究極の美（美そのもの，美のイデア）にふれるためには，まず肉体の美を愛することから出発し，つぎに世のいとなみ（風習）のなかの美や，知識のなかの美に目をむけるようにしなければならない。さまざまな美を見ながら，美をもとめる道程もおわりにちかづいたころ，とつじょとして究極の美を直観することができるのである。（ソクラテスが話しおえたころ，すっかり酩酊したアルキビアデスがアガトンの家に乱入し，ソクラテスを讃美する演説をおこなう。）

『国家』（全10巻）は，『法律』につぐ大部の著作であり，プラトンの代表作ともいえるものである。『国家』は3つの部分からなっている。第1の部分（第1～5巻）では，理想的な国家のありかたがのべられている。国家（理想的な国家）には，支配者，軍人，生産者の3つの階級（種族）が存在する。階級への帰属は，生まれつきの素質によってきまる。支配者や軍人のこどもでも，凡庸なこどもは生産者（農夫，職人）にならなければならないし，生産者のこどもでも，すぐれた素質をもつこどもは支配者や軍人になることができる。支配者，軍人，生産者のそれぞれが，みずからのつとめをはたすとき，国家は全体として正義をもつことになる。支配者や軍人は，私有の財産や住宅をもたず，共同の住宅で，共同の生活をする。かれらは，必要なだけの食料を報酬としてうけとり，金銭を報酬としてうけとることはない。かれらは，財産や住宅を共有するばかりではなく，妻（女性）やこどもをも共有する。男女が私的に同棲することはゆるされない。国家が，人口を一定にたもつのに必要な人数の男女をえらびだし，いっしょに生活させる（そしてこどもを生ませる）。そのさい国家は，すぐれた男女のあいだにおおくのこどもが生まれるように配慮しなければならない。こどもが生まれると，両親からはなされて，国営の育児所でそだてられる。欠陥児が生まれたばあいには，「これをしかるべきしかたで，秘密のうちに隠し去ってしまう」。支配者となるのにふさわしいのは哲学者である。哲学者が王（支配者）になるか，王（支配者）が哲学をまなぶ

かしなければ，国家や人類の不幸がやむことはないであろう。『国家』の第2の部分（第6・7巻）では，国家の支配者となるべき哲学者を教育する方法がのべられている。哲学者とは，「真実を見ることを愛する人間」のことである。哲学者になるためには，まず予備的な学問（算術，幾何学，天文学，音楽理論）をまなんで，感覚からはなれて理性的に思考できるようにならなければならない。つぎに最高の学問であるディアレクティケー（哲学的問答法）をまなんで，さらに完全に感覚からはなれて理性的に思考できるようにならなければならない。ディアレクティケーをまなぶことによってはじめて，善のイデアを認識することのできる哲学者になれるのである。『国家』の第3の部分（第8〜10巻）では，国家のさまざまな形態とそのとくちょうがのべられている。最善の国家は，優秀者が支配する優秀者支配政の国家である。優秀者支配政の国家が堕落すると，名誉を愛する名誉政の国家になり，さらに堕落すると，寡頭政，民主政，僭主政の国家になる。僭主政の国家は，最悪の国家である。僭主政の支配者（僭主）は，もっとも不正な人間である。もっとも不正な人間は，生きているあいだにも，死んでからのちにも，苛酷なむくいをうけなければならないであろう。

§2. プラトンの哲学

　プラトンの哲学がソクラテスの哲学から大きな影響をうけていることはいうまでもない。しかしプラトンの哲学はまた，ヘラクレイトス，ピュタゴラス，パルメニデスなどの哲学からも大きな影響をうけている。プラトンの哲学についてのべるまえに，ヘラクレイトス，ピュタゴラス，パルメニデスの哲学についてかんたんにのべておこう。

　ヘラクレイトス（前540年ごろ〜前480年ごろ）は，万物流転の説で知られている。ヘラクレイトスによると，すべてのものはたえず変化して

いる。それゆえ,「おなじ川の流れに2度入ることはできない」。1度目に入った川の流れは,2度目に入るときにはすでに変化してしまっており,もはやまえの流れではないからである。プラトン(18才ごろ)に哲学をおしえたクラチュロスは,さらに徹底していて,「川の流れに1度でさえ入ることはできない」と考えた。1度でも入ることができるためには,川の流れを同定することができなければならないが,川の流れは刻々と変化していて同定することができないからである。クラチュロスは,刻々と変化するものにたいして「このもの」ということさえもできないと考えて,だまってただ指さした,といわれる。

　ピュタゴラス(前6世紀のひと；エーゲ海のサモス島で生まれ,南イタリアのクロトンに移住し,宗教や学問を研究するための団体をつくった)は,数についての神秘主義的な教説と,魂の不死および輪廻の説とで知られている。ピュタゴラスによると,世界は数によってつくられており,世界のありかたは数的な関係によって規定されている。天体は数的な法則にしたがって運行しているし,琴の弦の長さと音のたかさとのあいだには数的な関係がある(弦の長さが2分の1になれば1オクターブつまり8度たかい音になり,3分の2になれば5度たかい音になり,そして4分の3になれば4度たかい音になる)。世界は,数的な秩序によって支配されている。またピュタゴラスによると,魂は不死であり,肉体の死後も生きつづける。魂はもともと,天上の神々の国で,神々とともに自由な生活をたのしんでいたのであるが,罪をおかして地上に落下し,肉体のなかにとじこめられることになったのである。魂にとって,「肉体は牢獄」であり,「肉体(ソーマ)は墓場(セーマ)」である。肉体のなかに住むようになった魂は,肉体が死ぬごとに,いろいろな動物の肉体のなかに移り住む(魂の輪廻)。人間は,下等な動物に生まれ変わらないように,そして神々の清浄な国に復帰できるように,魂を浄化することにつとめなければならない。魂を浄化するためには,数々の戒律(空豆を食べてはならない,

白い雄鶏に手をふれてはならない，食卓より落ちたものをひろいあげてはならない，など）をまもり，禁欲的な生活をしなければならない。また，感覚をもちいないような学問（数学，天文学，音楽理論）の研究に専心しなければならない。

　パルメニデス（前5世紀；南イタリアのエレアのひと）は，変化や運動を否定する主張で知られている。パルメニデスによると，「あるもの」のみが存在し，思考の対象になりうる。「ないもの」（あらぬもの）は存在せず，思考の対象になりえない。「あるもの」はあり，「ないもの」はない。「あるもの」は不生不滅なもの（永遠なもの）である。なぜなら，「あるもの」が生ずる（「ないもの」が「あるもの」になる）とすると，また，「あるもの」がほろびる（「あるもの」が「ないもの」になる）とすると，「ないもの」を考えなければならないことになるが，それは不可能だからである。また「あるもの」は不可分なもの（唯一のもの）である。なぜなら，「あるもの」が分割できるとすると，分割された2つの「あるもの」のあいだに，「ないもの」が存在しなければならないことになるが，それは不可能だからである。さらにまた「あるもの」は不変不動なものである。なぜなら，「あるもの」が変化するとすると，「あるもの」が他の「あるもの」に変化することになり，「あるもの」が唯一のものではないことになるが，それは不可能だからである。また「あるもの」が動くとすると，「あるもの」は「ないもの」のなかを動くことになり，「ないもの」が存在しなければならないことになるが，それも不可能だからである。こうして「あるもの」は，不生不滅，不可分，不変不動なものである。「あるもの」についての真の認識は，理性によってあたえられる。事物を生成消滅するもの，分割できるもの，変化・運動するものとしてとらえる感覚は，われわれにあやまった認識をあたえるものである。

　プラトンの師のソクラテスは，人間の徳の問題を追求したひとである。人間は徳にしたがって生きなければならない。徳にしたがって生きるため

には，徳について知らなければならない。徳について知ることは「徳とはなにか」を知ることであるから，人間は「徳とはなにか」を知らなければならない。「徳とはなにか」という問題が，ソクラテスの哲学の中心の問題であり，プラトンの初期対話篇（ソクラテスの哲学がのべられている）の中心の問題でもある。

　プラトンの初期対話篇のおおくのものは，「徳とはなにか」という問題をあつかっている。たとえば『ラケス』は，「勇気とはなにか」という問題をあつかっているし，『カルミデス』は，「節制とはなにか」という問題をあつかっている。そして『メノン』は，一般的に，「徳とはなにか」という問題をあつかっている。『メノン』では，メノンという青年がソクラテスに，「徳はおしえられることができるか」という問いをだす。それにたいしてソクラテスは，「徳とはそもそもなにであるか」と問いかえす。徳がなにかを知らなければ，徳がどのような性質のものか（徳はおしえられることができるか，など）を知ることもできないであろう，というのである。「徳とはなにか」という問いにたいして，メノンはつぎのようにこたえる。男の徳とは，国家のしごとを処理する能力をもつことであり，味方を助けて敵を害することである。女の徳とは，所帯をよくたもち，夫に仕えることである。こどもにはこどもの徳があり，老人には老人の徳がある。このようなメノンのこたえにたいして，ソクラテスはいう。わたしが問うているのは，徳の種類ではなく，さまざまな種類の徳に共通する徳の本質である。「徳とはなにか」という問いは，「徳の本質とはなにか」，「徳そのものとはなにか」という問いである。ソクラテスはメノンに再度こたえるようにうながし，メノンはいくつかのこたえを提示するのであるが，こたえはつぎつぎとソクラテスによってしりぞけられ，けっきょく，メノンとソクラテスとの対話は，解答があたえられないままに終了してしまう。『ラケス』や『カルミデス』など，他の初期対話篇においても同様であって，「勇気（そのもの）とはなにか」，「節制（そのもの）とはなにか」などの

問題についての対話がおこなわれ，それらの対話は，けっきょく，解答があたえられないままに終了してしまうのである。

　プラトンの独自の思想であるイデア論は，『パイドン』，『饗宴』，『国家』など，プラトンの中期対話篇（40代から50代にかけて執筆）のなかでのべられている。イデア論は，「徳とはなにか」という，ソクラテスがのこした問題にたいするプラトンの解答であったとみることができる。プラトンは40才のとき，南イタリアへの旅行にでかけ，ピュタゴラス学派のもとで哲学や数学をまなんだ。ピュタゴラス学派は，砂のうえや紙のうえにかかれた三角形の背後に「三角形そのもの」が存在すると考え，その「三角形そのもの」のことを「三角形のイデア」とよんでいた（イデアは「すがた」，「形」という意味である）。砂のうえや紙のうえにかかれた三角形の背後に存在する「三角形のイデア」は，感覚によってとらえられるものではなく，理性によってとらえられるものである。数学が問題にする三角形の性質は，「三角形のイデア」の性質である。プラトンがピュタゴラス学派のもとで数学をまなんだことが，イデア論を着想するきっかけになったことは疑うことができない。じっさいにかかれた三角形の背後に「三角形のイデア」が存在するのであれば，さまざまな有徳なおこないの背後に「徳のイデア」が存在すると考えてもよいではないか。「徳のイデア」は「徳そのもの」のことであり，さまざまな有徳なおこないに共通する，徳の本質のことである。そして「徳のイデア」は，感覚によってとらえられるものではなく，理性によってとらえられるものである。

　徳や善や美はいずれも，価値のあるものであり，のぞましいものである。「徳のイデア」が考えられるのであれば，「善のイデア」や「美のイデア」などを考えることもできるであろう。善のイデアは「善そのもの」のことであり，さまざまな善いものに共通する，善の本質のことである。美のイデアは「美そのもの」のことであり，さまざまな美しいものに共通する，美の本質のことである。

プラトンは若いころ，クラチュロスという哲学者のもとで哲学をまなんだ。クラチュロスは，感覚的なものはたえず変化しており，感覚的なもの（変化しているもの）については知識はなりたたない，と主張していた。プラトンもこの主張に同意する。変化しているものについては，知識はなりたたない。変化しているものについて，「これこれである」ということはできない。「これこれである」とみとめた瞬間にも，変化してしまっているからである。変化しないものについてのみ，「これこれである」ということができ，知識がなりたつ。それゆえプラトンは，知識がなりたつための条件として，変化しないものの存在を考え，その変化しないものをイデアとして考えようとした。イデアは変化しないものであり，したがってそれは，感覚によってとらえられるもの（感覚的なもの）ではなく，理性によってとらえられるものである。

知識がなりたつための条件としてイデア（知識の対象）の存在が想定されるのであれば，徳や善や美のイデアのほかにも，さまざまなイデアが考えられなければならないであろう。人間についての知識がなりたつためには，「人間のイデア」が存在しなければならないし，机についての知識がなりたつためには，「机のイデア」が存在しなければならないであろう。じっさいにプラトンは，「人間のイデア」，「机のイデア」，「寝椅子のイデア」，「火のイデア」，「水のイデア」，「大きさのイデア」，「等しさのイデア」，「四角形のイデア」，「対角線のイデア」など，さまざまなイデアに言及している。

イデアはつぎのような性質・とくちょうをもつものとして考えられている。まず第1に，イデアは実在するもの（真実在）である。感覚的なものは実在しないもの（影のようなもの）であるが，イデアは実在するものである。たとえば現実の美しい花は感覚的なものであり，実在しないものであるが，美のイデアは実在するものである。第2に，イデアは永遠に変化しないものである。感覚的なものはつねに変化するものであるが，イデア

は永遠に変化しないものである。現実の美しい花は，やがて枯れて美しくないものに変化するが，美のイデアは永遠に変化しないものである。第3に，イデアは，感覚によってとらえられるものではなく，理性によってとらえられるものである。現実の美しい花は，見たりさわったりできる（感覚によってとらえられる）が，美のイデアは，見たりさわったりできない。美のイデアは，感覚によってとらえられるものではなく，理性によってとらえられるものである。第4に，イデアはおおくの事物（や行為）によって「分有」されるものである。おおくの事物（や行為）は，イデアを分有，すなわち，部分的に所有している。たとえばおおくの美しいものは，美のイデアを分有している。美しいものは，美のイデアを分有しているがゆえに，また美のイデアを分有しているかぎりにおいて，美しいのである。（プラトンのイデアは，パルメニデスの「あるもの」と，おおくの性質を共有している。イデアの第1の性質から第3の性質までは，「あるもの」の性質でもある。）

　プラトンは『国家』のなかで，3つの比喩（太陽の比喩，線分の比喩，洞窟の比喩）をもちいて，イデア論を説明している。3つのうちもっとも有名な「洞窟の比喩」は，感覚されるものの世界と思考されるものの世界（イデアの世界）との対照をあらわす比喩である。「洞窟の比喩」によると，ふつうの人間たち（正しい教育をうけていない人間たち）は，地下の暗い洞窟のなかにとらわれている囚人のようなものである。かれら（囚人たち）は，こどものころからずっと，奥の壁にむかってすわらされている。両足と首を固定されているので，その場所から移動することもできないし，うしろにふりむくこともできない。背後に火がもえていて，かれらを後方から照らしている。この火とかれらとのあいだには，塀がきずかれていて，この塀のむこうがわ（火にちかいがわ）を，人間や動物などの模型を塀のうえにかかげたひとびとがいったりきたりしている。火に照らされた模型の影が，ゆらゆらと，洞窟の奥の壁にうつっている。囚人たちは，

いつもこの影だけを見ているのであるから，影を真実のものと思いこむであろう。囚人たちにとっての真実の世界とは，暗い洞窟のなかの世界にほかならない。もし，囚人が束縛を解かれて，後方をふりむくように強いられるならば，もえている火の光に目がくらんで，それは苦痛以外のなにものでもないであろう。さらにもし，囚人がむりやり洞窟のなかをひきずられて，明るい太陽の光に照らされたそとの世界へとつれだされるならば，最初はなにも見えず，暗い洞窟のなかの世界を恋しがるだけであろう。だが，じょじょに太陽の光になれてきたら，もう洞窟のなかの世界を真実の世界だとは思わず，もとの世界にもどりたいとも思わないであろう。この「洞窟の比喩」において，暗い洞窟のなかの世界は「感覚されるものの世界」をあらわし，明るいそとの世界は「思考されるものの世界」をあらわしている。洞窟のなかでもえている火は「現実の太陽」をあらわし，そとの世界でかがやいている太陽は「善のイデア」をあらわしている。そして，そとの世界の自然物・人工物は個々の「イデア」をあらわし，それらの影や水面にうつった像などは「数学的対象」をあらわしている。囚人が洞窟のなかからそとの世界に出るということは，「魂が感覚されるものの世界から思考されるものの世界に上昇する」ということである。

　プラトンは，ピュタゴラスとおなじように，魂は不死であり，輪廻するものであると考えている。『パイドロス』によると，魂は他のものによって動かされるものではなく，自分じしんで動くものであり，不死なるものである。魂はもともと，天上の世界で，神々とともに住んでいた。魂は，つばさをもったぎょ者と，つばさをもった2頭の馬からなる馬車のようなものである。神々のばあいには，ぎょ者も馬もすべて善いものであり，ぎょ者のしごとは容易である。しかし人間のばあいには，1頭の馬（意志）は善い馬であっても，もう1頭の馬（欲望）はそうではなく，ぎょ者（理性）のしごとは困難なものにならざるをえない。神々が「天上のかなたの世界」（イデアの世界）でひらかれる饗宴にのぞむときには，人間の魂も随行を

ゆるされる。神々の馬車（神々の魂）はけわしい道をらくらくとのぼりつめ，天上のかなたの世界に到達して，もろもろの真実在（イデア）を観照し，すばらしい饗宴をたのしむ。しかし人間の馬車（人間の魂）は，あばれる馬にわずらわされて，けわしい道をのぼりつめることができず，天上のかなたの世界をかいま見ることができるだけである。人間の魂が悪徳にみたされると，つばさをうしなって地上に落下する。そして人間の肉体に住みつき，さまざまな人生を送る。天上のかなたの世界をかいま見て，真実在をもっともおおく見た魂は，知を愛するひと（哲学者）や，美を愛するひとや，音楽を愛するひととしての人生を送る。真実在を2番目におおく見た魂は，統治にひいでた王者としての人生を送る。そして3番目の魂，4番目の魂とつづき，8番目の魂は，ソフィストや民衆煽動家としての人生を送り，9番目の魂（真実在を見ることがもっともすくなかった魂）は，僭主としての人生を送る。

　人間としての生涯をおえると，魂はさばきをうける。正しい生を送った者は天国（天上の世界ではない）へつれてゆかれ，不正な生を送った者は仕置場へつれてゆかれて，生前のおこないに相当した賞罰をうける。生涯の期間と賞罰の期間はあわせて1000年である。たとえば生涯の期間が50年であれば，賞罰の期間は950年である。賞罰の期間がおわると，魂は2回目の生をえらぶ。人間をえらぶこともできるし，動物をえらぶこともできる。2回目の生涯がおわると，まえと同様にして，賞罰の期間がつづき，この1000年の周期がくりかえされる(魂の輪廻)。1000年の周期が10回くりかえされ，10000年が経過すると，魂にふたたびつばさが生じて，魂は天上の世界にもどることができる。ただし，哲学者としての生をつづけて3回送った魂は，3000年だけで天上の世界にもどることができる。

　哲学者は哲学する人間のことであるが，『パイドン』によると，哲学することは，死ぬことを練習すること，すなわち，魂を肉体の束縛から解放

しようとすることである。肉体は（神秘宗教がいうように）魂の牢獄のようなものである。肉体は，欲望や恐怖や空想や，あらゆる種類のたわごとで，人間をわずらわせ，人間が知を愛しもとめることをさまたげる。戦争や内乱も，肉体がひきおこすものである。なぜなら，すべての戦争や内乱は，物を獲得するためにおこるものであり，物を獲得しなければならないのは，肉体があるから（肉体に奉仕しなければならないから）である。また，視覚，聴覚，触覚など，肉体のもつ感覚は，真実をおしえるものではなく，偽りをおしえるものである。それゆえ，知を愛しもとめる哲学者は，肉体からはなれていなければならない。肉体からはなれて，魂そのものによって真実を見なければならない。哲学者は，魂が肉体の影響をうけないようにし，魂が肉体のけがれにそまらないようにして，魂を清浄にたもつようにつとめなければならない。

　イデアについての知識が真の知識（エピステーメー）であり，感覚的なものについての知識は見かけの知識（ドクサ；臆見）にすぎない。そしてイデアについての知識をまなぶということは，知識を想起するということである（想起説）。イデアについての知識をまなぶということは，魂のなかにすでにもっているイデアについての知識を，経験をつうじて思いだすということである。人間は，生まれるまえにもっていて，生まれるときにわすれてしまった（しかし潜在的にはもちつづけている）イデアについての知識をふたたび思いだすのである。（人間の魂は，かつて天上の世界に住んでいたころ，イデアの世界に旅をしたことがあり，そのとき手に入れたイデアや数学的対象についての知識を，いまも潜在的な知識としてもちつづけているのである。）

　『メノン』のなかに，知識をまなぶことは知識を想起することである，という想起説を立証するおもしろい実例がのべられている。『メノン』のなかで，ソクラテスは，メノンの召使に幾何学の問題をだす。「一辺の長さが2プースの正方形の2倍の面積（8平方プース）の正方形の一辺の長さ

は？」という問題である。召使は，したり顔で，4プースとこたえる。一辺の長さを2倍にすれば正方形の面積も2倍になる，とかんたんに考えたのである。ソクラテスは，一辺の長さが4プースの正方形はもとの正方形の2倍以上の面積（16平方プース）になることをしめして，もう一度こたえるようにうながす。召使はすこし考えて，2プースと4プースの中間をとって，3プースとこたえる。ソクラテスは，その正方形ももとの正方形の2倍以上の面積（9平方プース）になることをしめして，さらにもう一度こたえるようにうながす。しかし，召使はもうこたえることができない。そこでソクラテスは，もとの正方形を4つあつめて，一辺の長さが4プースの正方形をかいてみせ，さらに，その正方形の各辺の中点をななめにむすんで正方形に内接する正方形をかいてみせる。すると召使も，この内接する正方形がもとの正方形のちょうど2倍の面積（8平方プース）になることを理解し，2倍の面積の正方形の一辺の長さはもとの正方形の対角線の長さであることを理解する。召使はこうして，ソクラテスに問いかけられることによって，正しいこたえにたどりつくことができたのである。それは召使が，問いかけられることによって，すでに魂のなかにもっていた知識を想起したからである。知識をまなぶということは，知識を想起するということである。（この『メノン』の実例は，「イデア」についての知識を想起する実例ではなく，「数学的対象」についての知識を想起する実例になっている。）

　プラトンによると，美しいひと（美しい少年）を恋する気持も，想起ということにもとづいている。人間は美しいひとを見ると，かつて見た「美のイデア」を思いだし，美しいひとを恋する気持や，美のイデアを憧憬する（あこがれる）気持をいだく。人間は，神々しいばかりに美しい顔だちや，美しい肉体のすがたなどを目にすると，かつて美のイデアを見たときのように，畏怖の情におそわれ，畏敬の念にみたされる。そのすがたを見つめているうちに，人間の魂は異常な熱にとらえられ，つばさが生える

あたりにむずがゆさを感じる（それは歯が生えるとき，歯のまわりに感じるむずがゆさに似たものである）。人間は，美のイデアを憧憬する気持にみちびかれて，美をもとめる「愛の道程」にふみだす。しかし美をもとめてやみくもに進む人間が，美のイデアに到達できる（美のイデアを直観できる）わけではなく，美のイデアに到達できるためには，正しい道を正しいしかたで進まなければならない。まず肉体の美を愛することから出発し，つぎに世のいとなみ（風習）のなかの美に目をむけるようにし，さらには知識のなかの美に目をむけるようにしなければならない。「さまざまの美しいものを，順序をまもり，しかるべきしかたで見ながら，愛の道程もいまやおわりにちかづいたころ，とつじょとして，かれは，げにも驚嘆すべき性質の美を，まざまざと目にするであろう。」

　最高のイデアである「善のイデア」を認識することができるためには，ディアレクティケー（哲学的問答法）によらなければならない。ディアレクティケーは，感覚をいっさいもちいず，理性のみをもちいて，イデアについて研究する方法である。ディアレクティケーには，仮設法と総合・分割法とがある。「仮設法」というのは，問題を考えるときに，有力と思われる仮設のなかから，帰結が矛盾をふくむようなものを排除して，もっとも適切な仮設をえらびだし，それが説明を必要とするばあいには，より上位の仮設のなかから，それを説明しうるもっとも適切な仮設をえらびだす，ということをくりかえして，もはや説明を必要としないような仮設に到達するまでつづける，という方法である。「総合・分割法」というのは，多様な事物や，多様なイデアをあつめてひとつのイデアにまとめたり（総合），上位のイデアを下位のイデアに分けたり（分割）する方法である。ディアレクティケーを駆使してさまざまなイデアの依存関係をあきらかにし，善のイデアを頂点とするイデアのピラミッドを形成することによって，イデア（善のイデアをふくむ）の認識が可能になると考えられている。しかしイデアを認識することができるのは，素質のある魂をもつひとだけで

ある。理解力や記憶力にすぐれたひとでも，素質のある魂をもたないひとはイデアを認識することができない。イデアの認識や理解は，ことばでつたえることのできるものではなく，「長期間の教師との共同学習と共同生活とから，いわば飛火によって点じられた光のように，とつじょとして生じてくるもの」である。

プラトンのイデア論は，「徳のイデア」，「善のイデア」，「美のイデア」などから出発した。徳，善，美などはいずれも，価値のあるものであり，のぞましいものである。ところがイデア論は，イデアの範囲を拡張して，「人間のイデア」，「机のイデア」，「火のイデア」などをもみとめるようになった。人間，机，火などはもはや，価値のあるものであるとか，のぞましいものであるとかいいにくいものであろう。それではイデア論は，イデアの範囲をさらに拡張して，任意のもの（すべてのもの）にたいするイデアをみとめるのであろうか。プラトンは，『パルメニデス』という対話篇（後期）のなかで，これを否定している。『パルメニデス』のなかで，プラトンはソクラテスに，「髪の毛のイデア」，「泥のイデア」，「汚物のイデア」などをみとめるのは「あまりにも奇妙なことではないか」といわせている。髪の毛，泥，汚物などはあきらかに，価値のあるものでも，のぞましいものでもないからである。任意のものにたいするイデアをみとめるわけにはいかないとすれば，イデアの範囲をどのように考えるべきであろうか。みとめることができるイデアと，みとめることができないイデアとを明確に区別する基準があるのであろうか。プラトンは『パルメニデス』以後，イデアにあまり言及しなくなる。プラトンがイデア論をすてたのか，あるいはなんらかのかたちのイデア論をもちつづけたのか，明確ではない。

*

「ソクラテス：それではさっきの議論で問題になった，あの〈ものそのもの〉にもどろう。われわれが問答によってその存在を説明する真実在は，

つねに変わらず同一なのであろうか、それとも変化するものなのであろうか。等しさそのもの、美そのもの、なんであれ〈ものそのもの〉が、つまり真の実在が、たとえいかなる変化であれ、なんらかの変化をうけることがあるだろうか。それともこれらの、それぞれ単一のかたちをもち、純粋に自分だけで存在する〈ものそのもの〉は、つねに変化せず、同一の状態にとどまって、どのようなときにも、どのような点でも、どのようなしかたでも、なんらの変化をも、うけることがないのではないか。

　ケベス：変化せず、同一でなければなりません、ソクラテス。

　ソクラテス：ではさまざまの美しいもの、たとえば美しい人間、馬、上着、その他なんでもいいが、こういった類いのものは、どうであろうか。さまざまの等しいものは、どうであろうか。あるいは美しいものとか等しいものとかにかぎらず、一般にかの真実在とおなじ名をもってよばれる事物（正義そのものにたいする正しい事物、勇気そのものにたいする勇敢な行為など）はどうであろうか。これらの事物ははたしてつねに同一の状態をたもつのか、それともかの真実在とは正反対に、自分じしんにたいしても、相互にも、いわば一瞬たりとも、どのようなしかたでも、同一の状態は、たもたないのではないか。

　ケベス：そのとおりです。それらの事物はけっして不変ではありません。

　ソクラテス：そういう事物を、きみは手でさわったり、目で見たり、そのほかの感覚をもちいて知覚したりすることができるが、不変なもののほうは、思惟（思考）のはたらきによって以外は、とらえられないのではないか。これらのものは不可視的であって、目で見ることができないのではないか。

　ケベス：まったくおっしゃるとおりです。」

（『パイドン』）

「ソクラテス：ではつぎに、教育と無教育ということに関連して、われわれ人間の本性を、つぎのような状態に似ているものと考えてくれたま

え。——地下にある洞窟状の住まいのなかにいる人間たちを思いえがいてもらおう。光明のあるほうへむかって，長い奥ゆきをもった入口が，洞窟の幅いっぱいにひらいている。人間たちはこの住まいのなかで，こどものときからずっと手足も首もしばられたままでいるので，そこから動くこともできないし，またまえのほうばかり見ていることになって，縛（いましめ）のために，頭をうしろへめぐらすことはできないのだ。かれらの上方はるかのところに，火がもえていて，その光がかれらのうしろから照らしている。

　この火と，この囚人たちのあいだに，ひとつの道がうえのほうについていて，その道にそってひくい壁のようなものが，しつらえてあるとしよう。それはちょうど，人形使いのまえに衝立（ついたて）がおかれてあって，そのうえからあやつり人形をだして見せるのと，おなじようなぐあいになっている。

　グラウコン：思いえがいています。

　ソクラテス：ではさらに，その壁にそってあらゆる種類の道具だとか，石や木やその他いろいろの材料でつくった，人間およびそのほかの動物の像などが壁のうえにさしあげられながら，ひとびとがそれらを運んでゆくものと，そう思いえがいてくれたまえ。運んでゆくひとびとのなかには，当然，声をだす者もいるし，黙っている者もいる。

　グラウコン：奇妙な情景のたとえ，奇妙な囚人たちのお話ですね。

　ソクラテス：われわれじしんによく似た囚人たちのね。つまり，まず第1に，そのような状態におかれた囚人たちは，自分じしんやおたがいどうしについて，自分たちの正面にある洞窟の一部に火の光で投影される影のほかに，なにかべつのものを見たことがあるときみは思うかね？

　グラウコン：いいえ。もし一生涯，頭を動かすことができないように強制されているとしたら，どうしてそのようなことがありえましょう。

　ソクラテス：運ばれているいろいろの品物については，どうだろう？この

ばあいもおなじではないかね？

　グラウコン：そのとおりです。

　ソクラテス：そうすると，もしかれらがおたがいどうし話しあうことができるとしたら，かれらは，自分たちの口にする事物の名前が，まさに自分たちの目のまえをとおりすぎてゆくものの名前であると信じるであろうとは，思わないかね？

　グラウコン：そう信じざるをえないでしょう。

　ソクラテス：では，この牢獄において，音もまたかれらの正面から反響してきこえてくるとしたら，どうだろう？　かれらのうしろをとおりすぎてゆくひとびとのなかのだれかが声をだすたびに，かれら囚人たちは，その声をだしているものが，目のまえをとおりすぎてゆく影以外のなにかだと考えると思うかね？

　グラウコン：いいえ，けっして。

　ソクラテス：こうしてこのような囚人たちは，あらゆる面において，ただもっぱらさまざまの器物の影だけを，真実のものとみとめることになるだろう。

　グラウコン：どうしてもそうならざるをえないでしょう。

　ソクラテス：では，考えてくれたまえ。かれらがこうした束縛から解放され，無知をいやされるということが，そもそもどのようなことであるかを。それはかれらの身の上に，自然ほんらいの状態へとむかって，つぎのようなことがおこるばあいに見られることなのだ。——かれらのひとりが，あるとき縛（いまし）めを解かれたとしよう。そして急に立ちあがって首をめぐらすようにと，また歩いて火の光のほうをあおぎ見るようにと，強制されるとしよう。そういったことをするのは，かれにとって，どれもこれも苦痛であろうし，以前には影だけを見ていたものの実物を見ようとしても，目がくらんでよく見さだめることができないだろう。

　そのとき，あるひとがかれにむかって，〈おまえが以前に見ていたのは，

第2章　プラトン

愚にもつかぬものだった。しかしいまは，おまえは以前よりも実物にちかづいて，もっと実在性のあるもののほうへむかっているのだから，まえよりも正しく，ものを見ているのだ）と説明するとしたら，かれはいったいなんというと思うかね？ そしてさらにそのひとが，とおりすぎてゆく事物のひとつひとつをかれに指ししめして，それがなんであるかをたずね，むりやりにでもこたえさせるとしたらどうだろう？ かれは困惑して，以前に見ていたもの（影）のほうが，いま指ししめされているものよりも真実性があると，そう考えるだろうとは思わないかね？

グラウコン：ええ，大いに。

ソクラテス：それならまた，もし直接火の光そのものを見つめるように強制したとしたら，かれは目が痛くなり，むきかえって，自分がよく見ることのできるもののほうへと逃げようとするのではないか。そして，やっぱりこれらのもののほうが，いま指ししめされている事物よりも，じっさいに明確なのだと考えるのではなかろうか？

グラウコン：そのとおりです。

ソクラテス：そこで，もしだれかがかれをその地下の住まいから，粗（あら）く急なのぼり道を力ずくでひっぱっていって，太陽の光のなかへとひきだすまでは放さないとしたら，かれは苦しがって，ひっぱっていかれるのをいやがり，そして太陽の光のもとまでやってくると，目はぎらぎらとしたかがやきでいっぱいになって，いまや真実であるとかたられるものをなにひとつとして，見ることができないのではなかろうか？

グラウコン：できないでしょう，そんな急には。

ソクラテス：だから，思うに，上方の世界の事物を見ようとするならば，慣れというものがどうしても必要だろう。――まず最初に影を見れば，いちばん楽に見えるだろうし，つぎには，水にうつる人間その他の映像を見て，後になってから，その実物を直接見るようにすればよい。そしてその後で，天空のうちにあるものや，天空そのものへと目を移すことに

なるが，これにはまず，夜に星や月の光を見るほうが，昼間太陽とその光を見るよりも楽だろう。

グラウコン：ええ，当然そのはずです。

ソクラテス：思うにそのようにしていって，最後に，太陽を見ることができるようになるだろう。——水その他の，太陽ほんらいの居場所ではないところにうつったその映像をではなく，太陽じしんを，それじしんの場所において直接しかと見てとって，それがいかなるものであるかを観察できるようになるだろう。

グラウコン：必ずそうなるでしょう。

ソクラテス：そしてそうなると，こんどは，太陽についてつぎのように推論するようになるだろう。——この太陽こそは，四季と年々の移りゆきをもたらすもの，目に見える世界におけるいっさいを管轄するものであり，また自分たちが地下で見ていたすべてのものにたいしても，あるしかたでその原因となっているものなのだ，と。

グラウコン：ええ，つぎにはそういう段階に立ちいたることはあきらかです。

ソクラテス：するとどうだろう？ かれは，最初の住まいのこと，そこで〈知恵〉として通用していたもののこと，その当時の囚人仲間のことなどを思いだしてみるにつけても，身の上におこったこの変化を自分のために幸せであったと考え，地下の囚人たちをあわれむようになるだろうとは，思わないかね？

グラウコン：それはもう，たしかに。」

(『国家』第7巻)

「ソクラテス：そこで，魂の似すがたを，つばさをもった一組の馬と，その手綱をとるつばさをもったぎょ者とが，一体になってはたらく力であるというふうに，思いうかべよう。——神々のばあいは，その馬とぎょ者とは，それじしんの性質も，またその血筋からいっても，すべて善きもの

第2章　プラトン

ばかりであるが，神以外のものにおいては，善いものと悪いものとがまじりあっている。そして，われわれ人間のばあい，まず第1に，ぎょ者が手綱をとるのは2頭の馬であること，しかもつぎに，その1頭の馬のほうは，資質も血筋も，美しく善い馬であるけれども，もう1頭のほうは，資質も血筋も，これと反対の性格であること，これらの理由によって，われわれ人間にあっては，ぎょ者のしごとはどうしても困難となり，やっかいなものとならざるをえないのである。

それなら，いったいどのようなわけで，生けるものが〈死すべき〉とよばれるようになったのであろうか。これの説明をこころみなければならない。

魂は全体として，魂なきものの全体を配慮し，ときにより，ところによってすがたを変えながら，宇宙をくまなくめぐり歩く。そのばあい，つばさのそろった完全な魂は，天空たかく翔（か）けのぼって，あまねく宇宙の秩序を支配するけれども，しかし，つばさをうしなうときは，なんらかの固体にぶつかるまでしたに落ち，土の要素からなる肉体をつかまえて，その固体に住みつく。つかまえられた肉体は，そこに宿った魂の力のために，自分で自分を動かすように見えるので，この魂と肉体とが結合された全体は〈生けるもの〉とよばれ，そしてそれに〈死すべき〉という名が冠せられることになったのである。」

（『パイドロス』）

「ソクラテス：こうして，魂は不死なるものであり，すでにいくたびとなく生まれ変わってきたものであるから，そして，この世のものたるとハデス（冥界）のものたるとを問わず，いっさいのありとあらゆるものを見てきているのであるから，魂がすでにまなんでしまっていないようなものは，なにひとつとしてないのである。だから，徳についても，その他いろいろのことがらについても，いやしくも以前にも知っていたところのものである以上，魂がそれらのものを想い起こすことができるのは，なにも

ふしぎなことではない。なぜなら、事物の本性というものは、すべてたがいに親近なつながりをもっていて、しかも魂はあらゆるものをすでにまなんでしまっているのだから、もしひとが勇気をもち、探求に倦むことがなければ、あるひとつのことを想い起こしたこと —— このことを人間たちは「まなぶ」とよんでいるわけだが —— その想起がきっかけとなって、おのずから他のすべてのものを発見するということも、じゅうぶんにありうるのだ。それはつまり、探求するとかまなぶとかいうことは、じつは全体として、想起することにほかならないからだ。」

(『メノン』)

「パルメニデス：どうだね、たとえば正や美や善やさらにそのようなもののすべてに、なにかエイドスというものがそのものとしてそれだけであると思われるか。

ソクラテス：はい。

パルメニデス：つぎにどうだ、人間のエイドスだがね。われわれやわれわれのようなすべての人間たちをはなれて、なにか人間のエイドスというものがそのものとしてあると、あるいは火やあるいはまた水にもそのようなものがあると思われるかね。

ソクラテス：それらのものについては、パルメニデス、これまでにじっさい何度も途方にくれたことがあるのです。さきのもの（正や美や善など）についてと同様にあるといわなければならないか、それともちがったようにいわなければならないかについてね。

パルメニデス：ではどうだね、つぎのものにかんしてもかね。それはたとえば髪の毛や泥や汚物やなにかその他の、ごく無価値でくだらぬもののように思われるもの、じっさいこっけいなものだと思われるようなものだが、それらのものにもエイドスが、われわれの手にするものとはべつなものとして、はなれてあるといわなければならないのか、それともそういってはならないのかと途方にくれているのか。

第2章 プラトン

ソクラテス：いや，けっしてそういうことはありません。すくなくともそれらのものは，われわれが見ているだけのものです。それらのものにもなにかエイドスというものがあると思うのは，あまりにも奇妙なことではないでしょうか。」

(『パルメニデス』)

*

『ソクラテスの弁明・クリトン』 プラトン 著 (久保 勉 訳) 岩波文庫
『ソクラテスの弁明・クリトン』 プラトン 著 (三嶋 輝夫・田中 享英 訳) 講談社学術文庫
『ソークラテースの弁明・クリトーン・パイドーン』 プラトーン 著 (田中 美知太郎・池田 美恵 訳) 新潮文庫
『饗宴』 プラトン 著 (久保 勉 訳) 岩波文庫
『饗宴』 プラトン 著 (森 進一 訳) 新潮文庫
『パイドン』 プラトン 著 (岩田 靖夫 訳) 岩波文庫
『パイドロス』 プラトン 著 (藤沢 令夫 訳) 岩波文庫
『ゴルギアス』 プラトン 著 (加来 彰俊 訳) 岩波文庫
『メノン』 プラトン 著 (藤沢 令夫 訳) 岩波文庫
『ラケス』 プラトン 著 (三嶋 輝夫 訳) 講談社学術文庫
『プロタゴラス』 プラトン 著 (藤沢 令夫 訳) 岩波文庫
『テアイテトス』 プラトン 著 (田中 美知太郎 訳) 岩波文庫
『国家』(全2冊) プラトン 著 (藤沢 令夫 訳) 岩波文庫
『法律』(全2冊) プラトン 著 (森 進一・加来 彰俊・池田 美恵 訳) 岩波文庫
『プラトンⅠ』(世界の名著6；「リュシス」,「饗宴」,「メネクセノス」,「ゴルギアス」,「ソクラテスの弁明」,「クリトン」,「パイドン」,「クレイトポン」) 中央公論社
『プラトンⅡ』(世界の名著7；「国家」) 中央公論社

『プラトン全集』(全15巻) 岩波書店

第3章

アリストテレス

アリストテレス
(前384年〜前322年)

アリストテレス関連地図

§1. アリストテレスの生涯

　ギリシアのポリスが，ギリシアの覇権をめぐって対立抗争をくりかえしているころ，ギリシアの北方では，マケドニアが強国に成長しつつあった。前359年に即位したマケドニアのフィリッポス2世は，王権を強化して国内を統一し，軍制を改革して強力な騎兵部隊と歩兵部隊をつくった。マケドニアが南方に勢力をのばし，カルキディケ半島にあるアテナイの同盟都市（オリュントス）を攻撃したことから，アテナイはマケドニアを敵とみなすようになった。そしてマケドニアが東方に勢力をのばし，黒海入口のビザンティオン（のちのコンスタンティノープル，イスタンブール）を攻撃するにおよんで，アテナイはマケドニアに宣戦を布告した。

　前338年，アテナイ軍を中核とするギリシア連合軍は，南下したマケドニア軍とカイロネイアで対峙した。膠着するかに見えた戦線を打開したのは，王子アレクサンドロス（18才）にひきいられたマケドニアの騎兵部隊の突撃であった。騎兵部隊の活躍で勝敗がきまり，ギリシア連合軍は壊滅した。マケドニア王フィリッポスは，ギリシアのポリスの代表をコリントスに招集して，マケドニアを盟主とするコリントス同盟（ヘラス同盟）をむすばせ，加盟ポリス間の戦争の放棄や，マケドニアにたいする軍事協力などを約束させた。フィリッポスは，かねてから計画していた東方遠征（ペルシア遠征）の準備にとりかかったが，前336年に暗殺され，息子のアレクサンドロス（20才）がマケドニア王に即位した。

　アレクサンドロスは，前335年のコリントス同盟の会議で，ギリシアのポリスに東方遠征の決行をみとめさせ，翌年，マケドニアとギリシアの連合軍（約3万7千）をひきいて，東方遠征の途についた。ヘレスポントス海峡をわたって小アジアに侵入したアレクサンドロスは，連戦連勝して破竹の進撃をつづけ，小アジア，シリア，パレスティナ，エジプトを征服した。そしてメソポタミアに入ってバビロンを攻略し，スサ，ペルセポリス

に進軍して，ダレイオス3世の統治するペルシア帝国をほろぼした（前330年）。アレクサンドロスは，なおも東方に進軍してインダス川流域にまで侵入したが，部下の兵士たちの反対にあってひきかえした。バビロンに帰還したアレクサンドロスは，あらたにアラビア半島に遠征する計画を立て，その準備をしている最中に，熱病にかかって急死した（前323年）。

　アレクサンドロスの死後，アレクサンドロスののこした帝国（ヨーロッパ，アジア，アフリカにまたがる大帝国）の領土をめぐって，アレクサンドロスの部将たちがあらそい，帝国は3つの王国に分裂した。マケドニアを領有するマケドニア王国と，小アジア，シリア，メソポタミア，イランなどを領有するセレウコス王国と，エジプトを領有するプトレマイオス王国とである。3つの王国は，ローマに併合されるまでつづくが，もっとも長くつづいたのは，プトレマイオス王国であった。プトレマイオス王国では，商工業が発達し，首都アレクサンドリア（アレクサンドロスの建設した都市）は世界最大の貿易港としてさかえた。また王家が，図書館や天文台などを有する研究所（ムーセイオン）をつくって，学問を保護・奨励したので，各地から学者があつまり，数学や自然科学などの学問が発達した。アレクサンドロスの死（前323年）から，プトレマイオス王国の最後の女王クレオパトラの自殺によって，プトレマイオス王国がローマに併合される（前30年）までの約300年間が，ヘレニズム時代（ギリシア風の文化がひろい地域に浸透した時代）である。

＊

　アリストテレスが生まれたのは，前384年である。前384年は，ペロポネソス戦争の終結から20年後であり，ソクラテスの死から15年後である。アリストテレスの生地は，カルキディケ半島の小都市スタゲイロス（スタゲイラともいう）である。スタゲイロスは，ギリシア人の植民した都市であるが，アリストテレスの生まれた当時，マケドニアの支配下に

あった。アリストテレスの父親の家系は、代々つづいた医者の家系であり、父親のニコマコスは、マケドニア王アミュンタス（フィリッポス2世の父）の侍医をしていた。母親のパイスティスは、エウボイア島のカルキスからの移民であった。アリストテレスは末子であり、アリストテレスには、アリムネストスという兄と、アリムネステという姉がいた。兄のアリムネストスは若年でなくなり、姉のアリムネステはプロクセノスという医者と結婚した。

　アリストテレスがまだ幼年（あるいは少年）のころ、両親があいついでなくなったので、義兄のプロクセノスが後見人になって、アリストテレスを養育した。アリストテレスが少年時代にどのような教育をうけたのか、たしかなことはわからない。しかし父親の遺産があり、後見人のプロクセノスも裕福な医者であったから、アリストテレスは当時の最良の教育をうけたであろうと推測される。プラトンの初期対話篇や、中期対話篇のいくつかのものはすでに公刊されていたから、少年時代にすでに、プラトンの著作に親しんでいたかもしれない。

　アリストテレスは17才のとき、アテナイに出てきて、当時ギリシア随一の学園と目されていた、プラトンのアカデメイアに入学した。そのときプラトン（60才）は、第2回目のシケリア旅行に出ていて、アテナイにはいなかった。アカデメイアでは、プラトンに代わって、エウドクソスが学頭の代理をつとめていた。入学したてのアリストテレスにとって、数学や天文学の分野で業績をあげ、人格の面でもすぐれていたエウドクソスは、魅力的な教師であったにちがいない。アリストテレスは、後年の著作のなかで、エウドクソスに何度か言及している。やがてプラトンがシケリアから帰国し、アリストテレスはプラトンの直接の指導をうけることになった。アリストテレスは約20年間、プラトンの指導をうけながら、アカデメイアでの研究生活を送った。

第3章　アリストテレス

　アリストテレスがアカデメイアに入学して10年ほどたったころ，プラトンの愛弟子のディオンが，手兵をひきいてシケリアにわたり，シュラクサイの僭主のディオニュシオス2世を追放するという事件がおこった。アカデメイアからも，スペウシッポスやエウデモスなどがディオンに同行して，ディオンとともに戦っている。この戦いでエウデモスは戦死し，あたらしく僭主の座についたディオンも4年後には暗殺されてしまう。ディオンの事件は，アカデメイアの学徒たちをまきこんだ大事件であったが，この事件がアリストテレスに動揺をあたえたという形跡はない。アリストテレスは，現実主義的な賢明さをもって，事件の動向を横目で見ながら，みずからの勉強をつづけていたのではないかと思われる。

　アリストテレスはプラトンの弟子として，プラトンを尊敬し，プラトンの哲学を熱心に勉強した。プラトンもアリストテレスの賢明さを愛して，アリストテレスのことを「学園の知性（ヌース）」とよんだといわれている。プラトンが『パイドン』を講読したとき，それを最後まで聴講したのは，アリストテレスだけであったという。アリストテレスのプラトンにたいする尊敬は，プラトンの死後もうしなわれることがなかった。アリストテレスは，師の学説（イデア論）を批判するときでも，師にたいするこまかい心づかいをしめしている。かれは『ニコマコス倫理学』のなかで，つぎのようにのべている。「普遍というものが，どういう意味でかたられるのかを考えてみて，そこにふくまれる問題を研究するほうがよいかもしれない。しかしその研究は，イデアを導入したのがわたしたちの親しいひとたちであるから，心苦しいものになるだろう。しかし真理を確立するためには，私的なことは犠牲にするべきであり，そうしなければならないだろう。なぜなら，真理も親しいひとたちもともにたいせつなものであるが，親しいひとたちよりも真理を優先させるほうが神意にかなうことだからである。」

　アリストテレスとプラトンの関係は，このように親しいものであったが，

後世につくられた伝説のなかには，アリストテレスとプラトンの不和をつたえるものがおおい。ある伝説によると，アリストテレスがおしゃれで，でしゃばりで，口が悪かったから，プラトンはアリストテレスのことを心よく思わなかったということである。またプラトンが80才のころ，アリストテレスが自分の仲間たちをつれてプラトンのところにおしかけ，プラトンに論争をしかけて，老齢で思考力のおとろえていたプラトンを窮地に追いこみ，自分の力を誇示しようとしたということである。またある伝説によると，プラトンはアリストテレスの離反をなげいて，「アリストテレスは，子馬が自分を生んでくれた母馬をけとばすように，わしをけとばす」といったということである。このような，アリストテレスを忘恩の徒とする伝説は，後世のアリストテレス学派とプラトン学派の対立を反映するものであり，どれほどの真実をふくむものであるかはあきらかではない。

アリストテレスは，アカデメイアにいた「アカデメイア時代」に，『オルガノン』の名で総称される論理学関係の著作や，『形而上学』の一部や，『自然学』のおおくの部分などをかいたものと推定されている。

アリストテレスが37才のとき，プラトン（80才）がなくなり，プラトンのおいのスペウシッポスがアカデメイアの2代目の学頭になった。敬愛する師をうしない，アカデメイアにとどまることの意義をうしなったアリストテレスは，20年間まなんだアカデメイアを去り，小アジアのアッソスの支配者ヘルミアス（ヘルメイアス）のまねきに応じて，アッソスにむけて旅立った。ヘルミアスは，アカデメイアでまなんだことがあり，アリストテレスのかつての学友であった。アリストテレスはアッソスの地に，アカデメイアの分校ともいうべき小さな学園をひらき，はじめて独立の教師として活動した。のちにアリストテレスの学派の後継者となるテオプラストス（アカデメイア出身者）との親交も，学園の活動をつうじて，このころはじまったようである。

第3章　アリストテレス

　アリストテレスはアッソスで，ヘルミアスのめいで養女でもあったピュティアスという女性と結婚した。アリストテレスは，ピュティアスと結婚できたことをひじょうによろこび，アテナイ人がデメテル女神にささげるような犠牲を，かの女にささげたということである。ピュティアスとの結婚生活は，ピュティアスの死によって絶たれるまで，10年以上（おそらく20年ちかく）つづいた。アリストテレスはピュティアスにたいして，ふかい愛情をいだいていた。アリストテレスは，遺言状（後出）のなかで，自分の遺体をピュティアスの遺骨といっしょに埋葬してほしいとの希望をのべている。

　アリストテレスは39才のとき，テオプラストスのすすめにしたがって，アッソスにちかいレスボス島のミュティレネに移った（レスボス島は，テオプラストスの出身地であった）。アリストテレスはミュティレネで，テオプラストスとともに，海岸の生物の種類や生態を調査し，生物学の研究の材料を収集した。

　ミュティレネに移り住んで2年ほどたったころ，マケドニア王フィリッポス2世からの使いがきて，アリストテレスは，王子アレクサンドロス（13才）の家庭教師として招聘された。フィリッポスはヘルミアスと親密な間柄であり，ヘルミアスからアリストテレスのことをきいて，招聘にふみきったのかもしれない。また，アリストテレスの父がマケドニア王アミュンタス（フィリッポスの父）の侍医をしていたことも，招聘に一役かっていたであろう。幼年時代，父にともなわれて宮廷に参内したアリストテレスが，同年代のフィリッポス（アリストテレスより2つ年下）といっしょに遊んだことがあったかもしれない。ともかくこの招聘を受諾して，アリストテレスは，マケドニアの首都ペラにむけて旅立った。アリストテレスが41才のときである。

　アリストテレスがマケドニアの宮廷で，アレクサンドロスにどのような

教育をしたのか，おおくのことは知られていない。相手が13才の若い王子であってみれば，論理学や形而上学などをおしえることは，不可能であり，不適切でもあろう。やはり，当時の基礎的なカリキュラムにしたがって，ホメロスの叙事詩など，ギリシア文学を中心におしえたのではないだろうか。じっさいアリストテレスは，ホメロスの『イリアス』を，王子のために，よみやすいようにかきかえてやったということがつたえられている。アレクサンドロスはのちに，東方遠征のさい，『イリアス』を携行し，『イリアス』の文句をよく口ずさんだといわれる。またトロイアにあるアキレウスの墓にもうで，いにしえの英雄をしのんだともいわれる。

アリストテレスが家庭教師として，アレクサンドロスをおしえていたのは，3年ほどである。アレクサンドロスが父王の外征中の摂政に任ぜられると，アリストテレス（44才）は職を辞して，故郷のスタゲイロスにかえった。そして49才でアテナイにもどるまで，アリストテレスはスタゲイロスにとどまって，テオプラストスとともに，主として生物学の研究にうちこんだ。（カイロネイアの戦いでマケドニアが勝利してギリシアを支配下においたのは，アリストテレスが46才のときであり，マケドニア王フィリッポスが暗殺されて王子のアレクサンドロスが即位したのは，アリストテレスが48才のときである。アリストテレスが故郷の町で学問にうちこんでいるころ，マケドニアにかかわる2つの世界史的な大事件が発生している。）

アリストテレスは，アッソス，ミュティレネ，ペラ，スタゲイロスと移り住んだ「遍歴時代」に，『動物誌』や『動物部分論』などの生物学関係の著作をかいたものと推定されている。アリストテレスのアカデメイア時代の著作は，アカデメイアの学風を反映して，数学的・思弁的な色合いの濃いものであったが，アリストテレスの遍歴時代の著作は，アリストテレスの生来の気質を反映して，生物学的・実証的な色合いの濃いものになっている。

第3章　アリストテレス

　アリストテレスは49才のとき，なつかしいアテナイにもどってきた。母校のアカデメイアでは，2代目の学頭であったスペウシッポスがすでになくなり，アリストテレスとも親しかったクセノクラテスが3代目の学頭をつとめていた。アリストテレスはしかし，そのアカデメイアにはもどらなかった。当時のアリストテレスの学風が，数学的・思弁的なアカデメイアの学風とあいいれないものになってしまっていたからであろう。アリストテレスは，アテナイの東北郊外に，「リュケイオン」という自分の学校を開設した。リュケイオンはもともと，アポロン・リュケイオス（狼のアポロン；アポロン神のこと）にちなんで名づけられた地名であったが，アリストテレスがその地（のちかく）に学校をひらくと，その学校の名前としてももちいられるようになったのである。

　リュケイオン（アリストテレスの学校）には散歩道があり，アリストテレスは散歩道を歩きながら，弟子たちに哲学の講義をしたとつたえられている。アリストテレスが散歩道（ギリシア語でペリパトス）を歩きながら弟子たちをおしえたことから，かれの学派はペリパトス学派（逍遙学派）とよばれるようになった。

　マケドニア王アレクサンドロスは，かつての師アリストテレスにたいして，経済的な援助をおしまなかった。アリストテレスは，アレクサンドロスの援助をうけ，膨大な文献や資料をあつめて，大規模な図書館や博物館をつくった。リュケイオンの図書館や博物館におさめられた文献や資料の充実ぶりには目をみはるべきものがあった。のちにアレクサンドリアにつくられた「ムーセイオン」という研究所は，リュケイオンでまなんだ学徒たちによって，リュケイオンを手本にしてつくられたものである。しかし，ムーセイオンの規模はリュケイオンの規模をさらにしのぐものであって，ムーセイオンの図書館には70万巻の図書が所蔵されていたといわれている。

アリストテレスは，アテナイにもどってからの12年間を，リュケイオンでの講義や研究に没頭してすごした。その12年間は，アリストテレスが学者としてもっとも充実した生活を送った期間である。アリストテレスは，それまでのギリシア哲学を総合して独自の哲学（アリストテレス主義）を確立し，おおくの学問領域でめざましい研究成果をおさめた。アリストテレスは古来,「万学の祖」とよばれている。かれによって，論理学，倫理学，形而上学，物理学，生物学，政治学など，おおくの学問の基礎がきずかれたからである。学問のひろさにおいて，思索のふかさにおいて，ヨーロッパの哲学史上，かれに比肩しうる者はまれである。

アリストテレスは，リュケイオンを主宰していた「リュケイオン時代」に，『形而上学』のおおくの部分や，『自然学』の一部や，『霊魂論』，『ニコマコス倫理学』などを執筆したものと推定されている。

アリストテレスは（おそらく）50代のころ，妻ピュティアスをなくした。妻をなくしてからのアリストテレスは，故郷のスタゲイロスの生まれの愛人ヘルピュリスと同棲した。アリストテレスには娘と息子がいたが，娘のほうはピュティアスとのあいだにできた子であり，息子（ニコマコス）のほうはヘルピュリスとのあいだにできた子である。アリストテレスの『ニコマコス倫理学』は，タイトルがしめすように，この息子が編纂したものであるとされている。

アリストテレスが61才のとき，アレクサンドロス（アリストテレスがアテナイにもどった翌年に東方遠征に出発し，ヨーロッパ，アジア，アフリカにまたがる大帝国を建設していた）が，バビロンで急死した。まだ33才の若さであった。アレクサンドロスの死亡がアテナイにつたえられると，市民たちのあいだにくすぶっていた反マケドニア感情が噴出し，マケドニアにたいする反乱がおこった。マケドニア総督アンティパトロスと親交があり，アレクサンドロスの援助をうけていたアリストテレスにたいし

第3章　アリストテレス

ても，迫害の手がのばされた。アリストテレスはエウリュメドンという祭司によって，神にたいする不敬罪で告発された。アリストテレスがかつて，ペルシア軍にとらわれて非業の死をとげたヘルミアス（妻の養父）に献じた「徳の賛歌」という碑文が，ヘルミアスを神格化することによって，神々を冒とくしたとの理由であった。

　アリストテレスは，リュケイオンを愛弟子のテオプラストスにまかせて，アテナイを去ることにした。アリストテレスはアンティパトロスに，（ソクラテスを殺した）アテナイ市民がふたたび哲学にたいして罪をおかすのをのぞまない，とかき送り，晩夏の海峡をわたって，エウボイア島のカルキスにのがれた。カルキスはアリストテレスの母親（パイスティス）の出身地である。アリストテレスはこの地で，アテナイのさわぎが終息するのをまつつもりでいたのだろうが，アリストテレスにはもはや，1年の余命ものこされてはいなかった。翌年の盛夏，アリストテレスはこの地で，胃病のためになくなった。62才であった。遺骨は故郷のスタゲイロスに運ばれたとつたえられている。（アテナイの反乱は，アリストテレスがなくなったのとおなじころ，アンティパトロスのマケドニア軍によって鎮圧された。）

　アリストテレスの風貌について，つぎのようなことがつたえられている。アリストテレスは小柄で，足がほそく，眼が小さかった。頭髪はうすく，はげ頭であった。派手な服装をして，いくつもの指輪をはめ，髪やひげを短く刈りこんでいた。当時のアテナイの哲学者たちは，ソクラテスやプラトンのように，粗末な（質素な）衣服を身にまとい，長いひげをたくわえているのがふつうであったから，アリストテレスの外見は，当時の哲学者としては異様なものであったにちがいない。アリストテレスのこのような新人ぶりは，伝統的な哲学を超克してみずからの哲学を構想しえたアリストテレスの自信をものがたるものであろう。アリストテレスはまた，話をするときに舌がもつれる傾向があり，発音のしかたに難点があった。

アリストテレスの崇拝者たちのなかには，アリストテレスの発音のしかたをまねる者がすくなくなかったという。またアリストテレスは，たいへんな美食家であり，大食漢でもあった。しかしかれは，研究や講義などの繁務のために，身体をきたえる暇がなく，つねに消化不良になやまされていたという（慢性的な胃の不調になやまされていたかれにふさわしく，かれの死因も胃病であった）。

　アリストテレスの生存中に公刊されたアリストテレスの著作は現存しない。現在われわれが手にすることのできるアリストテレスの著作は，講義用のノートである。講義用のノートを後代の人間が編集したものである。著作のタイトルも，アリストテレスじしんによってつけられたものではなく，編集者によってつけられたものがおおい。プラトンの対話篇がアカデメイアのなかでたいせつに保存され，伝承されたのと対照的に，アリストテレスの著作は，つぎにのべるような数奇な運命をたどった。

　アリストテレスの所有していた書物（講義ノートをふくむ）は，アリストテレスの死後，後継者たるテオプラストスの手にゆだねられた。テオプラストスはそれを，弟子のネレウスに譲渡した。ネレウスは，テオプラストスが死ぬとすぐにアテナイを去り，故郷である小アジアのスケプシスにかえった。そのとき，譲渡された書物の大部分をアレクサンドリアの図書館（ムーセイオンの図書館）に売り，書物のなかから手がきの講義ノートをとりのけて，それをスケプシスにもちかえった。ネレウス家の後継者たちは，学問については素人だったので，アリストテレスの講義ノートを，封を解くこともなく放置し，のちには，地下の穴倉のようなところに隠した。アレクサンドリアの図書館は，ネレウスから買いうけたアリストテレスの著作や，別途に入手したアリストテレスの著作を所蔵していた。前3世紀ごろの図書館には，百数十篇ものアリストテレスの著作が所蔵されていたという。しかし前47年の火災で，図書館に所蔵されていた大部分の図書が消失し，アリストテレスのおおくの著作もうしなわれて

しまった。現存するアリストテレスの著作はアリストテレスの全著作の4分の1以下であるといわれているから，現在までにいかにおおくの著作がうしなわれてしまったか，またアリストテレスの全著作がいかに膨大なものであったかがわかる。

　さて，スケプシスにもち去られたアリストテレスの講義ノートのほうは，150年ものあいだ，穴倉のなかに隠されていた。前1世紀のはじめごろ，アテナイのアペリコンという富裕な書物収集家が，スケプシスのネレウス家にアリストテレスの講義ノートがあることをききつけ，それを高額で買いとってアテナイにもちかえった。アペリコンは，自分の所有するアリストテレスの講義ノートを，おおくのひとびとに見せるなどして，たいへん自慢にしていたということである。当時のアテナイはローマと戦っていたが，前86年，アテナイはローマの将軍スラによって制圧された。スラは，戦利品として，おおくの書物や美術品をローマに送った。アペリコンの所有していたアリストテレスの講義ノートも，そのなかにふくまれていた。ローマに送られたアリストテレスの講義ノートは，ティラニオンという学者の手にわたされた。ティラニオンは，アリストテレスの講義ノートの出版を企図し，弟子のアンドロニコス（ロドスのアンドロニコス）に，その出版を実行するように指示した。アンドロニコスが，ティラニオンの指示をうけて，アリストテレスの講義ノートを編集して出版したのは，前1世紀後半（前40年ごろ〜前20年ごろ）のことである。

　アンドロニコスは編集のさい，アリストテレスの著作を主題べつにグループ分けし，第一哲学（存在論）の著作のグループを自然学の著作のグループのあとにおいた。アンドロニコスが第一哲学の著作を自然学の著作のあとにおいたことから，第一哲学の著作は「自然学のあとの書」（タ・メタ・タ・ピュシカ）とよばれるようになった。その呼称がのちの「形而上学」（メタピュシカ，メタフィジックス）ということばの語源になったことはよく知られている。アンドロニコスが編集した著作集は，

「アリストテレス著作集」(コルプス・アリストテリクム) としてつたえられ，現在のアリストテレス全集のもとになっている。現在のアリストテレス全集には47篇の著作（このうち10篇ほどのものは偽作とされている）がふくまれている。

　ディオゲネス・ラエルティオス（後3世紀）の『哲学者列伝』のなかに，アリストテレスの遺言状とされるものがのっている。アリストテレスはその遺言状で，あとにのこす家族や奴隷たちが不便なくくらしてゆけるよう，さまざまなとりきめをしている。われわれはその遺言状から，アリストテレスの妻・愛人・こどもたちにたいするふかい愛情や，奴隷たちにたいするあたたかい思いやりの心情をよみとることができる。その遺言状はつぎのような文面である。

　「万事が順調にゆくであろう。だが，万一のことがおこったばあいにそなえて，アリストテレスは，以下のことを遺言としてしたためておいた。

　諸事万端いっさいをつうじて，この遺言の執行人にはアンティパトロス（マケドニア総督）殿をお願いする。そして，ニカノル（アリストテレスの姉の子で，アリストテレスの養子になっていた。相続人）がかえってくるまでは，アリストメネス，ティマルコス，ヒッパルコス，ディオテレスが，また本人が承諾し，事情もゆるすならば，テオプラストスも，（後見人として）こどもたちとヘルピュリスとの面倒をみ，遺産についても配慮してもらいたい。

　娘は年ごろになれば，ニカノルに嫁がせること。だがもし，娘に万一のことがおこったばあいには――そのようなことはおこらないことをいのるし，またおこりもしないであろうが――嫁ぐまえであろうと，嫁いだあとでもまだこどもがないばあいには，ニカノルが，息子（ニコマコス）のこともその他いっさいのことも，当人にもわれわれにもふさわしいしかたで処理する権限をもつべきものとする。そしてニカノルは，娘と息子の

第3章　アリストテレス

ニコマコスのために，父でもあり兄弟でもあるつもりで，かれらにかんすることが適切におこなわれるように面倒をみてもらいたい。だがもし，ニカノルの身に万一のことがおこったばあいには —— そのようなことはおこらないことをいのるが —— 娘をめとるまえであろうと，あるいはめとったあとでもまだこどもがないばあいには，ニカノルがとりきめていたことはなんであろうと，そのまま効力をもつものとする。またそのようなばあいに，もしテオプラストスがわたしの娘といっしょになることをのぞむのであれば，ニカノルとおなじ権利をテオプラストスはもつべきものとする。だが，そうならないばあいには，後見人のかたがたは，アンティパトロス殿とも相談のうえで，娘のことも息子のことも，最善と思われるようなしかたで処理していただきたい。

また，後見人のかたがたとニカノルとは，わたしのことも，またわたしにたいして誠実につくしてくれたヘルピュリスのこともわすれないで，その他のことがらにかんしてももちろんであるが，とりわけ，かの女がだれかと再婚したいとのぞむのであれば，われわれにとって不相応ではない人物に嫁ぐことができるように配慮してもらいたい。さらに，ヘルピュリスにたいしては，これまでにあたえておいたものに加えて，遺産のなかから銀1タラントン（60ムナ）と，またのぞむならば，侍女3名を，現在所有している小間使と僕童のピュライオスのほかにあたえてほしい。なお，ヘルピュリスがカルキスにとどまってそこに住むことをのぞむのなら，庭園のちかくにある来客用の家屋をあたえ，またスタゲイロスに住むことを希望するのなら，父祖からゆずりうけたわたしの生家をあたえるように。そして，かの女がこのうちのどちらの家をのぞむにしても，後見人のかたがたは，自分たちにも結構だと思われるし，ヘルピュリスにもじゅうぶんだと思われるような家具調度類でもって，その家をととのえてやっていただきたい。

なお，ニカノルは，僕童のミュルメクスのことも配慮して，われわれに

ふさわしいしかたで，かれからあずかっていた持物といっしょに，かれを身内の者のところへ送りかえしてやるように。また，(召使女の) アンブラキスも自由の身にしてやり，そしてわたしの娘が結婚したばあいには，かの女に500ドラクマ (5ムナ) と，かの女が現に所有している小間使とをあたえること。さらに，タレにも，かの女が現に所有しているところの，金で買われた小間使のほかに，1000ドラクマ (10ムナ) と，もうひとりの小間使とをあたえること。さらにまた，(召使の) シモンには，以前他の僕童を購入するためにかれにあたえておいた銀貨のほかに，さらにもうひとりの僕童を買いあたえてやるか，もしくは，それに相当する銀貨をあたえること。そしてテュコンは，娘が結婚するさいには，自由の身にしてやること。この点は，ピロンのばあいも，またオリュンピオスとその子のばあいも，同様であるべきこと。他方，わたしの世話をしてくれている僕童たちは，だれひとりこれを売却しないで，ひきつづき当家で使用すること。しかし，かれらがしかるべき年令にたっしたなら，そのはたらきに応じて解放し，自由の身にしてやること。

ところで，グリュオンに注文しておいた彫像が仕上がったなら，これらがたてられるように配慮してもらいたい。つまりそれは，ニカノルの像と，プロクセノスの像と —— これはわたしがまえまえから注文にだしたいと考えていたものであるが —— そして，ニカノルの母の像のことである。また，アリムネストス (アリストテレスの兄) のすでにできあがっている像も，かれはこどもなしに死んだのであるから，かれの記念となるようにたててほしい。さらに，われわれの母の像も，デメテル女神にささげて，ネメアなり，その他どこでもしかるべき土地に，たてるようにしてもらいたい。

なお，わたしをどこに埋葬するにせよ，その墓には，(亡妻) ピュティアスの遺骨をも，かの女の遺志どおりに移して，おさめていただきたい。またニカノルも，無事帰還したならば，わたしがかれのため祈願しておいた

とおりに，高さ4ペーキュス（約1.8メートル）の石像を，スタゲイロスにいます救い主ゼウスと，救いの女神アテナに奉納するように。」

＊

『形而上学』は14巻からなっている。第1巻では，従来の哲学（自然哲学，ピュタゴラス学派の哲学，プラトンの哲学など）にたいする検討と批判がおこなわれている。哲学は事物の根本の原因をもとめる学問であり，原因には4種類の原因（形相因，質料因，始動因，目的因）がある。形相因は，事物がなにであるかという本質（形相）としての原因であり，質料因は，事物がなにでできているかという素材（質料）としての原因であり，始動因は，事物の運動がなにからはじまるかというはじまり（始動）としての原因であり，そして目的因は，事物の運動がなににおわるかというおわり（目的）としての原因である。タレス（哲学の祖）からデモクリトスにいたるまでの自然哲学者たちは，質料因としての原因をあげたのであるが，そのうちのあるひとびとは，始動因や目的因にも気づいていた。すなわちエンペドクレスは，元素の混合や分離をおこさせる始動因として，愛や憎しみの力をあげ，アナクサゴラスは，種子の混合や分離をおこさせる始動因，および世界に秩序をもたらす目的因として，知性（ヌース）の力をあげている。プラトンのイデア論は，形相因と質料因をもちいている。しかしイデア論には，おおくの難点が存在する（アリストテレスは23個もの難点を列記している。このうちはじめの7個は，第13巻でも再述されている）。『形而上学』の第4巻，第6～9巻，第12巻では，存在論（第一哲学）の問題があつかわれている。存在論は，「存在するものを存在するものとして研究する」学問である。存在論の中心の問題は，実体（真の意味で存在するもの）とはなにか，という問題である。実体といえるものは，主語となって述語とならないもの，それじしんとしての独立性や個体性をもつものでなければならない。普遍や類は，述語となることが

あるから，実体とはいえない。質料（素材）は，それじしんとしての独立性や個体性をもたないから，これも実体とはいえない。実体といえるのは，個物すなわち，感覚的な個々の事物である。「一般には，感覚的な事物のあるものが実体であるということに見解が一致している。」個物は，質料と形相がむすびついたもの（結合体）である。個物は，可能態および現実態という2つの状態において存在する。可能態は，質料のままの状態であり，現実態は，形相が実現された状態である。個物が運動するということは，個物が可能態の状態から現実態の状態に移行するということである。神は，みずからは動かず，他のすべてのものを動かすもの（不動の動者）である。神は，「愛されるものが愛するものを動かすようにして」，すべてのものを動かす。

　『**自然学**』（全8巻）は前半と後半の2つの部分に分けられる。前半の部分（第1～4巻）では，自然学の基礎についての問題が論じられている。自然学は，「それじしんのうちに運動および静止の原理をもつもの」（自然的事物）について研究する学問である。事物にふくまれる「運動および静止の原理」が「自然」である。学問的に知るということは，事物の原因を知るということであり，原因には4種類の原因（形相因，質料因，始動因，目的因）がある（『形而上学』でも4種類の原因がのべられているが，『自然学』の説明のほうがくわしい）。無限は，可能的には存在するが，現実的には存在しない。無限は，分割や付加などの操作をどこまでも続行できるという可能性であり，じょじょに実現されはしても，完全に実現されつくされはしないものである。大きさ（物体の）については，どこまでも分割できるという無限は存在するが，どこまでも付加できるという無限は存在しない（アリストテレスの世界は恒星天球によって限界づけられた有限の世界である）。空虚は，物体の外部に存在することもないし，物体の内部に存在することもない。空虚はどこにも存在しない。原子論者は，運動が可能であるためには空虚が存在しなければならないと主張するが，空虚が

存在しなくても,液体の循環のように物体が場所をゆずりあうことによって,運動は可能である。『自然学』の後半の部分（第5〜8巻）では,もっぱら,運動についての問題が論じられている。アリストテレスによると,無限の点を有限の時間で通過することはできないというゼノンの主張（ゼノンの逆理）はあやまりである。有限の時間も（有限の長さと同様に）無限に分割可能であるから,無限の点を無限の時間点で接触することによって,無限の点を有限の時間で通過することができるからである。またアリストテレスによると,動くものはすべて他のものによって動かされるものである。他のものによって動かされないものは,動かないものである。他のものによって動かされないもので,したがって動かないもので,他のものを動かすもの（第1の動かすもの）が存在する。動かすものと動かされるものとは接触していなければならない（空間的にはなれているものを動かすことはできない）。運動にははじまりがなく,運動は永遠の昔から存在しているものである（世界にははじまりがなく,世界は永遠の昔から存在しているものである）。第1の動かすもの,すなわち,みずからは動かないで他のものを動かすものは,部分も大きさももたず,宇宙の周辺にあるものである。第1の動かすものは,永遠でひとつのものである。

　『霊魂論』は3巻からなっている。第1巻では,従来の学者たち（デモクリトス,ピュタゴラス学派,アナクサゴラス,プラトンなど）の霊魂についての考えかたが検討され,批判されている。『霊魂論』の第2巻では,霊魂がもつ種々の能力についての論述がおこなわれている。アリストテレスによると,「霊魂（プシュケー）とは,可能的に生命をもつ自然的物体の第一の現実態である」。すなわち霊魂とは,生命をもつもののすべての生命活動の根源をなすものである。植物,動物,人間をふくめ,すべての生物が霊魂をもつ。しかし植物がもつ霊魂と,動物がもつ霊魂と,人間がもつ霊魂とでは,その能力がことなっている。植物の霊魂は,栄養摂取の能力のみをもち,動物の霊魂は,そのうえに,感覚,欲求,運動の能力

をもち，人間の霊魂は，さらにそのうえに，思惟の能力（理性）をもつ。より高次の能力は，より低次の能力の存在を前提にしている。霊魂は生命をもつものの原因（形相因，目的因，始動因）である。霊魂は，生命をもつものの形相（本質）であるから，形相因であり，生命をもつものの目的であるから，目的因でもある。また霊魂は，生命をもつものの成長や運動を可能にするものであるから，始動因でもある。感覚と思惟（思考）とは対照的な性格をもっている。感覚が，個別的なものにかんするものであり，外部のものによってひきおこされるものであるのにたいして，思惟は，普遍的なものにかんするものであり，霊魂の内部においてはたらくものである。『霊魂論』の第3巻では，人間の霊魂のみがもつ理性（思惟の能力）についての論述がおこなわれている。理性とは，「霊魂がそれによって思惟し，また概念的に把握するもの」である。アリストテレスは理性に，受動理性と能動理性（「非受動的な理性」）とを区別する。受動理性は，記憶のような受容的な思惟をおこなう理性であり，能動理性は，観念の総合・分離のような創造的な思惟をおこなう理性である。受動理性は，感覚にもとづいてはたらくものであるから，肉体から分離できないものであり，肉体の死とともに消滅するものである。それにたいして能動理性は，肉体から独立的なものであり，肉体の死後も不滅なものである。人間の霊魂のもつ能力のうち，栄養摂取，感覚，欲求，運動の能力，および受動理性は，すべて，肉体の死とともに消滅するが，能動理性だけは，肉体の死後も不滅であり，永遠である。

　『ニコマコス倫理学』は10巻からなっている。第1巻では，アリストテレスの「幸福」にたいする見かたがのべられている。アリストテレスによると，人生の究極の目的（人間にとっての最高善）は，幸福ということである。幸福は，人生の究極の目的であるから，自足的なもの（それだけで人生をのぞましいものにするもの）でなければならない。では幸福とはなにか。幸福とは，「徳（卓越性）にしたがった霊魂（プシュケー）

の活動」である。『ニコマコス倫理学』の第2～7巻では，アリストテレスの「徳」にたいする見かたがのべられている。アリストテレスによると，徳には，「知性的な徳」と「倫理的な徳」の2種類がある。知性的な徳（知恵，思慮，技術など）は，人間の霊魂の理性の部分にかんする徳であり，倫理的な徳（勇気，節制，正義など）は，人間の霊魂の情意の部分にかんする徳である。知性的な徳は，教育によって成立するものであり，倫理的な徳は，習慣によって成立するものである。倫理的な徳は，おおすぎること（過度）とすくなすぎること（不足）の中間の状態（中庸）をたもつ習性である。悪徳は，おおすぎることやすくなすぎることにおちいることであり，徳は，それらの中間をたもつことである。たとえば勇気という徳は，無謀（過度）と臆病（不足）の中間をたもつことであり，節制という徳は，放埓（過度）と無感覚（不足）の中間をたもつことである。正義という徳も，中間をたもつことであるが，他人や社会との関係において考えられる点で，他の倫理的な徳とはことなっている。『ニコマコス倫理学』の第8・9巻では，アリストテレスの「友愛」にたいする見かたがのべられている。アリストテレスによると，友愛は「ひとつの徳といっていいもの，ないしは徳というものときりはなせないもの」である。友愛には，利益にもとづくもの，快楽にもとづくもの，徳にもとづくものの3種類があるが，徳にもとづく友愛のみが，永続的で完全な友愛である。父と子，夫と妻のような平等でない関係のばあいには，優位にある者がよりおおく愛されるべきである。『ニコマコス倫理学』の第10巻では，アリストテレスの「快楽」および「幸福」（ふたたび）にたいする見かたがのべられている。アリストテレスによると，快楽は人間の活動とむすびついたものであり，人間の活動を完成させるものである。人間のよい活動を完成させる快楽が，よい快楽である。幸福は，徳（卓越性）にしたがった活動であり，最高の幸福は，人間に特有な能力（理性の能力）にしたがった活動である。最高の幸福は，理性の能力を行使する観照的（思索的）な生活である。

§2. アリストテレスの哲学

アリストテレスは,『形而上学』の第1巻のなかで, おおくの論点をあげて, プラトンのイデア論を批判している。その論点のひとつは「第3の人間」論とよばれるものである。「第3の人間」論というのは, つぎのような議論である。もしイデア論者のいうように,「人間そのもの」(人間のイデア) が存在し, 個々の人間が人間であるのは, それらが人間そのものに似ているからであるとすれば, 人間そのものも人間であるから, 人間そのものおよび個々の人間がともに似ている「第3の人間」が存在しなければならないことになる。しかるに, 第3の人間もまた人間であるから, 第3の人間および人間そのものおよび個々の人間がともに似ている「第4の人間」も存在しなければならないことになる。おなじようにして「第5の人間」,「第6の人間」も存在しなければならないことになり, 無限後退におちいってしまう。

アリストテレスによると, イデア論には, もっと重大な欠陥がある。それは感覚的な事物からはなれて存在するイデアは, 事物の運動や変化の原因として事物に役立つものではなく, また事物の本質として事物の認識に役立つものでもない, ということである。「もっとも疑問とされてよいのは, そもそもエイドス (イデアとおなじ) が, 感覚的な事物にたいして (天体にたいしても, あるいは生成し消滅するものにたいしても) どれほどの役に立っているかという点である。なぜならエイドスは, これらの事物にたいして, そのいかなる運動や変化の原因でもないからである。またそれは, これらの事物を認識するのになんの役にも立たない。なぜならエイドスはこれらの事物の本質ではないからである。——もし本質であるなら, それはすでにこれらの事物に内在しているはずである。」

『形而上学』の主要部分 (第4巻, 第6～9巻, 第12巻) では, 存在論

（アリストテレスは第一哲学とよぶ）の問題があつかわれている。アリストテレスの存在論は，「存在するものを存在するものとして研究し，またこれに自体的にぞくするものどもをも研究する」学問である。存在論は，存在するものの一部分をきりはなして，その部分の属性を研究するような学問（特殊的な学問）とはことなり，存在するものを存在するものとして一般的に考察する学問である。そして存在論の中心の問題は，実在するもの（真の意味で存在するもの）とはなにかという問題である。アリストテレスは実在するものを「実体」（ウーシア）とよぶ。それゆえ，実体とはなにかという問題が，存在論の中心の問題である。

　なにものかが実体といえるためには，つぎのような条件をみたしていなければならない。第1に，主体であって属性ではないもの，すなわち，主語としてあらわされるものであって述語としてあらわされるものではないもの（主語となって述語とはならないもの）でなければならない。第2に，それじしんとしての独立性や個体性をもつものでなければならない。普遍や類は，述語としてあらわされることがある（第1の条件をみたさない）から，実体とはいえない。また素材も，それじしんとしての独立性や個体性をもたない（第2の条件をみたさない）から，やはり，実体とはいえない。実体といえるものは，アリストテレスによると，個物すなわち，感覚的な個々の事物である。個物こそは，主語となって述語とはならないもの・それじしんとしての独立性や個体性をもつものであり，実体である。プラトンは，イデアが実在するものであり，感覚的な事物は実在しないものであると考えた。それにたいしてアリストテレスは，実在するもの（実体）はイデアではなく，「この人間」，「この馬」，「この机」のような個物（感覚的な個々の事物）であると考えたのである。

　アリストテレスによると，個物は，質料（ヒュレー）と形相（エイドス）がむすびついたものである。質料というのは，個物を形成する素材のことであり，形相というのは，個物の本質や目的のことである。たとえばレンガ

のばあい，レンガの素材である土が質料であり，レンガの本質（レンガとはなにか）や目的（レンガのつかいみち）が形相である。質料は，それじしん無規定なものであり，形相とむすびつくことによってはじめて，具体的な個物になりうるものである。形相は，個物のなかで質料とむすびつき，質料に規定をあたえるものである。形相は，個物のなかでのみ存在することができ，個物をはなれて存在することはできない。形相は，個物のなかに分有されたイデアにあたるものであるが，イデアのように，個物をはなれて存在することはできない。

　質料と形相の区別は，固定的なものではなく，相対的なものである。おなじものが，より低次のものにたいしては形相であると考えられ，より高次のものにたいしては質料であると考えられる。たとえばレンガは，それがつくられる素材である土にたいしては形相であり，それを素材としてつくられる家にたいしては質料である。おなじレンガが，土にたいしては形相であると考えられ，家にたいしては質料であると考えられるのである。（ここで，「レンガが土にたいして形相である」というのは，「レンガが土の形相（本質，目的）である」という意味ではなく，「レンガが土の形相の実現されたものである」という意味である。）

　個物は，可能態（デュナミス）と現実態（エネルゲイア）という2つの状態において存在する。可能態は，質料のままにとどまっている状態であり，現実態は，形相がすでに実現されている状態である。たとえば土は，レンガにたいしては，その質料のままにとどまっているから，可能態の状態においてあり，レンガは，土にたいしては，その形相がすでに実現されているから，現実態の状態においてある。可能態と現実態の区別は，質料と形相の区別とおなじように，相対的なものである。おなじものが，より低次のものにたいしては現実態においてあると考えられ，より高次のものにたいしては可能態においてあると考えられる。（おなじレンガが，土にたいしては現実態においてあると考えられ，家にたいしては可能態に

おいてあると考えられる。）

　個物の変化（運動）は，個物が可能態から現実態へ移行することであり，個物のなかの形相が実現されることである。種子が成長して樹木になるのも，空中の水滴が雨となって地上に落下するのも，木材が加工されて机になるのも，すべて，個物のなかの形相が実現されることである。種子が成長する変化などを観察すると，種子のなかにしょうらいの設計図のようなものがふくまれていて，それが種子の成長を支配しているように見える。アリストテレスは，種子のなかにふくまれる設計図のようなものを形相として考え，形相が種子の成長を支配していると考えた。そしてその考えかたを拡張して，すべての個物のなかに形相がふくまれていて，形相が個物の変化を支配していると考えようとした。すべての個物の変化は，個物のなかにふくまれている形相が実現されることである。種子が樹木に成長するのは，種子のなかにふくまれている形相が実現されることであり，空中の水滴が雨となって地上に落下するのは，水滴のなかにふくまれている形相が実現されることである。自然界のすべての変化は，形相という目的にむかった変化である。

　個物（たとえば家）から出発して，個物の質料（レンガ）へ，また個物の質料の質料（土）へとたどってゆくと，最後には，いかなる形相をもふくまない，もっとも低次の質料に到達するであろう。もっとも低次の質料は，「第一質料」とよばれる。第一質料は，個物ではないから，感覚によってとらえられないものである。第一質料が形相とむすびついて最初にできる物質が，「単純物質」（土，水，火，空気，アイテール）である。

　また，個物（たとえば土）から出発して，個物の形相（レンガ）へ，また個物の形相の形相（家）へとたどってゆくと，最後には，いかなる質料をもふくまない，もっとも高次の形相に到達するであろう。もっとも高次の形相は，「純粋な形相」とよばれる。純粋な形相は，個物ではなく，

感覚によってとらえられないものである。この純粋な形相が「神」である。神は、質料をふくまないから、みずからは動かない。（動くということは質料が形相に移行することであり、質料をふくまないものは動かない。）また神は、もっとも高次の形相（最終の目的）であるから、他のすべてのものを動かす。神は、みずからは動かず、他のすべてのものを動かすもの（不動の動者）である。神は最終の目的であると同時に、最初の原因（第一原因）でもある。（目的としての原因は「ひく力」のようなものであり、最終の目的は「最初にひく力」のようなものであるから、最終の目的は最初の原因でもあると考えられる。）すべてのものは神を目的とし、神にあこがれて、一方的に動く。神は、「愛されるものが愛するものを動かすようにして」、すべてのものを動かす。

アリストテレスは、『自然学』において、自然学（アリストテレスは第二哲学とよぶ）の研究、とくに変化や運動の原理についての研究をおこなっている。アリストテレスによると、他のものによって動かされることなく、みずから動くものは存在しない。動くものはすべて、他のものによって動かされるものであり、動くものにたいしては、それを動かす他のものが存在しなければならない。もしAが動くものであるならば、それを動かすものBが存在しなければならない。またもしBが動くものであるならば、それを動かすものCが存在しなければならない。こうして、動くものとそれを動かすものとの連鎖をたどってゆくと、最後には、みずからは動かず、他のものを動かすだけのもの（不動の動者）に到達しなければならないであろう。また、動かすものと動かされるものとは直接に接していなければならない。おすばあいでも、ひくばあいでも、動かすものと動かされるものとは直接に接していなければならない。動かすものが、空間的にはなれているものに力をおよぼして、他のものを動かすということは不可能である。

またアリストテレスによると、空虚（真空）は存在しない。デモクリト

スなどの原子論者は，空虚が存在することを主張し，空虚が存在することによってはじめて，物体の運動が可能になると主張していた。それにたいしてアリストテレスは，空虚は存在せず，空虚が存在しなくても，物体の運動は可能であると主張する。物体は，空虚が存在しなくても，液体が循環するように場所をゆずりあうことによって，運動することが可能であるという。(イタリアの物理学者トリチェリが，大気圧の実験をおこなって，水銀柱の上方に「トリチェリの真空」をつくりだしたのは，1643年のことである。)

　アリストテレスは，空虚が存在しないことをしめす論拠として，つぎのような議論をもちだす。物体が媒体（液体や気体）のなかを落下するばあい，物体の落下する速さは，媒体の密度に反比例し，物体の重さに比例する。物体の落下する速さを V，媒体の密度を D，物体の重さを M とすると，$V = CM/D$（C は定数）という関係がなりたつ。この関係がなりたつことは，おなじ物体が落下するばあい，媒体の密度が大きくなると，落下する速さが小さくなることや，おなじ媒体のなかを落下するばあい，物体の重さが大きくなる（体積は変わらないとする）と，落下する速さが大きくなることなどから，あきらかであるように思われる。この関係はほんとうはなりたたないのであるが，この関係がなりたつことを仮定すると，おなじ物体が落下するばあい，媒体の密度を半分にすると，落下する速さは2倍になる。媒体の密度をかぎりなく小さくしてゆくと，落下する速さはかぎりなく大きくなってゆく。もし空虚が存在するならば，空虚の密度は無限小であるから，空虚のなかを物体が落下する速さは，その物体が鉄球であれ羽毛であれ，無限大になってしまう。しかしこれは不合理である。ゆえに空虚は存在しない，とアリストテレスは主張するのである。

　物体の落下する速さが，媒体の密度に反比例し，物体の重さに比例する，と仮定すると，媒体の密度が一定であるばあい，物体の落下する速さは，

物体の重さに比例することになる。物体の重さが2倍になると，物体の落下する速さも2倍になることになる。この「物体の落下する速さは物体の重さに比例する」というアリストテレスの落下の法則が，イタリアの物理学者ガリレイによって反証されるまでには，2000年ちかくもの年月が経過しなければならなかった。ガリレイは1590年ごろ，ピサの斜塔で落下の実験をおこない，アリストテレスの落下の法則がなりたたないことを立証した。すなわちガリレイは，大小2つの鉄球をピサの斜塔から同時に落下させて，それらが同時に地面にたっすることをたしかめ，物体の落下する速さが物体の重さに比例するわけではないことを立証したのである。ガリレイがこのような実験をほんとうにおこなったのかどうか疑問とする説もある。しかしガリレイは，『新科学対話』(1638年)のなかで，落下の理論をくわしく論じ，アリストテレスの落下の理論を決定的に反証している。

　アリストテレスは，『天体論』や『形而上学』などにおいて，宇宙の見かたをのべている。アリストテレスの宇宙は，不動の地球を中心とする有限の宇宙である。不動の地球のまわりを，月，太陽，水星，金星，火星，木星，土星，および恒星が回転している。惑星は5つ（水・金・火・木・土星）しか知られておらず，天王星，海王星，冥王星はまだ知られていない。（イギリスの天文学者ハーシェルが天王星を発見したのは，1781年のことである。）地球のまわりを回転している星々は，水晶のように透明でかたい天球（地球を中心とする同心球）に固着していて，天球とともに回転している。天球は，それぞれの回転軸を中心として，それぞれの回転速度で，一様に回転している。もっともそとがわの天球は「恒星天球」である。恒星天球には，すべての恒星が固着している（恒星天球よりそとがわは神の領域である）。すべての恒星はおなじ位置関係をたもちながら，単純な動きをするので，恒星（すべての恒星）の見かけの運動を説明するためには，ひとつの天球（恒星天球）の回転を考えるだけでよい。それにたいして，

第3章　アリストテレス

　遊星（月と太陽と惑星）は複雑な動きをするので，遊星（ひとつの遊星）の見かけの運動を説明するためには，数個の天球の回転を考える必要がある。ひとつの遊星の複雑な見かけの運動をつくりだすためには，数個の天球の回転を組み合わせる必要がある。その数個の天球のうち，もっともそとがわの天球は，恒星天球と一致して回転する天球であり，もっともうちがわの天球は，遊星を（赤道上に）のせて回転する天球である。そとがわの天球に，うちがわの天球の回転軸が固定されている。それぞれの天球は，それぞれの回転軸を中心として，それぞれの回転速度で，一様に回転している。回転軸の位置がすこしずつずれているので，数個の天球が回転するとき，もっともうちがわの天球は，かなり複雑な運動をすることになる。こうして，数個の天球の回転を組み合わせることによって，ひとつの遊星の複雑な見かけの運動をつくりだすことができるのである。

　遊星の複雑な見かけの運動を，天球の回転を組み合わせてつくりだすという方法は，アリストテレスがはじめたものではない。それは，アカデメイアにいたエウドクソスがはじめた方法である。エウドクソスは，アカデメイアのプラトン門下でもっともすぐれた数学者のひとりである。エウドクソスは，月と太陽の運動をつくりだすために，それぞれ，3つの天球をもちい，水・金・火・木・土星の運動をつくりだすために，それぞれ，4つの天球をもちいた。恒星天球をあわせると，天球の総数は27個になる。エウドクソスの弟子のカリッポスは，天球の数をふやして，エウドクソスの理論に改良を加えた。カリッポスは，月と太陽と水・金・火星の運動をつくりだすために，それぞれ，5つの天球をもちい，木・土星の運動をつくりだすために，それぞれ，4つの天球をもちいた。恒星天球をあわせると，天球の総数は34個になる。アリストテレスは，このカリッポスの理論にさらに改良を加えた。カリッポスの理論では (エウドクソスの理論でもそうであるが)，ひとつの遊星の運動をつくりだす天球群と，となりの遊星の運動をつくりだす天球群とは，それぞれ独立した天球群になって

いて，相互になんの関係ももたなかった。アリストテレスは，それにたいして，すべての天球が連動する，天球の体系をつくりあげようとした。すなわち，恒星天球をのぞくすべての天球が，ひとつそとがわの天球に固定された回転軸を中心として回転するような，天球の体系をつくりあげようとした。アリストテレスは，その目的のために，月以外の遊星をのせた天球のうちがわに，その遊星の運動をつくりだすためにもちいられた天球の個数より1個だけすくない逆転球を（逆の順序で）挿入して，その遊星の運動をつくりだすもとになった天球（恒星天球と一致して回転する天球）の回転を復元することにした。こうして，アリストテレスは，月の運動をつくりだすために5つの天球をもちい，太陽と水・金・火星の運動をつくりだしてもとの天球の回転を復元するために，それぞれ，9つ（5つ＋4つ）の天球をもちい，木・土星の運動をつくりだしてもとの天球の回転を復元するために，それぞれ，7つ（4つ＋3つ）の天球をもちいた。恒星天球をあわせると，天球の総数は56個になる。そとがわの天球が，うちがわの天球を動かし，そとがわの天球の運動が，うちがわの天球の運動をひきおこす。もっともそとがわの天球（恒星天球）を動かすのは，神である。神が恒星天球を動かし，恒星天球が，うちがわの天球を動かす。したがってすべての天球は，神によって動かされることになる。（アリストテレスの天球の体系では，恒星天球と一致して回転する天球が2重になっているところが7個所あるので，むだな天球をとり去ることによって，天球の総数を56個から49個にへらすことができるであろう。）

　アリストテレスは，地上の世界（月からしたの世界）と天上の世界（月をふくめて，月からうえの世界）とをはっきり区別する。地上の世界と天上の世界は，まったくことなる世界である。地上の世界が，生成消滅の世界であり，不完全な世界であるのにたいして，天上の世界は，永遠不変の世界であり，完全な世界である。2つの世界は，まったくことなる物質によって構成されており，まったくことなる物理法則によって支配

されている。

　アリストテレスによると，地上の世界は，土，水，火，空気という4種類の単純物質によって構成されている。土，水，火，空気を単純物質とするアリストテレスの考えかたは，土，水，火，空気を元素（万物の根）とするエンペドクレスの考えかたに似ている。しかし，エンペドクレスの元素が変化しないものであるのにたいして，アリストテレスの単純物質は相互に生成変化（転換）するものである。4種類の単純物質には，それぞれ，自然な場所というものがある。地球の中心からそとにむかって，もっともうちがわの層が土の自然な場所であり，2番目の層が水の自然な場所であり，3番目の層が空気の自然の場所であり，もっともそとがわの層が火の自然な場所である。もっともそとがわの層は，天上の世界に接している。単純物質の自然な運動（強制されない運動）は，単純物質がみずからの自然な場所にかえろうとする運動である。土の自然な場所はもっともうちがわの層であるから，落下するのが，土の自然な運動である。また火の自然な場所はもっともそとがわの層であるから，上昇するのが，火の自然な運動である。空気中を水滴が落下するのも，水中を気泡が上昇するのも，水滴や気泡の自然な運動である。地上の世界における自然な運動は，すべて，直線的な運動である。

　またアリストテレスによると，天上の世界（天体や天球）は，アイテールという1種類の単純物質によって構成されている。アイテールは，永遠に変化しない物質である。そして天上の世界は完全な世界であるから，天上の世界における自然な運動は，「完全な運動」である円運動である。なぜ，円運動が完全な運動であるのか。それは，円が完全な図形だからである。ではなぜ，円が完全な図形であるのか。アリストテレスによると，直線（線分）はのばすことができ，直線には付加することができるが，円にはなにものをも付加することができない。付加しうるものは完全なものではなく，付加しえないものこそ完全なものであるから，円こそ完全な図形

であるというのである。天体は完全なものであり，完全な運動である円運動をしているはずだという考えかたは，ピュタゴラスにはじまるものである。この考えかたは，長くひとびとの考えかたを支配した。プラトンも，アリストテレスも，プトレマイオス（後2世紀）も，コペルニクス（16世紀）も，天体の運動を，円運動の組み合わせによって理解しようとした。この「円の魔力」を脱却することのできた最初のひとは，天体の楕円軌道を考えたケプラー（17世紀）である。

アレクサンドロス大王がなくなったのは，アリストテレスの死の前年である。アレクサンドロス大王がなくなって（前323年）から，エジプトがローマに併合される（前30年）までの約300年間が，ヘレニズム時代である。この時代，ギリシアではポリスの政治が崩壊し，ひとびとは，ポリスの市民としてではなく，世界市民（コスモポリテース）として生きてゆかなければならなくなった。ひとびとは，国家や社会の一員としての義務をはたす生きかたよりも，個人の幸福をもとめる生きかたのほうを重視するようになった。そのためヘレニズム時代には，個人の幸福や安心立命をもとめる，個人主義的な哲学が流行した。そのようなヘレニズム時代の哲学として重要なものは，エピクロス学派とストア学派の哲学である。

エピクロス学派の創始者は，エピクロス（前342年ごろ〜前271年ごろ）である。エピクロスは，サモス島に生まれ，アテナイに出て小さな庭園を購入し，学校をひらいた。エピクロス学派の哲学は，キュレネ学派の影響をうけており，快楽主義的である。エピクロス学派の哲学によると，人生の目的は幸福を実現することであり，幸福とはすなわち快にほかならない。快こそが善いものであり，のぞましいものである。この快は，一時的な快であってはならず，持続的な快でなければならない。われわれは種々の快を比較して，生涯にわたる持続的な快をもとめなければならない。持続的な快をもちうるためには，いかなることに直面しても乱されることのない，平安な心の状態（アタラクシア）をもつことが必要である。

社会における公的な活動は，平安な心の状態をさまたげるものであるから，それからとおざかっていなければならない（エピクロスは「隠れて生きよ」と説く）。平安な心の状態をさまたげる最大のものは，死にたいする恐怖である。エピクロスは死にたいする恐怖をとりのぞくために，デモクリトスの原子論を採用する。原子論によると，死とはわれわれの肉体を形成する原子が分離するということであり，われわれの霊魂は肉体の死とともに消滅する。死後の世界などは存在しない。死はおそろしいものではなく，われわれにとって無関係なものである。なぜなら，われわれが存在しているあいだ，死はまだ存在しないし，死が現に存在するときには，われわれはもう存在しないからである。

　ストア学派の創始者は，ゼノン（前336年ごろ〜前264年ごろ）である。ゼノンは，キュプロス島に生まれ，アテナイに出て，ストア・ポイキレー（彩色された柱廊）で哲学をおしえた。ストアというのは柱という意味である。ストア学派の哲学は，キュニコス学派の影響をうけており，禁欲主義的である。ストア学派の哲学によると，人生の目的はやはり，エピクロス学派のばあいとおなじく，幸福を実現することである。幸福を実現するためには，感情や欲望などの情念（パトス）にまどわされない，平静な心の状態（アパテイア）をもつことが必要である。平静な心の状態に到達するためには，反自然的なものをしりぞけ，自然にしたがって生きるようにつとめなければならない（ゼノンは「自然にしたがって生きること」を説く）。自然とは理性のことであり，反自然的なものとは非理性的なもの（感情や欲望など）のことであるから，平静な心の状態に到達するためには，非理性的なものをしりぞけ，理性にしたがって生きるようにつとめなければならない。理性にしたがって生きることが善であり，非理性的なものにしたがって生きることが悪である。通常，善であると思われている，財産や名誉や健康などは善ではなく，また通常，悪であると思われている，貧困や恥辱や病気なども悪ではない。それらは両方とも，善悪の区別のない

ものである。財産や名誉や健康などは，幸福を実現するために必要なものではない。幸福を実現するためには，理性にしたがって生きることだけでじゅうぶんであり，それ以外のものはいっさい必要ではない。

＊

「すべての人間は，生まれつき，知ることを欲する。その証拠としては，感覚への愛好があげられる。というのは，感覚は，その効用をぬきにしても，すでに感覚することそれみずからのゆえにさえ愛好されるものだからである。しかし，ことにそのうちでももっとも愛好されるのは，眼によるそれ（すなわち視覚）である。けだしわれわれは，ただたんに行為しようとしてだけでなく，まったくなにごとを行為しようともしていないばあいにも，見ることを，いわば他のすべての感覚にまさってえらびこのむものである。その理由は，この見ることが，他のいずれの感覚よりも，もっともよくわれわれに物事を認知させ，その種々の差別相をあきらかにしてくれるからである。」

（『形而上学』第1巻）

「けだし，驚異することによって人間は，今日でもそうであるがあの最初のばあいにもあのように，知恵を愛求し（哲学し）はじめたのである。ただしそのはじめには，ごく身近のふしぎなことがらに驚異の念をいだき，それからしだいにすこしずつ進んではるかに大きな事象についても疑念をいだくようになったのである。たとえば，月のうける諸相だの太陽や星の諸態だのについて，あるいはまた全宇宙の生成について。ところで，このように疑念をいだき驚異を感じる者は自分を無知な者だと考える。それゆえに，神話の愛好者もまたある意味では知恵の愛求者（哲学者）である。というのは，神話が驚異さるべきふしぎなことどもからなっているからである。」

（『形而上学』第1巻）

「ところで，なにかがそれのためにであるそれ（目的）が不動なものの

部類にぞくすることは，それの意味を分割すればあきらかにされる。すなわち，なにかがそれのためにであるそれ（目的）には，(a) あることが他のなにものか〈のために〉なされるそのなにものかを意味するばあいと，(b) あることがなにものか〈をめざして〉なされるところのそのなにものかを意味するばあいとがあるが，これら両義のうち，後者は不動なものの部類であるのに，前者はそうではない。だからして，後者は，愛されるものが（愛するものを）動かすように，動かすのである，そして他のものは，動かされて動かす。

　ところで，もしあるなにものかが動かされるとすれば，そのあるものは他でもありうるものである。したがって，あるものの現実的活動が，移動のうちの第1のもの（すなわち円運動）であるなら，そのあるものは，そのような運動をするものとしてのかぎり，なおいまだ他でもありうるものである（たとえ実体においてではないとしても，場所においては，他でもありうるものである）。しかるに，みずからは不動でありながら他のものを動かすあるものが存在する。このものは，現実態において存在するものであり，けっして他ではありえないものである。なぜなら，諸種の変化のうちで第1のものは移動であり，移動のうちでも第1なのは（天体の）円運動であるが，さらにこれを動かすのがこのあるものなのだから。そうだとすれば（他ではありえないものだとすれば），このあるものは必然によって存在するものである。そして，必然によって存在するものであるかぎり，善美に存在するものであり，このように存在するものとしてのかぎり，このあるものは原理である。けだし，〈必然的〉というのにも諸義があって，強制によることが，衝動にさからうことだからとの理由で，必然的といわれるばあいもあり，またそれがなくては善さもありえないそれ（不可欠的条件）をさすばあいもあるが，さらにそうあるより他ではありえないでただ端的にそうあることを〈必然的〉というばあいもあるからである。

このような原理（不動の動者）に，それゆえ，天界と自然とは依存しているのである。そして，このあるもののくらしは，われわれにとっても最善の，しかしわれわれにはほんのわずかのときしかたのしめないところの最善の生活である。というのは，このものはつねにこのように（最善のたのしい生活状態に）あるのだからである（このようにあることはわれわれには不可能なことだが）。そのわけは，かれの現実態は同時にまた快楽でもあるからである。（そしてそれゆえに，かれにおいてはその覚醒も感覚も思惟も，もっとも快なのであり，そしてその希望も追憶も，これらによるがゆえに快なのである。）　そして，その思惟は自体的な思惟であって，それみずからでもっとも善なるものをその対象とし，そしてそれがもっともすぐれた思惟であるだけにそれだけ，その対象ももっともすぐれたものである。その理性（思惟するもの）はその理性それじしんを思惟するが，それは，その理性がその思惟の対象の性質を共有することによってである。というのは，この理性は，これがその思惟対象に接触し，これを思惟しているとき，すでにみずからその思惟対象そのものになっているからであり，こうしてそれゆえ，ここでは理性（思惟するもの）とその思惟対象（思惟されるもの）とはおなじものである。けだし，思惟の対象を（すなわち形相を）うけいれうるものは理性であるが，しかし，この理性が現実的にはたらくのは，これがその対象を（うけいれて，現にそれを）所有しているときにであるから。したがって，この理性がたもっていると思われる神的な状態は，その対象をうけいれうる状態（可能態）というよりもむしろ，それを現にみずから所有している状態（現実態）である。そしてこの観照はもっとも快であり，もっとも善である。そこで，もしもこのようなよい状態に（われわれはほんのわずかのときしかいられないが）神はつねに永遠にいるのだとすれば，それは驚嘆さるべきことである。それがさらにすぐれてよい状態であるなら，さらにそれだけおおく驚嘆さるべきである。ところが，神は現にそうなのである。しかも

かれには生命さえもぞくしている。というのは，かれの理性の現実態は生命であり，しかもかれこそはそうした現実態だからである。そして，かれのまったくそれ自体での現実態は，最高善の生命であり，永遠の生命である。だからしてわれわれは主張する。神は永遠にして最高善なる生者であり，したがって連続的で永遠的な生命と永劫が神にぞくすると。けだし，これが神なのだから。」

(『形而上学』第12巻)

「つぎにわれわれは原因について，それらがどのようなものであり，またその数はどれほどあるかを検討しなければならない。われわれの専念しているのはただ知らんがために知ることであり，しかもこの知の対象のおのおのについてその〈なにゆえに〉を把握していないうちは，われわれはまだこのおのおのを知っているとは考えないからである（〈なにゆえに〉を把握することはまさに，第1の原因を把握することである）。それゆえあきらかに，われわれもまた，第1の原因や原理を把握することを，生成・消滅その他あらゆる種類の変化についておこない，こうしてこれらについての諸原理を知って，さらにこの諸原理にまでわれわれの探求の対象のおのおのを還元してゆくことにつとめねばならない。

ところで，(1) ある意味では，事物がそれから生成し，その生成した事物に内在しているところのそれ（質料）を原因という。たとえば，銅像においては青銅が，銀盃においては銀がそれであり，またこれらを包摂する類（金属）もこれら（銅像や銀盃）のそれである。しかし (2) 他の意味では，事物の形相または原型がその事物の原因といわれる。そしてこれは，その事物のそもそもなにであるか（本質）をいいあらわす定義，ならびにこれを包摂する類（たとえば，1オクターブのそれは，1にたいする2の比，ならびに一般的には数），およびこの定義にふくまれる部分（種差）のことである。

さらにまた，(3) 物事の変化または静止の第1のはじまりがそれからで

あるところのそれ（始動因・出発点）をも意味する。たとえば，ある行為への勧誘者はその行為にたいして責任ある者（原因者）であり，父は子の原因者（始動因）であり，一般につくるものはつくられたものの，変化させるものは変化させられたものの原因であるといわれる。

　さらに，(4) 物事のおわり，すなわち物事がそれのためにであるそれ（目的）をも原因という。たとえば，散歩のそれは健康である。というのは，〈ひとはなにゆえに散歩するのか〉との問いにわれわれは〈健康のために〉とこたえるであろうが，このばあいにわれわれは，こうこたえることによってそのひとの散歩する原因をあげているものと考えているのだから。」
（『自然学』第2巻）

「しかし自然全体のうちでは，あるものはそれぞれの類のための質料であり，他のものは原因であり，しかもちょうど制作技術がその質料（素材）にたいしてはたすような役割をはたしながら，すべてのものをつくることによって，作出的原因であるから，理性的霊魂においてもそれらの差異がなくてはならない。そして一方の理性（受動理性）は，すべてのものどもになることにおいて質料のようなものであり，他方の理性（能動理性）は，すべてのものをつくることにおいて，その作出的原因のようなものである。そして後者は，たとえば光のように，ある種の状態としてある。というのはある意味では，光もまた可能的に色であるものどもを現実的に色であるものにつくるからである。この理性（能動理性）も，（質料から）独立で，非受動的で，まじり気のないもので，本質上，現実活動である。なぜなら，つくるものはつねにつくられるものよりも，また作用をおこすものは質料よりも，貴いものであるからである。しかし現実態にある知識は，その対象たる事物と同一である。だが可能態にある知識は，一個人においては，時間的に（現実態にあるもの）よりさきのものである。しかし人間全体として見れば，時間的にさえ，さきのものではない。いや，理性

（能動理性）はあるときには思惟しているが，あるときには思惟していないということはない。しかしそれは（身体から）分離されたとき，それがまさにあるところのものだけであり，そして（われわれのうちにあるものどものうちでは）ただそれだけが不死であり，永遠である（死後のわれわれに，この世の生活についての記憶がないのは，それのほうは非受動的な理性であり，記憶をつかさどる受動的な理性のほうは可滅的なものだからである）。そしてそのもの（能動理性）がなくて，思惟するものはなにもない。」

（『霊魂論』第3巻）

「もしも，すべて技術知というものがよい作品を仕上げるのは，中間（メソン）から眼をはなさず，これをもってその作品の鑑（かがみ）となすということによってであるとするならば（事実，われわれがみごとな作品にたいして〈そこにはとりのぞくべきなにものもなく付加すべきなにものもない〉ということばを呈するのをつねとするのもこのゆえであって，これは，超過や不足が〈よさ〉を喪失せしめるのに反して，中間はそれを保全するものなることを含意している。よき技術者たちは，われわれにいわせれば，中間から眼をはなさずに作品をつくっているのである），そしてもしも，卓越性（アレテー）というものが，自然とおなじように，いかなる学問・技術よりもさらに精密な，さらにすぐれたものであるとするならば，それはやはり，中間をめざすものたるのでなくてはならないであろう。（もちろん，卓越性とはここでは倫理的卓越性，すなわち倫理的な徳を意味している。）つまり，この種の卓越性は情念と行為とにかかわるものなのであるが，これらにおいては超過と不足と中間とが存在する。たとえば，恐怖するとか，平然としているとか，欲望するとか，憤怒するとか，憐憫するとか，その他総じて快楽や苦痛を感ずるということ（情念）には過多と過少とが存しており，これらはいずれもよろしくない。だが，これに反して，しかるべきときに，しかるべきことがらについて，しかるべきひとにたいして，しかるべき目的のために，しかるべきしかたにおいて

それを感ずるということ，これは中間的にして最善であり，まさしくこうしたことが徳にはぞくしているのである。そして行為にかんしてもおなじく超過と不足と中間が存在している。徳は情念と行為にかかわるが，これらいずれにおいても，超過ならびに不足はあやまりであるのに反して，中間は正しく，賞賛されるものなのである。その正しさと賞賛は，しかるに，いずれも徳の特色にぞくすることがらなのである。徳とは，それゆえ，まさしく中間をめざすものとして，なんらか中庸（メソテース）ともいうべきものにほかならない。」

(『ニコマコス倫理学』第2巻)

＊

『形而上学』(全2冊) アリストテレス 著（出 隆 訳）岩波文庫

『形而上学』アリストテレス 著（岩崎 勉 訳）講談社学術文庫

『ニコマコス倫理学』(全2冊) アリストテレス 著（高田 三郎 訳）岩波文庫

『政治学』アリストテレス 著（山本 光雄 訳）岩波文庫

『弁論術』アリストテレス 著（戸塚 七郎 訳）岩波文庫

『詩学』アリストテレース 著（松本 仁助 訳）岩波文庫

『動物誌』(全2冊) アリストテレース 著（島崎 三郎 訳）岩波文庫

『アテナイ人の国制』アリストテレス 著（村川 堅太郎 訳）岩波文庫

『心とは何か』アリストテレス 著（桑子 敏雄 訳）講談社学術文庫

『アリストテレス』（世界の名著8；「政治学」，「詩学」，「形而上学」，「エウデモス倫理学」）中央公論社

『アリストテレス全集』（全17巻）岩波書店

第4章
アウグスティヌス

アウグスティヌス
(354年〜430年)

アウグスティヌス関連地図

§1. アウグスティヌスの生涯

『旧約聖書』によると,「ノアの箱舟」で知られるノアには,セム,ハム,ヤペテの3人の息子がいた。人類のすべての種族は,この3人から出たものだという。3人の子孫たちが世界の各地にちらばって住むようになってひさしいころ,セムの子孫のテラというひとが,ユーフラテス川の下流地方のウルというところに住んでいた。テラは老年になって移住を決意し,一族の者をひきつれて,ウルを旅立った。テラは旅のとちゅうでなくなったが,テラの息子のアブラハム(ユダヤ民族・イスラエル民族の祖)は旅をつづけ,ヤハウェの神にみちびかれて,カナン(パレスティナ)の地に入った。アブラハムは神から,おまえとおまえの子孫にこの土地をあたえる,との約束を(数度にわたって)あたえられ,カナンに定住することにした。アブラハムがカナンに定住したのは,前1800年ごろのこととされている。

アブラハムの子としてイサクが生まれ,イサクの子としてヤコブ(イスラエル)が生まれた。ヤコブの一族は,前1700年ごろ,エジプトに移住した。ヤコブの一族は,エジプトに移住してからも,神が自分たちの土地として約束してくれたカナンをわすれることができなかった。200年,300年とたつうち,人口の増加したイスラエル人(ヤコブの子孫たち)は,しだいにエジプト人に圧迫されるようになり,奴隷としてはたらかされるようになった。前1300年ごろ,イスラエル人(2万人ほど?)は,指導者モーセにひきいられて,エジプトを脱出した。イスラエル人は,海をわたり,砂漠をよこぎって,約束の地カナンをめざした。そのとちゅう,モーセはシナイ山で,ヤハウェの神から,イスラエル人がまもるべき10か条のおきて(モーセの十戒)をさずけられた。カナンにきてみると,異民族が城をきずいて自分たちの国をまもっており,イスラエル人がすぐにふみこむことはできなかった。イスラエル人はやっとたどりついた約束の地に背をむけて,なおも長年月,砂漠をさすらう生活をつづけなければなら

なかった。イスラエル人がエジプトを脱出してから,いつのまにか,40年の月日がたっていた。モーセは,カナンを目前にしながら,死海のちかくのネボ山で,120才でなくなった。モーセの後継者のヨシュアは,いよいよカナンにふみこむことを決意してヨルダン川をわたり,エリコの城を攻略したのを皮切りに,いくつかの戦いに勝利して,約束の地への帰還をはたした。ヨシュアは,エルサレムの北方のシロにヤハウェの神殿をたて,ここをイスラエル人の都にした。

　イスラエル人は,カナンに帰還後も,周囲の異民族の脅威にさらされていた。イスラエル人は,士師（しし）とよばれる宗教的・軍事的な指導者をえらんで,その指導のもとに結束して,異民族の脅威に対抗しようとした。しかしやがて,異民族のペリシテ人（パレスティナという地名はペリシテに由来する）の勢力が強大になるにつれて,王国の形成が必要とせられるにいたり,サウルがおされて王となり,イスラエル王国が成立した。前1010年ごろのことである。イスラエル王国は,ダビデ（サウルの娘むこ）とソロモン（ダビデの子）の時代に全盛時代をむかえた。ダビデは,都をエルサレムにさだめ,王国の版図をひろげた。ソロモンは,エルサレム神殿を建設し,外国との交易を促進して,王国に経済的な繁栄をもたらした。ソロモンがなくなると,王位をめぐってあらそいがおこり,王国は南北に分裂した（前926年）。分裂して小国となった2つの王国は,いずれも大国のえじきとなって,ほろびてゆく。北王国（イスラエル）は,大国アッシリアの侵攻をうけ,前721年に滅亡した。南王国（ユダ）は,アッシリアにかわって強国となった新バビロニアの攻撃をうけ,前586年に滅亡した。首都のエルサレムは完全に破壊され,おおくのひとびとが捕虜としてバビロンに連行された（バビロン捕囚）。連行されたひとびとの捕囚民としての生活は,アケメネス朝ペルシア（キュロス王）が新バビロニアを征服し,バビロンの捕囚民の帰還をゆるす（前538年）まで,約半世紀のあいだつづいた。（バビロンの捕囚民が「ユダの民」とよばれていたこと

から,「ユダヤ人」の呼称が生まれた。)

　祖国(イスラエル王国)が南北に分裂し,大国のじゅうりんをうけて滅亡するという民族の苦難の時代,預言者とよばれるひとたちが活動した。預言者たちは神の声をきき,民族があやまった道にふみこんだり,大きな危機にさらされたときにあらわれ,民族をいましめ,はげまして,正しい道に立ちかえらせようとした。分裂期の預言者として重要なのは,北王国のエリヤ,南王国のイザヤといったひとたちであり,捕囚期の預言者として重要なのは,捕囚民のエゼキエル,残留民のエレミヤといったひとたちである。『イザヤ書』の後半をかいた第2イザヤ,第3イザヤは,捕囚期末期から帰還期にかけての預言者である。救世主の出現を予言するものとされる「苦難のしもべの歌」(第53章)は,第2イザヤの作である。

　パレスティナはペルシアの支配する地域となった。ペルシアが領民の宗教に寛大であったので,ユダヤ人たちは,新バビロニアによって破壊されたエルサレム神殿を再建し,前5世紀のなかごろ,エズラ(律法学者)やネヘミア(ペルシア総督,ユダヤ人)の指導のもとに,律法を整備して,教団を発足させた。ユダヤ教が宗教として成立したのはこの時期である(それ以前の宗教は「古代イスラエルの宗教」として,ユダヤ教から区別される)。

　前334年,マケドニアのアレクサンドロス大王は,マケドニアとギリシアの連合軍をひきいて小アジアに侵入した。前332年,大王はパレスティナに軍を進め,ペルシアを駆逐して,パレスティナを支配下におさめた。大王が死ぬ(前323年)と,大王の帝国は3つに分裂し,パレスティナは,はじめプトレマイオス王国(エジプト)の支配をうけ,のちにセレウコス王国(シリア)の支配をうけた。セレウコス王国がギリシア化政策をとり,ユダヤ教を圧迫したので,ユダヤ人はマカベア家の指導のもとに独立運動をおこし,マカベア朝(ハスモン朝)を成立させた(前142年)。

第4章　アウグスティヌス

マカベア朝は，ひさびさに出現したユダヤ人の独立国家であったが，この独立国家も長くはつづかなかった。パリサイ派とサドカイ派が対立して，ともにローマに助けをもとめたので，ローマ（ポンペイウス）は一気にパレスティナを占領して，これを属領（属州）とした(前63年)。このときいらい2000年ものあいだ，ユダヤ人は自分たちの独立国家をもたなかった(ふたたびユダヤ人の独立国家が成立するのは1948年である)。

　ローマは，伝説によると，トロイアの英雄アエネアスの子孫であるロムルスによって，前753年，都市国家として建設された。最初は王政であったが，前510年ごろ，王政を廃止して共和政を樹立した。前4世紀，北イタリアのエトルリア人の諸都市を征服し，前3世紀には，南イタリアのギリシア人の諸都市（タラスなど）を征服して，イタリア半島の統一をはたした。さらにポエニ戦争（前264年〜前146年）に勝利して，カルタゴをほろぼし，西地中海世界の覇権を獲得した。前1世紀，カエサル（シーザー）は，ガリア（フランス）やブリタニア（イギリス）の諸部族を平定し，政敵のポンペイウスをたおして政権をにぎったが，わずか1年で暗殺された(前44年)。カエサルの死後，オクタヴィアヌス（カエサルの養子）とアントニウス（カエサルの部下）が，政権をめぐって対立するようになった。アントニウスは，東方に遠征して，クレオパトラとむすび，東方的専制君主として君臨しようとした。オクタヴィアヌスは，アクティウムの海戦でアントニウスとクレオパトラの連合軍をやぶり(前31年)，プトレマイオス王国をほろぼし(前30年)，全地中海世界を統一した。オクタヴィアヌスは，前27年，アウグストゥス（尊厳なるもの）の称号をうけ，事実上の帝政（元首政）をはじめた。ローマは以後，約200年のあいだ，「ローマの平和」とよばれる繁栄の時代を享受する。最盛期は，ネルヴァ，トラヤヌス，ハドリアヌス，アントニヌス・ピウス，マルクス・アウレリウスの5賢帝の時代（96年〜180年）である。トラヤヌス帝のとき，ローマ帝国は最大の領土になった。

キリスト教の主役イエス・キリストが，ローマ統治下のパレスティナに生まれたのは，前4年ごろのことである。『新約聖書』によると，イエスは，ヨセフ（大工）とマリアの子として，エルサレムのちかくのベツレヘムに生まれ，ガリラヤ湖のちかくのナザレで成長した。30才のころ，ヨハネという預言者から，ヨルダン川で洗礼をうけ，救世主（ヘブライ語でメシア，ギリシア語でクリストス）としての自覚をもった。荒れ野で修行したのち，ガリラヤ湖のほとりで伝道を開始し，12人の弟子（12使徒）をえた。32才のころ，弟子たちとともに，ヨルダン川を南下して，ユダヤ教の中心地エルサレムに入った。神殿の庭で説教をし，祭司や律法学者たちを公然と非難したので，それらのひとびとに憎まれる結果となり，とらえられて，死刑の判決をうけた。そしてローマ総督ピラトによる審問ののち，エルサレムのゴルゴタの丘で処刑された。

　ユダヤ民族（イスラエル民族）は，異民族との抗争の歴史のなかで，民族の守護神ヤハウェにたいする信仰をもつようになった。ヤハウェはもともと，ユダヤ民族の神としては唯一のものであったが，おおくの神々のなかのひとつの神にすぎないものであった。しかしやがて，ヤハウェは世界を創造した神であり，おおくの民族のなかからユダヤ民族をえらびだして，ユダヤ民族と契約をかわしたのだとする信仰が生まれた。ヤハウェはユダヤ民族にモーセの十戒をはじめとする律法をあたえ，ユダヤ民族が律法をまもり，律法にしたがうかぎり，ユダヤ民族を救済する，という約束をしたのだという。イエスの時代，ユダヤ教の指導者たちは，なによりも律法を重視し，律法のこまかい規則まで厳密にまもるべきことを主張していた。

　イエスは，このようなユダヤ教の指導者たちの考えかたを批判した。イエスによると，律法をまもることもだいじだが，律法にあらわされた神の愛を知り，神の愛にこたえる生きかたをすることのほうがもっとだいじだというのである。イエスは，神のおきてのなかで最大のものはなにか，と

律法学者にたずねられたとき，つぎのようにこたえている。「第1はこれである。〈心をつくし，精神をつくし，思いをつくして，主なるあなたの神を愛せよ〉。また第2はこれである。〈自分を愛するように，あなたの隣人を愛せよ〉。これらにまさるおきてはほかにはない。」神は愛そのものであり，われわれを無条件に愛してくださる。だからわれわれも，神を全心・全霊で愛さなければならない。また，神がわれわれを無差別に愛してくださるように，われわれも分けへだてなく隣人を愛さなければならない，というのである。イエスの神は，罪をおかす人間を「さばく神」である以上に，罪をおかさざるをえない弱い人間を「ゆるす神」であり，律法の遵守をもとめる「義の神」である以上に，人間を無条件に愛する「愛の神」であった。

　イエスが神の子であり，人類の救い主であるとするおしえがキリスト教である。イエスの死後，ペテロ（イエスの最初の弟子）やヨハネ（イエスの弟子，イエスのいとこ）やパウロ（パリサイ派から転じてキリスト教徒になったユダヤ人）たちによる熱心な伝道活動によって，ローマ帝国の各地に，信者の集団からなるキリスト教会がつくられた。キリスト教徒は最初，ユダヤ教徒による迫害をうけたが，のちには，ローマ帝国による迫害をうけるようになった。ローマ帝国による最初の迫害は，ネロ帝による迫害である。ネロ帝は，ローマ市の大火の責任をキリスト教徒に負わせて，おおくのキリスト教徒を処刑した(64年)。ペテロもパウロもネロ帝の迫害によって殉教したといわれている。ローマ帝国によるキリスト教徒の迫害は，ネロ帝の迫害からディオクレティアヌス帝の大迫害まで（東方ではマクシミヌス・ダヤ帝の迫害まで）約250年にわたってつづき，おおくの殉教者をだしたが，キリスト教の普及をくいとめることはできなかった。キリスト教は，はじめ社会の下層の民衆のあいだに急速に普及し，やがて社会の上層のひとたちのなかにも信者を獲得していった。キリスト教徒がもはや無視できない社会勢力であると見たコンスタンティヌス帝は，313年，

ミラノ勅令をだして，キリスト教信仰の自由をみとめた。またコンスタンティヌス帝は，325年，ニカイア公会議（宗教会議）をひらいて，教義の統一をはかり，キリストの神性を否定するアリウス派を異端とし，キリストに神とおなじ神性をみとめるアタナシウス派を正統とした。その後ユリアヌス帝が，異教の復興をはかり，キリスト教を攻撃したが，大勢を変えることはできなかった。キリスト教がローマ帝国の国教となり，異教の信仰が禁じられたのは，392年，テオドシウス帝のときである。テオドシウス帝の死後，ローマ帝国は東西に分裂した (395年)。

ローマ帝国は，ライン川とドナウ川をむすぶ線を境にして，ゲルマン民族の居住地と接していた。375年，中央アジアの遊牧民族フンの西進におされた西ゴート族が，ドナウ川をわたってローマ帝国領内に侵入し，約2世紀におよぶゲルマン民族の大移動がはじまった。ローマ帝国が東西に分裂すると，ライン川右岸にいたヴァンダル族やフランク族などが，ライン川をわたって西ローマ帝国領内に流入し，民族大移動の波が西ヨーロッパ全体にひろがった。西ローマ帝国は混乱のうちに滅亡し (476年)，ゲルマン諸部族の国家が西ヨーロッパの各地に誕生した。スペインの西ゴート王国，イタリアの東ゴート王国，フランスのフランク王国，北アフリカのヴァンダル王国，イギリスのアングロ・サクソン7王国などである。一方，東ローマ帝国のほうは，ゲルマン民族の大移動の影響をうけることがすくなく，1453年にオスマン・トルコによってほろぼされるまで，存続した。

ローマ帝国内にキリスト教が普及するにつれて，外部の異教徒にたいしてキリスト教を弁護し，内部の異端にたいして正統的キリスト教をあきらかにする必要が生じてきた。異教徒や異端との論争をつうじて，正統的キリスト教（カトリック）の教義を確立し，キリスト教神学の進展に貢献したひとびとを「教父」とよぶ。教父の活動した時期は2世紀から8世紀ごろにわたっている。教父として重要なのは，オリゲネス，テルトゥリアヌス，

第4章　アウグスティヌス

ヒエロニムス，アンブロシウス，アウグスティヌスといったひとたちである。おおくの教父のうち「最大の教父」とされるのがアウグスティヌスである。

*

アウグスティヌスは，354年11月13日，ローマ帝国の属領（属州）であった北アフリカのヌミディアの小都市タガステ（現在はアルジェリアのスーク・アラス）で生まれた。354年は，キリスト教が公認されてから約40年後であり，キリスト教が国教化される約40年前である。アウグスティヌスの父親のパトリキウスは異教徒で，気性のはげしい野心家であったが，母親のモニカ（アフリカ土着のベルベル人）は熱心なキリスト教徒で，忍耐強く思慮ぶかい女性であった。父親は中産程度の地主で，自分の土地からあがる収入でくらすことができた。アウグスティヌスは長男として生まれている。かれのほかに，1人の弟と2人の姉妹がいた。

アウグスティヌスは7才のころ，タガステの小学校に入学し，よみかき・算数や，初級のラテン語・ギリシア語などをまなんだ。アウグスティヌスにとって，小学校はたのしい場所ではなかった。生徒は，教師がおしえることをすべて暗記するように要求され，すこしでもまちがえたり，なまけたりすると，きびしく叱責された。教師のふるう笞（むち）の音は，生徒たちをふるえあがらせた。アウグスティヌスも，幾度となく笞の罰をうけ，耐えがたい苦痛と屈辱をあじわったという。アウグスティヌスは13才のころ，タガステのちかくのマダウラにゆき，古典文学や修辞学（弁論術）をまなんだ。かれは古典文学に興味をもったが，ギリシア語は得意ではなかったので，ギリシア文学よりもラテン文学のほうをこのんだ。ローマの詩人ヴェルギリウスの『アエネイス』を夢中でよみ，恋ゆえに自殺したカルタゴの女王ディドーの死になみだを流した。15才のころ，家計のつごうにより，勉学を中止してタガステにもどり，約1年間，両親のもと

で無為の生活を送った。

　アウグスティヌスは16才のころ，父親の友人で資産家のロマニアヌスの援助をうけ，修辞学をまなぶために，カルタゴに出た。カルタゴはフェニキア人のつくった都市で，地中海沿岸の貿易港として繁栄し，ローマ帝国の都市では当時，首都ローマにつぐ人口をもっていた。カルタゴは，テルテゥリアヌスやキプリアヌスのような教父をだした文化都市であったが，誘惑と悪徳にみち，放縦と倦怠のうずまく享楽都市でもあった。アウグスティヌスは『告白』のなかでつぎのようにかいている。「わたしはカルタゴにきた。するとまわりのいたるところに，醜い情事のサルタゴ（大なべ）がぶつぶつと音を立ててにえていた。わたしはまだ恋をしてはいなかったが，恋を恋していた。そして欠乏をそれほど感じない自分を憎んでいたが，それは心の奥に欠乏がひそんでいたからであった。わたしは恋を恋しながら，なにを恋したらよいかをさがしまわり，安全で罠（わな）のない道をきらっていた。」アウグスティヌスはやがて，みずからひっかかりたいと熱望していた情事におちいった。すなわち，ひとりの身分のひくい女性と知りあい，同棲して，男の子をもうけた。男の子はアデオダトゥス（神からさずかった子）と名づけられた。アウグスティヌスはのちに，カルタゴ時代を回想して，放縦な生活を送ったとはげしく自責している。しかし，内縁の女性とのあいだにこどもをもうける程度のことは，当時のアフリカの青年には一般的なことであって，かれがとくに放縦な生活を送ったというわけではないであろう。

　アウグスティヌスがカルタゴに出てまもないころ，父親のパトリキウスがなくなった。パトリキウスはモニカの感化をうけて，すでにキリスト教徒（洗礼志願者）になっていたが，なくなる直前に洗礼をうけた。モニカのいのりを耳にしながら，パトリキウスはしずかに永遠のねむりについた。

第4章　アウグスティヌス

　アウグスティヌスは19才のころ，キケロの『ホルテンシウス』という書物をよんだ。この書物は現存せず，内容をくわしく知ることはできないが，哲学へのすすめを説いたものであった。アウグスティヌスはこの書物をよみ，知恵への愛をよびさまされた。「この書物はわたし（アウグスティヌス）の気持を変えてしまった。それは，主よ，わたしのいのりをあなたごじしんのほうにむけかえ，願いとのぞみとをこれまでとはべつのものにしてしまった。とつぜん，すべてのむなしい希望がばかげたものになり，信じられないほど熱烈な心で不死の知恵をもとめ，立ちあがって，あなたのほうにもどりはじめた。」　アウグスティヌスは，知恵への愛をよびさまされ，真理をもとめて生きようと思った。幼いときから母親に，キリスト教こそ真理であるときかされていたかれは，聖書をひらいてよみはじめた。しかし，聖書の文体には魅力がない，と感じた。聖書の素朴な文体は，キケロのりっぱな文体に比べると，あまりにも貧弱に見えた。かれは聖書に失望を感じて，聖書をなげだしてしまった。

　聖書につまずいたアウグスティヌスの心をとらえたのはマニ教であった。マニ教は，ペルシアのマニ（3世紀）によってとなえられた宗教で，ペルシア古来のゾロアスター教の要素，キリスト教の要素，仏教の要素，さらにはギリシア哲学の要素をもあわせもつ宗教であった。マニ教は，理性によって真理を認識することができると主張し，美しい文章や，たくみな話術をもちいて，真理についておしえていた。マニ教の教理は，光と闇（善と悪，精神と肉体）の二元論によってとくちょうづけられる。マニ教によると，現実の世界は光と闇が対立抗争する場である。世界の終末には光が闇を征服するが，それまでは両者の対立抗争がつづく。人間のすべての悲惨は，精神が肉体のなかにとじこめられていることに原因がある。人間が救済されるということは，精神が肉体から解放されるということである。キリストは，人間の精神を肉体から解放するためにやってきた「光の子」であり，精神そのものである。マニ教は，肉体が悪の根源であるとして，

禁欲的な生活を奨励し，肉食や飲酒を禁止し，男女の性的なまじわりを非難した。アウグスティヌスは，理性を重んじ，悪の問題に合理的な説明をあたえうる宗教として，マニ教にひかれた。かれはマニ教に入信し，9年ものあいだ，マニ教の信者として活動することになる。

　アウグスティヌスは20才のころ，カルタゴでの勉学をおえ，内縁の妻と息子とをつれて，故郷のタガステにもどってきた。そして援助者ロマニアヌスの要請をうけ，ロマニアヌス親子に文法学をおしえることになった。アウグスティヌスの母親のモニカは，帰郷した息子をよろこんでむかえ入れたが，息子がマニ教に入信したことを知るとひじょうにおどろき，なんとかして息子をマニ教からはなれさせようとした。しかし息子は，母親の説得に耳をかそうとはしなかった。モニカは町の教会に司教を訪ね，わが子を心の迷いからひきもどしてくれるように懇願した。司教は，「息子さんをしばらくそのままにしておきなさい。そしてひたすらかれのために主にいのりなさい。息子さんはかれら（マニ教徒たち）の書物を自分でよんでいるうちに，それがなんという誤謬であるか，なんという大きな不敬虔であるかを，いつかさとるでしょう」とこたえ，かの女をなぐさめてかえした。22才のころ，アウグスティヌスはふたたびカルタゴに出た。

　アウグスティヌスはカルタゴで，小さな塾をひらき，学生たちをあつめて，修辞学をおしえた。学生たちに修辞学をおしえながら，その一方で，論理学や哲学や天文学などの書物をよみ，おおくの知識をまなんだ。おおくの知識をまなぶうちに，かれのなかに，マニ教にたいする疑問が生じてきた。マニ教の教師たちに質問してみても，かれの疑問は解消しなかった。アウグスティヌスが28才のころ，ファウストゥスというマニ教の司教が，ローマからカルタゴにやってきた。ファウストゥスは，雄弁家として，またひろい教養を身につけた博識な学者として，マニ教徒たちに尊敬されていた。アウグスティヌスは，ファウストゥスと話す機会をえて，いくつか

第4章　アウグスティヌス

の質問をぶつけてみた。ところが意外なことに，ファウストゥスは，文法学のほかには学問的な知識をもたず，その文法学にしても，ごくありふれた知識をもっているにすぎないことがわかった。アウグスティヌスは，マニ教の高名な学者の無知に気づいて，マニ教の説く真理にたいして疑いの念をもつようになった。

　アウグスティヌスはそのころ，学生たちの粗暴なふるまいになやまされていた。学生たちは，あつかましく授業に乱入してきて，狂暴な顔つきで秩序を乱し，愚劣なしかたで乱暴をはたらいた。カルタゴの粗暴な学生たちに手をやいていたアウグスティヌスは，友人から，ローマの学生たちはもっとしずかに勉強し，秩序をまもり，教師の許可なく入室することもないときかされ，ローマにゆくことを決意する。母親のモニカは，アウグスティヌスのローマゆきに反対し，港までついてきて，出発を思いとどまらせようとした。アウグスティヌス（28才）は，母親のなみだながらの説得をふりきって，イタリアゆきの船にのりこんだ。

　アウグスティヌスはローマでふたたび，学生たちをあつめて修辞学をおしえるというしごとにとりかかった。ローマの学生たちは，たしかに，カルタゴの学生たちのように粗暴ではなかったが，カルタゴの学生たちもやらないような悪行をはたらいた。ローマの学生たちはとつぜん，教師に謝礼を払わないようにしめしあわせて，そろって他の教師のほうへ移っていった。アウグスティヌスは，神を尊重するように矯正されるべき人間としてかれらを愛しながら，かれらの悪行を憎む気持をおさえることができなかった。

　アウグスティヌスがローマにきて1年ほどたったころ，北部イタリアの中心都市ミラノ（宮廷所在地）からローマ市の長官シュンマクスのもとに，あたらしく設立された国立学校の修辞学の教師を推薦してほしいとの依頼がきた。アウグスティヌスは，マニ教徒の有力者たちを介して奔走し，選抜

試験に合格して, シュンマクスの推薦をうることに成功した。29才のアウグスティヌスは, 国立学校の修辞学の教師として, ミラノに派遣されることになった。

ミラノには, キリスト教の司教アンブロシウス (333年ごろ～397年) がいた。アンブロシウスは, アウグスティヌスの到来をよろこび, アウグスティヌスを「慈父のような態度で」むかえた。アウグスティヌスは日曜日ごとに, アンブロシウスの説教をきくようになった。はじめのうちは, アンブロシウスの雄弁を吟味する気持できいたのであるが, しだいに, 説教のなかで説かれる聖書のおしえに心をひかれるようになった。アンブロシウスの説教は, 聖書の章句の奥に隠されているふかい意味をあきらかにした。『旧約聖書』の章句はしばしば, 比喩的に解釈された。アウグスティヌスは, 『旧約聖書』の章句が比喩的に解釈されうることを知り, 『旧約聖書』の記事を嘲笑するマニ教徒たちに反論できないと考えていた自分のあやまりをみとめるようになった。アウグスティヌスはアンブロシウスの説教をきくうちに, マニ教が虚偽であるという確信をふかめたのであるが, まだキリスト教が真理であるという確信をうるまでにはいたらなかった。

アウグスティヌスがミラノに赴任して半年ほどたったころ, 母親のモニカもミラノにやってきた。モニカは, アウグスティヌスが現在の地位にふさわしい女性と正式に結婚することをのぞみ, アフリカからつれてきた身分のひくい内縁の妻との関係を解消するよう, アウグスティヌスを説得した。アウグスティヌスは, 母親の説得に負けて, 15年間つれそった女性とわかれる決心をした。この女性は, いさぎよく身をひき, これからは一生ひとりでくらしますといって, 息子のアデオダトゥス (13才) をアウグスティヌスのもとにのこして, アフリカへかえっていった。アウグスティヌスのほうは, モニカのすすめる10才の少女と婚約したが, 少女が結婚できる年令 (12才) にたっするまでまつことができず, またべつの愛人

をつくってしまった。

　アウグスティヌスは31才のとき,「プラトン派の書物」(『エンネアデス』)をよんだ。新プラトン主義のプロティノス（204年～269年）は,『エンネアデス』のなかで, つぎのような哲学を主張していた。存在するものは, 一者 (ト・ヘン), 知性 (ヌース), 魂 (プシュケー), 感覚的事物などに分けられる。一者から知性が生まれ, 知性から魂が生まれ, 魂から感覚的事物が生まれた。すべてのものは, したがって, 一者から生まれたのである。光が太陽から流出するように, 水が泉から流出するように, すべてのものは一者から流出したのである。人間の魂の一部は知性にぞくしている。人間は魂を純化し, たかめることによって, 知性にたっし, さらに努力すれば, とつじょとして一者に合一し, 脱我 (エクスタシス) の境に入ることができる。脱我の境に入ると, 人間は恍惚として前後をわすれ, 言語も思考も停止するのだという。一者が最上位の存在であり, 感覚的事物を構成する質料が最下位のものである。一者がすべての善の根源であり, 質料がすべての悪の根源である。質料はいっさいの規定をもたず, まったくの無である。質料に根源をもつ悪は, 積極的な悪ではなく, 善の欠如ゆえの悪である。それは, 光源からあまりにもとおくへだたっているがゆえに, 光がとどかない闇のようなものである。アウグスティヌスは「プラトン派の書物」をよみ, 自分流に解釈して, つぎのような考えに到達した。万物は神によって創造されたのであり, 存在するものはすべて善である。悪は, それじしんにおいて存在するものではなく, 善の欠如にすぎないものである。そして善の欠如としての悪をもたらすものは, 神にそむく人間の意志である。

　「プラトン派の書物」をよんだアウグスティヌスは, 聖書への興味を喚起され, 使徒パウロの手紙を手にとって, あらためて注意ぶかくよんでみた。すると, かつては矛盾しているように思われたパウロのおしえが, いまや矛盾なく, 筋のとおったおしえとして, 眼前にあらわれてきた。そして

アウグスティヌスは，パウロの手紙のなかに，イエス・キリストによる救済のおしえが美しいことばでのべられているのを発見して，おどろき，かつよろこんだのである。アウグスティヌスは，キリスト教が真理であることを確信した。しかしなお，キリスト教に身をゆだねる最後の決断ができないでいた。最後の決断をさまたげていたものは，習慣によって強力化した，肉の欲望であった。アウグスティヌスの心のなかでは，肉の欲望にとどまろうとする意志と，霊にしたがってあたらしく生きようとする意志とがたたかっていた。

　そんなある日，アウグスティヌスと同郷のキリスト教徒ポンティキアヌスが訪ねてきた。かれはアウグスティヌスと歓談中に，たまたま，机のうえに聖書がおかれているのを発見した。アウグスティヌスが聖書に関心をもっていることをうちあけると，かれは，エジプトの修道士アントニウス（251年ごろ～356年）が世をすてて20年ものあいだ砂漠でいのりの生活をしたのち，おなじ志をもつひとびととともに共同の修道生活をはじめたことや，かれ（ポンティキアヌス）の2人の友人が，そのアントニウスの生涯をえがいた伝記をよんで感銘をうけ，宮廷での出世の希望をすてて，神に仕えて生きる決心をしたことなどを話した。ポンティキアヌスの話をきき，アウグスティヌスの心ははげしく動揺した。

　ポンティキアヌスがかえったのち，アウグスティヌスの心の葛藤（かっとう）は頂点にたっした。かれは心の葛藤に耐えきれず，借家の庭にかけこみ，イチジクの木のしたに身をなげた。なみだのあふれ出るにまかせつつ，神にむかって「どうして，いまこのときに，不浄なわたしがおわらないのでしょうか」とさけびつづけた。すると隣の家から，「とれ，よめ。とれ，よめ」というこどもの歌声がきこえてきた。かれはそれを，聖書をひらいて目にとまった章をよめ，という神の命令にちがいないと解釈した。かれは急いで部屋にもどり，聖書をひらいて，最初に目にとまったところをよんでみた。「宴楽と泥酔，好色と淫乱，あらそいとねたみをすてて，

第4章　アウグスティヌス

主イエス・キリストを着よ。肉欲をみたすことに心をむけてはならない。」(ローマの信徒への手紙・第13章)　この聖句をよみおわると，平安の光ともいうべきものが，かれの心のなかにみちあふれてきた。かれの心をおおっていた疑惑の闇は消えうせてしまった。かれはもはや，この世のいかなるのぞみをももとめなくなっていた。アウグスティヌスがこの劇的な回心を体験したのは，かれが31才のとき(8月)であった。息子がキリスト教徒になることを念願していた母親のモニカは，息子の回心のことをきき，よろこびの声をあげた。

　アウグスティヌスは，国立学校の教師をやめ，愛人とわかれ，婚約していた少女との関係も解消した。そして洗礼をうける準備のために，友人がミラノ郊外のカシキアクムに所有していた山荘に，母親や息子や友人たちとともに移り住んだ。アウグスティヌスはこの山荘で，同行のひとたちとともに聖書をよみ，討論をかわし，思索といのりの日々をすごした。約半年間，しずかな山荘で充実した日々をすごしたのち，アウグスティヌス(32才)はミラノの教会で，息子のアデオダトゥスと親友のアリピウスとともに，尊敬する司教アンブロシウスから洗礼をうけた。

　もはやミラノにとどまる理由がなくなったので，アウグスティヌスは，母親や息子や同郷の友人たちとともに，アフリカにかえることにした。思い出おおいミラノをあとにしてローマにつき，そしてティベル川の河口のオスティアの港までやってきた。ところが政治的な抗争で港が封鎖されていたので，アウグスティヌスの一行は，船が出るまで宿舎でまたなければならなかった。オスティアの宿舎で，たまたま2人きりになったとき，アウグスティヌスと母親のモニカは，天国でうける永遠の生命のすばらしさについてかたりあった。モニカは，アウグスティヌスがキリスト教徒になったことをいまさらのようによろこび，この世でほかにのぞむことはなにもないとのべるのだった。数日後，モニカは熱病にたおれ，床について9日目になくなった。そのとき，モニカは56才，アウグス

ティヌスは33才であった。

アウグスティヌスは，かなしみのなみだをこらえて，母親の遺体をオスティアの地に埋葬した。そしてアフリカへの船出を延期してローマにひきかえし，しばらくローマに滞在することにした。ローマでかれは，教会に出席してキリスト教の儀式をまなび，修道院をおとずれて修道生活のじっさいにふれた。そして1年ばかりローマに滞在したのち，オスティアから船出して，6年ぶりのアフリカにかえった。アフリカにかえったアウグスティヌス（34才）は，故郷のタガステで，息子や友人たちとともに，修道院のような生活をはじめた。しかし2年ほどたったころ，息子のアデオダトゥスが18才の若さでこの世を去った。

アウグスティヌスは36才のとき，知人を説得して修道生活への決心をかためさせるため，タガステの北方のヒッポ（ヒッポ・レギウス）という港町をおとずれた。かれは知人を説得するかたわら，ヒッポの教会の安息日の集会に出席した。司教のヴァレリウスは，説教のあとで会衆にむかって，わたしは年をとったし，ギリシア生まれでラテン語が自由ではないので，わたしの手助けをする司祭をひとり任命したいといった。アウグスティヌスが出席していることを知っていた会衆は，司教のことばをきくと，アウグスティヌスをむりやりまえにおしだし，「アウグスティヌスを司祭に，アウグスティヌスを司祭に」と口々にさけんだ。司教もそれに同意して，アウグスティヌスに司祭への就任を要請し，数か月後，アウグスティヌスはヒッポ教会の司祭に就任した。司祭になったアウグスティヌスは，教会内に修道院をつくり，友人や弟子たちとともに，それまでとおなじような修道生活をはじめた。アウグスティヌスが41才のとき，ヴァレリウスがなくなり，アウグスティヌスは司教に就任した。

司教になったアウグスティヌスは，そのころ大きな勢力をもっていたドナトゥス派との論争にまきこまれた。問題の発端は，アウグスティヌスが

第4章 アウグスティヌス

生まれる40年ほど前にさかのぼる。311年，カエキリアヌスという人物がカルタゴの司教に任ぜられたのであるが，かれを任命した司教が，ディオクレティアヌス帝の迫害のさいに聖書を官憲にわたして迫害をのがれたうらぎり者であったので，ヌミディア地方の司教たちは，べつの人物（マヨリヌス）を司教に立てて，反対運動をおこした。そしてその人物（マヨリヌス）の死後は，ドナトゥスを司教に立てて，反対運動をつづけた。ドナトゥス派は，一度でもキリスト教をうらぎったことのある聖職者の執行する秘跡（聖職者の任命や信者の洗礼など）は無効であると主張し，各地に自派の教会をたてるなどして，キリスト教会を分裂の危機におとしいれた。アウグスティヌスは，ドナトゥス派に反対して，聖職者はキリストの代理として秘跡を執行するのであり，秘跡の有効性はそれを執行する聖職者の人格にはよらないと主張し，教会の統一をまもろうとした。ドナトゥス派は，けっきょく，アウグスティヌスが56才のときにひらかれたカルタゴの宗教会議で，異端としてしりぞけられた。

アウグスティヌスは，ドナトゥス派との論争が決着して一息つくひまもなく，今度はペラギウス派との論争にまきこまれた（57才のころ）。ペラギウスは，ブリタニア（イギリス）出身の修道士であるが，ローマにやってきて，ふかい学識と厳格な生活で尊敬をあつめ，おおくの信奉者をえた。ペラギウスは，アウグスティヌスの「あなたの命ずるものをあたえ，あなたの欲するものを命じてください」という『告白』（第10巻29章）のことばに反感をもち，アウグスティヌスの思想にたいする攻撃を開始した。ペラギウスは，神にすべてをゆだねるアウグスティヌスの思想は，人間の道徳的責任を回避するものだと主張し，人間は自由意志にもとづく善行によって救われるのだと主張した。アウグスティヌスははじめのうち，反論をひかえていたが，ペラギウスの思想が神の恩恵を軽視するものであることをさとって，反論にのりだした。アウグスティヌスは，人間が善を意志して，善をなすことができるのは，人間の自由意志によるのではなく，

ただ神の恩恵によるのであり，神の恩恵なくしては，人間は善を意志することも，善をなすこともできないのだと主張した。人間はいわば罪のかたまりであって，人間が救われるのは，ただただ神の恩恵によるのだというのである。この論争に勝利したのは，アウグスティヌスのほうであった。ペラギウス派は，アウグスティヌスが63才のときにひらかれたカルタゴの宗教会議で，異端の宣告をうけた。

　アウグスティヌスが55才のとき，アラリックにひきいられた西ゴート軍がローマに侵入し，3昼夜にわたって，略奪をほしいままにした。おおくの市民が殺され，婦女子が暴行をうけた。3日後，西ゴート軍は戦利品を車に山とつんでひきあげていった。「永遠の都」ローマが陥落した（一時的にせよ）という知らせは，ローマ帝国全体に大きなショックをあたえた。ローマの異教徒たちは，ローマが伝統的な神々の信仰をすててキリスト教をうけいれたからだとして，キリスト教を非難した。キリスト教徒のなかには，聖書に予言されている世界の終末が到来したのだとみなす者もいた。

　アウグスティヌスの主著は『告白』と『神の国』である。『告白』は，アウグスティヌスが43才のころかきはじめられ，46才のころかきおえられた。『神の国』は，アウグスティヌスが59才のころかきはじめられ，72才のころかきおえられた。『神の国』では，ローマが西ゴート軍の侵入をうけたのは，ローマが伝統的な神々の信仰をすててキリスト教をうけいれたからだとする，ローマの異教徒たちの主張にたいする反論がおこなわれている。

　アウグスティヌスが74才のとき，ガイセリックにひきいられたヴァンダル族の大軍が，ジブラルタル海峡をわたってアフリカに侵入し，カルタゴをめざして移動をはじめた。ローマ帝国軍の必死の防衛も，ヴァンダル族の前進をくいとめることはできなかった。ヒッポの町も，ヴァンダル族に

第4章　アウグスティヌス

包囲された。ヴァンダル族のさけび声をききながら，ひとびとは恐怖と不安の日々をすごした。アウグスティヌスは，ひとびとと苦悩をともにしながら，ひとびとをはげまし，神のことばをかたりつづけた。ヒッポが包囲されて3か月目に，アウグスティヌスは熱病におかされてたおれ，床にふした。たおれて死ぬまでの10日間，かれは悔いあらための詩篇を壁にはり，終日それをよみ，いのりつつ，なみだを流した。430年8月28日，アウグスティヌスはヴァンダル族のさけび声をとおくにききながら，75年の生涯をとじた。

　1年後，ヒッポはついにヴァンダル族の手に落ちた。ヴァンダル族はアフリカの征服をつづけ，439年，カルタゴをおとしいれて，ヴァンダル王国の都にした。ヴァンダル王国は，534年，東ローマ帝国にほろぼされるまで存続した。アウグスティヌスの遺体はヒッポの地に埋葬されたが，その遺骨は，6世紀にサルディニア島に移され，8世紀に北部イタリアのパヴィアに移された。現在，アウグスティヌスの遺骨は，パヴィアの「サン・ピエトロ・イン・チェル・ドーロ（黄金の天上の聖ペテロ）教会」の祭壇のしたに安置されている。

＊

　『告白』(全13巻)は3つの部分からなっている。第1の部分（第1～9巻）では，アウグスティヌスの，過去の自分（幼年時代から33才まで）についての告白がおこなわれている。アウグスティヌスは，北アフリカの小都市タガステで生まれた。タガステ（小学校）とマダウラでまなんだのち，16才のとき，カルタゴに遊学した。カルタゴでは，いたるところに，「醜い情事のサルタゴ（大なべ）」がにえたぎっていた。アウグスティヌスはたちまち，情欲のとりことなり，ひとりの女と同棲し，男の子をもうけた。またマニ教に入信して，キリスト教徒であった母親のモニカをかなしませた。カルタゴで数年間，修辞学をおしえたのち，アウグスティヌスは

28才のとき、ローマに移った。そして翌年、ローマ市の長官の推挙により、ミラノの国立学校の修辞学の教師になった。ミラノの司教アンブロシウスの説教をきくようになり、大きな影響をうけた。アウグスティヌスは依然として、肉欲の問題に苦しんでいたが、「とりあげてよめ」というこどもの歌声にうながされて、聖書をひらき、目にとまったところをよんでみた。そこには「宴楽と泥酔、好色と淫乱、あらそいとねたみをすて、主イエス・キリストを着よ。肉欲をみたすことに心をむけてはならない」（ローマの信徒への手紙）とかかれていた。アウグスティヌスは、キリスト教徒として生きることを決心し、国立学校の教師をやめ、尊敬するアンブロシウスから洗礼をうけた。ミラノにとどまる理由がなくなったので、アウグスティヌス（32才）は、母親のモニカ（ミラノにやってきていた）とともに、アフリカにむけて旅立った。オスティアの港までやってきたとき、母親のモニカが病死した。『告白』の第2の部分（第10巻）では、アウグスティヌスの、現在の自分（すでに40代）についての告白がおこなわれている。アウグスティヌスはここで、現在の自分は過去の自分ではなく、もはやかつてのような罪をおかすことはないが、まだ罪をおかす傾向からまぬがれてはいないとのべる。『告白』の第3の部分（第11〜13巻）では、『創世記』の第1章の解釈がおこなわれている。アウグスティヌスはここで、神による世界の創造と、時間の問題をあつかっている。アウグスティヌスによると、神は世界を創造したとき、時間をふくめていっさいのものを、無から創造した。世界の創造以前には時間も存在しなかったのであるから、そのとき神はなにをしていたのか、と問うことはできない。過去は記憶のなかにあり、現在は直視のなかにあり、未来は予期のなかにある。記憶も直視も予期も、現在の精神のはたらきであるから、過去、現在、未来は、現在の精神のはたらきのなかにある。

　『神の国』（全22巻）は2部からなっている。第1部（第1〜10巻）では、ローマの異教徒たちの主張にたいする反論がおこなわれている。アウ

第4章　アウグスティヌス

グスティヌスが55才のとき (410年)、西ゴート族がローマに侵入し、3日間にわたって暴虐のかぎりをつくした。おおくの市民が虐殺され、婦女子が暴行をうけた。ローマの異教徒たちは、ローマが西ゴート族の侵入をうけたのは、ローマが伝統的な神々の信仰をすててキリスト教をうけいれたからであり、キリスト教に責任があると主張した。アウグスティヌスは、この主張にたいして、ローマが被害をうけたのはキリスト教の責任ではないと反論する。キリスト教以前の時代にも、疫病や火災や内乱などによって、ローマはおおくの被害をうけたのである。キリスト教をうけいれたからローマが被害をうけたわけではなく、逆に、キリスト教のおかげでローマの被害はすくなくてすんだのである。侵入した西ゴート族がキリスト教徒（アリウス派）であったために、教会には手をださず、教会にのがれて助かった市民もおおかったからである。『神の国』の第2部（第11～22巻）では、「天の国」（神の国）と「地の国」との対立にもとづく歴史観がのべられている。天の国は、神を愛し、神にしたがう意志をもつ、善き天使や善き人間からなる国であり、地の国は、自己を愛し、神にそむく意志をもつ、悪しき天使や悪しき人間からなる国である。世界の歴史は、天の国と地の国とのたたかいの歴史である。世界の歴史は、6つの時代に分けられる。アダムからノアの洪水までの時代、ノアの洪水からアブラハムまでの時代、アブラハムからダビデまでの時代、ダビデからバビロン捕囚までの時代、バビロン捕囚からキリストの生誕までの時代、およびキリストの生誕以後の時代の6つの時代である。われわれの時代は、第6の時代であり、最後の時代である。天の国と地の国は、地上に混在している。キリストによってたてられた教会は、地上における天の国の中心である。天の国と地の国とのたたかいは、世界の終末のときまでつづく。世界の終末のとき、最後の審判によって、天の国と地の国は明確に分離される。天の国の住人がうけるむくいは永遠の生命であり、地の国の住人がうけるむくいは永遠の火である。『神の国』の第2部ではまた、人間（世界）が創造

されてから6000年も経過してはいないこと，この世界の反対がわの世界はありえないことなどが主張されている。アウグスティヌスは「この地の正反対の部分（世界）があって，そこでは，わたしたちのもとでは太陽がしずむときに，太陽がのぼり，わたしたちの足取りとは逆むきに足跡をふむひとびとが存在するなどといわれているが，このことが信じられるべきいかなる根拠もない」（第16巻）とのべている。

§2. アウグスティヌスの哲学

イエス・キリストの死後，ペテロやヨハネやパウロたちの熱心な伝道活動によって，ローマ帝国内の各地に，信者の集団からなるキリスト教会がつくられた。ローマ帝国内には，そのころ，ギリシア・ローマの神々を崇拝する宗教のほか，ペルシアの太陽神ミトラを崇拝する宗教や，エジプトの女神イシスを崇拝する宗教など，さまざまな宗教が存在していた。ローマ帝国内にキリスト教が普及するにつれ，そのようなことなる宗教や思想の影響をうけて，キリスト教の内部に，おおくの異端が発生してきた。そのため，キリスト教の正しい信仰の内容（信条）をあきらかにする必要が生じ，2世紀のなかごろ，「ローマ信条」なるものがつくられた。現在の教会でもしばしば朗唱される「使徒信条」は，そのローマ信条をわずかに増訂して，8世紀ごろにつくられたものである。「使徒信条」の全文はつぎのとおりである。

「われは天地のつくり主，全能の父なる神を信ず。われはそのひとり子，われらの主，イエス・キリストを信ず。主は聖霊によりてやどり，処女マリアより生まれ，ポンテオ・ピラトのもとに苦しみをうけ，十字架につけられ，死にてほうむられ，陰府（よみ）にくだり，3日目に死人のなかよりよみがえり，天にのぼり，全能の父なる神の右に座したまえり。かしこよりきたりて生ける者と死ねる者とをさばきたまわん。われは聖霊を信ず。

聖なる公同の教会, 聖徒のまじわり, 罪のゆるし, 身体のよみがえり, 永遠の生命を信ず。アーメン。」

　キリスト教で正典（真理の基準の書）とされるのは,『旧約聖書』と『新約聖書』にふくまれる66の文書である。『旧約聖書』にふくまれる39の文書は, イスラエル人がカナンへの帰還をはたしてまもないころ（士師時代）から前150年ごろまでの約1000年のあいだにかかれたものである。それらの文書がすべて正典とさだめられたのは後100年ごろのことである。一方,『新約聖書』には27の文書がふくまれるが, それらの文書は, 後50年ごろから後150年ごろまでの約100年のあいだにかかれたものである。それらの文書がすべて正典とさだめられたのは後400年ごろのことである。しかし, 4つの福音書とパウロの13通の手紙などは, すでに2世紀のなかごろ, 正典とみなされていた。

　1世紀から2世紀にかけて存在した, もっとも強力な異端は,「グノーシス主義」であった。グノーシス主義は, 東方の宗教思想とギリシア哲学をキリスト教にむすびつけたものである。グノーシス主義は, きょくたんな善悪二元論によってとくちょうづけられる。グノーシス主義によると, 善は神（最高神）に由来するものであり, 悪は物質・肉体に由来するものである。現実の世界は善と悪の抗争の場であり, 世界の歴史は善と悪の抗争の過程である。キリストは, 人間の精神を救うために神からつかわされた神の子であり, 人間の肉体（悪しきもの）をもたない。肉体をもつように見えるのはたんにそう見えるにすぎない（仮現説）。キリストの出現によって, 世界の歴史は最終段階にたっし, やがてくる世界の終末とともに, 人間は罪から解放されて永遠の生命をうる。現実の世界は矛盾にみちた悪の世界である。この世界を創造したのは, 善なる最高神ではなく, 劣悪な創造神（堕落した, 最高神の息子）である。この劣悪な創造神が『旧約聖書』にのべられている神ヤハウェである。善なる最高神は, 長いあいだ, ヤハウェのなすがままにさせておいたが, ついに人間を救うことを決意し,

その息子キリストを人間の世界に派遣したのである。グノーシス主義は,現実の世界にみちあふれている悪の起源の問題について,わかりやすい「合理的な」説明をあたえている。グノーシス主義は,2世紀のなかごろまで,有力な異端として存在していたが,2世紀のおわりごろには,キリスト教会から排除された。グノーシス主義の考えかたは,その後,3世紀にペルシアでおこったマニ教のなかに吸収され,うけつがれた。

グノーシスというのはギリシア語で「知識」という意味である。グノーシス主義は,信仰よりも知識をたかいものとみて,キリスト教を哲学的に解釈しようとするものである。正統的なキリスト教会は,それにたいして,知識よりも信仰をたかいものとみて,キリスト教を哲学的に解釈しようとするこころみに反対する。『新約聖書』の「テモテへの第1の手紙」の著者は,グノーシス主義への警戒をうながして,つぎのようにかいている。「テモテよ,あなたにゆだねられているものをまもり,俗悪なむだ話と,不当にも知識（グノーシス）とよばれている反対論をさけなさい。その知識を鼻にかけ,信仰の道をふみはずしてしまった者もいます。」

グノーシス主義を積極的に批判し,攻撃したのは,カルタゴ出身の教父テルトゥリアヌス（160年ごろ～220年ごろ）である。テルトゥリアヌスは,知識にたいする信仰の優位を主張し,キリスト教の非合理的な性格を強調して,つぎのようにのべている。「神の子は十字架につけられた。これ恥ずべきことなるがゆえに,われはこれを恥じない。神の子は死んだ。これ愚かなることなるがゆえに,絶対に信じなければならない。またかれはほうむられてよみがえった。これ不可能なるがゆえに確実である。」信仰は知識をこえたものであり,知識によって理解できないところにまさに信仰の偉大さがある,というのである。この思想は,かれの著作のなかにはないがしばしばかれのことばとされる「不合理なるがゆえにわれ信ず」（クレド・クイア・アブスルドゥム・エスト）ということばに,端的にいいあらわされている。

第4章　アウグスティヌス

　キリスト教がローマ帝国の公認の宗教になったのは，313年である。キリスト教が公認の宗教になってまもないころ，キリスト教会ははやくも分裂の危機に直面した。318年，アレクサンドリアの司祭アリウスが，キリストは神によって創造された存在であり，父なる神と子なるキリストは本質においてことなることを主張すると，おなじくアレクサンドリアの司教助手（のち司教）アタナシウスが，父なる神と子なるキリストは本質においておなじであることを主張して，アリウスにはげしく対立した。この論争は，またたくうちに，エジプト，シリア，小アジアの諸教会にひろがり，キリスト教会を二分する論争に発展した。コンスタンティヌス帝は，この問題を解決するために，325年，ニカイアに公会議を招集した。はげしい論争のすえ，けっきょく，アタナシウスの主張が正統であるとされ，アリウスの主張は異端であるとされた。そして，「父なる神と子なるキリスト」が同質であることをうたった「ニカイア信条」なるものが採択された。しかし論争がそれで終結したわけではなかった。ニカイアの会議後も，アリウスは自説を主張しつづけ，べつのあたらしい論争もおこってきたので，テオドシウス帝は，381年，コンスタンティノープルに公会議を招集した。この会議で，アタナシウスの主張が正統であることがあらためて確認され，父と子が同質であること，および，父から発出した聖霊も神であることをうたった「コンスタンティノープル信条」なるものが採択された。こうして，「父なる神と子なるキリストと聖霊」が同質である，とする「三位一体」の教義が成立したのである。三位一体の教義をうらづける根拠を『聖書』のなかに見いだすことはむずかしいが，それでもいくぶんかの根拠を見いだすことはできる。『新約聖書』の「マタイによる福音書」の第28章に，復活したキリストが弟子たちにつぎのようにのべるくだりがある。「あなたがたは行って，すべての民をわたしの弟子にしなさい。かれらに父と子と聖霊の名によって洗礼をさずけ，あなたがたに命じておいたことをすべてまもるようにおしえなさい。」ここでは父と子と聖霊が，

おなじものであるかのように，同列にあつかわれている。

　5世紀のはじめごろ，コンスタンティノープルの司教であったネストリウスとアレクサンドリアの司教であったキュリロスとのあいだに，キリストの属性（神性と人性）にかんするあたらしい論争がおこった。ネストリウスが，キリストは神性と人性において2つの位格であり，聖母マリアを「神の母」とよぶべきではなく，「キリストの母」とよぶべきであると主張したのにたいして，キュリロスは，キリストは神性と人性においても唯一の位格であり，マリアはまさしく「神の母」であると主張した。この論争は，431年にエペソスでひらかれた公会議で，キュリロスの主張が正統であり，ネストリウスの主張は異端であると決議されて，決着した（ネストリウスの異端説は，シリアやインドや中国につたえられ，おおくの信奉者を見いだした。ネストリウス派のキリスト教は，中国では「景教」とよばれた）。キュリロスの死後，キリストの有する神性と人性は結合した1つの本性（人性はまったく神性に吸収されている）であるか，分離した2つの本性であるか，という問題をめぐってふたたび論争がおこった。この論争は，451年にカルケドンでひらかれた公会議で，キリストの神性と人性は分離した2つの本性であるとする説が正統であり，結合した1つの本性であるとする説（「キリスト単性説」とよばれる）は異端であると決議されて，決着した（キリスト単性説はエジプトやエチオピアにひろまり，おおくの信者を獲得した）。

　三位一体の教義とならんで，「最後の審判」の教義も，キリスト教の基本的な教義である。世界の終末と最後の審判については，『新約聖書』の「ヨハネの黙示録」の第20章にその記述がある。「ヨハネの黙示録」の第20章は，世界の終末と最後の審判について，ほぼつぎのようにのべている。ひとりの天使が，鎖と牢獄の鍵（かぎ）を手にして，天からくだってくる。天使は，悪魔をとらえて鎖でしばりあげ，牢獄に鍵をかけてとじこめる。聖者たち（殉教者たち）が復活して，キリストとともに，千年の

あいだ地上の世界を統治する。その千年がおわると，悪魔は牢獄から解放され，諸国の民（ゴグとマゴグ）をあつめて，聖者たちの陣営に戦いをいどむ。かれらが聖者たちの陣営を包囲すると，天から火がくだってきて，かれら（悪魔の軍勢）をやきつくす。最後の審判がはじまるのはそれからである。最後の審判がはじまると，復活したすべての死者が神の玉座のまえに立たされ，それぞれ，生前のおこないに応じてさばかれる。命の書に名前がしるされていない者は，永遠の火の池になげこまれる。この「ヨハネの黙示録」の記述をそのままにうけとって，復活した聖者たちがキリストとともに千年のあいだ地上の世界を統治し（千年王国），そのあとで世界の終末が到来して最後の審判がおこなわれるとする説を「千年王国説」という。正統的キリスト教は，この説をとらず，キリストの再臨とともに世界の終末が到来し，すべての人間（死者）が復活して最後の審判がおこなわれるとしている。アウグスティヌスも『神の国』の第20巻で，千年王国説を否定している。

　キリストは弟子たちに，キリストの再臨や世界の終末がおこる時期やしるしについてきかれて，つぎのようにこたえている（マタイによる福音書・第24章）。「ひとにまどわされないように気をつけなさい。わたしの名を名のるものが大ぜいあらわれ，〈わたしがメシアだ〉といって，おおくのひとをまどわすだろう。戦争のさわぎや戦争のうわさをきくだろうが，あわてないように気をつけなさい。そういうことはおこるにきまっているが，まだ世のおわりではない。民は民に，国は国に敵対して立ちあがり，ほうぼうに飢饉や地震がおこる。しかし，これらはすべて産みの苦しみのはじまりである。」「その苦難の日々ののち，たちまち，太陽は暗くなり，月は光をはなたず，星は空から落ち，天体はゆり動かされる。そのとき，ひとの子のしるしが天にあらわれる。そして，そのとき，地上のすべての民族はかなしみ，ひとの子が大いなる力と栄光をおびて天の雲にのってくるのを見る。ひとの子は，大きなラッパの音を合図に天使たちをつかわす。天使たちは，天の

はてからはてまで、かれによってえらばれたひとたちを四方からよびあつめる。」世界の終末のようすについては、「マルコによる福音書」(第13章)や「ルカによる福音書」(第21章) にも同様の記述がある。

三位一体の教義、最後の審判の教義とならんで、「原罪」の教義も、キリスト教の基本的な教義である。原罪の教義のだいたいの輪郭をのべると、つぎのようになる。神は最初の人間アダムとエバを、清浄な者として、罪にそまっていない無垢（むく）な者として創造した。アダムとエバはエデンの園で、一片の罪もなしに、また病気や死に苦しむこともなしに、幸福な生活を送っていた。しかし、かれらの幸福な生活も長くはつづかなかった。悪魔が、へびのすがたでエバにちかづき、エバを誘惑した。悪魔はエバに、神が禁じた木の実を食べるならば、神のように善悪を知るものになる（そして死ぬこともない）とささやいた。エバは悪魔の誘惑に負けた。エバはその実をとって食べ、アダムにもあたえたので、アダムもその実を食べた。するとたちまち、かれらの無垢な状態はうしなわれ、かれらは罪ある者になった。かれらは善悪を知るようになり、自分たちがはだかであることに気づいた。かれらはイチジクの葉をつづりあわせて、腰をおおった。かれらが禁じられていた木の実を食べたことはやがて神の知るところとなり、神はかれらをきびしく断罪した。かれらはいまや、罪ある者として、病気や死に苦しまなければならなくなった。かれらのおかした原罪は、われわれ（かれらの子孫）の運命にも大きな影響をあたえることになった。われわれもまた、かれらとおなじように、罪ある者となり、病気や死に苦しまなければならなくなった。われわれの本性は原罪によって大きな損傷をうけ、われわれはみな罪の奴隷となった。われわれは善いおこないをしようとしても、することができないし、悪いおこないをさけようとしても、さけることができないのだ。

キリストじしんは、福音書のなかで、アダムとエバの原罪のことなど、ただの一度ものべてはいない。原罪の考えかたをキリスト教にもちこんだ

のは，パウロである。パウロの時代，罪の起源について，ユダヤ教のなかにいくつかの考えかたがあった。アダムとエバが禁断の木の実を食べたことが罪の起源であるとする考えかたもそのひとつであった（しかしけっして有力な考えかたではなかった）。パウロは，罪の起源について，このアダム・エバ説を採用した。パウロは，「ローマの信徒への手紙」の第5章で，つぎのようにのべている。「ひとりのひと（アダム）によって罪が世に入り，罪によって死が入りこんだように，死はすべてのひとにおよんだのです。すべてのひとが罪をおかしたからです。」アダム（とエバ）の行為によって罪と死がはじまり，その罪と死がすべての人間にうけつがれた，というのである。

　パウロ以後に教父として活動したテルトゥリアヌス（2〜3世紀）やヒエロニムス（4〜5世紀）といったひとたちは，きょくたんな禁欲主義者であった。かれらは人間の罪を，肉体や性との関連において理解し，肉体の欲望が罪の原因であり，性的行為はこのうえもなく罪ぶかい行為であるといった見かたを強調した。ヒエロニムスはイタリアの生まれであるが，シリアの砂漠（荒れ野）で5年間，禁欲的な修道生活を実践した。かれは砂漠のなかの小屋や洞窟に住み，断食といのりによって肉の欲望を克服しようとした。しかししばしば肉の反抗になやまされ，「夜に日をついでなげきかなしみ，主の命令で平静さがもどってくるまで，自分の胸をうちつづけた」という。

　アウグスティヌスは，このような禁欲主義の流れをうけ，原罪の教義にあたらしい内容をつけ加えた。アウグスティヌスによると，アダムとエバは，健康な身体をもつ男女として，原罪をおかす以前から性交をしていた。しかし原罪以前におこなわれていた性交は，原罪以後におこなわれるようになった性交とは，まったくことなるものであった。原罪以前におこなわれていた性交は，地上に人口をふやせという，神の命令にしたがってなされた，完全に理性的な行為であった。原罪以前の性交においては，精液の放出は

冷静に，快楽なしにおこなわれた。しかし，アダムとエバが原罪をおかすやいなや，このような平和な状態はおわってしまった。いまや性交は，統御できない情欲（コンクピスケンティア）をともなうものとなり，非理性的な行為になってしまった。人間は情欲なしに性交をすることができなくなった。情欲とは，神の代わりにたんなる被造物にすぎないもののうちに快楽をもとめる衝動である。この情欲こそ，罪の根源である。なぜならそれは，われわれの理性をうしなわせ，われわれをして神以下のものをえらばせるからである。性交は，情欲をともなうがゆえに，罪ぶかい行為である。罪ぶかい行為によって生まれてくる人間が罪にそまっていないはずはなく，性交によって生まれてくるすべての人間は罪をもつ存在である。（罪は性交によって遺伝させられる。罪が性交によって遺伝させられるのは，性病が性交によって伝染させられるのとおなじようである。）

　原罪の教義によると，すべての人間（アダムとエバの子孫）は罪をもつ存在である。すべての人間は罪びとであり，永遠の火でやかれるべき存在である。しかし神は，すべての人間がほろびることを欲しなかった。神は人間の罪をゆるそうとしたが，なんの代償もなしに，罪をゆるすことはできなかった。罪がゆるされるためには，なんらかの代償によって，罪があがなわれなければならなかった。そこで神は，ひとり子イエス・キリストを人間の世界につかわし，その命を犠牲にすることによって，人間の罪をあがなおうとした。こうして神のひとり子が，人間として生まれ，十字架の刑に処せられ，それによって，人間に救いの道がひらかれることになったのである。「死がひとりのひとによってきたのだから，死者の復活もひとりのひとによってくるのです。つまり，アダムによってすべてのひとが死ぬことになったように，キリストによってすべてのひとが生かされることになるのです」（コリントの信徒への第1の手紙・第15章）。

　人間が救われるためには，救い主キリストにたいする信仰をもつことが必要であるが，それだけではなく，洗礼をうけたり，教会にかよって何度

第4章　アウグスティヌス

も聖餐式（聖体拝領）をうけたりすることも必要である。洗礼をうけることによって，人間の根本的な罪（原罪）がゆるされることになり，教会にかよって何度も聖餐式をうけることによって，罪からのゆるしが確実なものになる。アウグスティヌスによると，人間が救われるためには，洗礼をうけることが絶対に欠かせない条件である。洗礼をうけないで死んだ人間は，天国にゆくことができない。洗礼をうけないで死んだ人間は，たとえそれが幼児であろうとも，かならず地獄に落ちて永遠の火でやかれる運命にあるのだという。

　では人間は，洗礼や聖餐式をうけ，キリストの信仰をもちつづけるならば，だれでも天国にゆくことができるのであろうか。そうではない，とアウグスティヌスはいう。洗礼や聖餐式をうけ，キリストの信仰をもちつづけても，天国にゆけるとはかぎらない。洗礼をうけた人間のうち，天国にゆけるのは，神にえらばれた人間だけである。洗礼をうけた人間でも，神にえらばれなかった人間は，天国にゆくことができない。だれが神にえらばれた人間であり，だれがえらばれなかった人間であるのかを知ることはできない。またなぜ，ある人間がえらばれて天国へゆき，他の人間がえらばれないで地獄にゆかなければならないのかという理由を知ることもできない。それは神の自由な選択によるものだからである。われわれはすべて罪びとであり，地獄で永遠の責め苦を負うべき存在なのであるから，神の選択について不平をいうことはできない。神がえらばれた人間を救うのは，ひとえに神の恩恵によるのである。

　アウグスティヌスによると，最初の人間アダムとエバは自由意志をあたえられていた。かれらは罪をおかすこともできたし，罪をおかさないでいることもできた。しかしかれらは，自由意志を悪用して原罪をおかした。かれらが原罪をおかすことによって，かれらは自由意志をうしなうことになり，かれらの子孫であるわれわれも，自由意志をうしなうことになった。われわれ人間は，自由意志をうしない，罪をおかさざるをえない，みじめ

な状態におちいってしまった。人間は，善をなそうとしてもなすことができないし，悪をさけようとしてもさけることができない。たとえ人間が，善を意志して，善をなすことができるとしても，それは人間の自由意志によるのではなく，神の恩恵によるのである。神の恩恵によらないでは，人間は善を意志することも，善をなすこともできないのである。

　キリスト教の原罪の教義は，女性にたいする差別意識を助長する役割をはたした。イエスのことばのなかには，女性にたいする差別意識はまったく見られないが，パウロのことばのなかには，女性にたいする差別意識を感じさせるものがふくまれている。パウロは，「コリントの信徒への第1の手紙」のなかでつぎのようにのべている。「婦人たちは，教会ではだまっていなさい。婦人たちにはかたることがゆるされていません。律法もいっているように，婦人たちはしたがう者でありなさい。なにか知りたいことがあったら，家で自分の夫にききなさい。婦人にとって教会のなかで発言するのは，恥ずべきことです。」女性を差別する傾向は，のちのパウロ主義者になると，もっとひどくなる。「テモテへの第1の手紙」の著者（パウロをよそおっているが，じっさいにはパウロではない）はつぎのようにのべる。「婦人は，まったく従順にまなぶべきです。婦人がおしえたり，男のうえに立ったりするのを，わたしはゆるしません。むしろ，しずかにしているべきです。なぜならば，アダムが最初につくられ，それからエバがつくられたからです。しかも，アダムはだまされませんでしたが，女はだまされて，罪をおかしてしまいました。」ここには，女性は男性より劣ったものであり，罪におちいりやすいものだというような，女性差別的な傾向がはっきりと見られる。この傾向は，テルトゥリアヌスやヒエロニムスといった教父たちになると，さらにひどくなる。テルトゥリアヌスやヒエロニムスは，女性はもともと男性（アダム）を堕落させた者であり，女性は男性を罪にさそう危険な存在であるというような主張をくりかえした。アウグスティヌスも，かれらにおとらない，女性差別論者である。アウグ

スティヌスは友人にあててつぎのようにかいている。「妻であろうと，母であろうと，どういうちがいがあろうか。どちらも誘惑者エバであり，われわれはどのような女にも気をつけねばならないのだ。」

＊

「わが家のぶどう畑のちかくに，実のなった1本のなしの木がありましたが，その実は形といい味といい，とりたてて魅力のあるものではありませんでした。この木をゆり動かして実を落とすため，われわれ邪悪な若僧どもは，広場でだらだらと時間をつぶし，真夜中になってしのびこみました。そしてどっさり実をもぎとりましたが，自分たちのごちそうにはしないで，けっきょく豚になげてやるかどうかしてしまいました。もっともわたしたちも，いくらかは食べましたが，それは，禁じられていることをするのがおもしろかったからにすぎません。

神よ，これがわたしの心です。これがわたしの心なのです。あなたはそれをふかい淵の底であわれみたもうた。いまこそわたしの心は，あなたにむかっていわなければならない。この心はそこでなにをもとめて，なんの足しにもならないのに自分で悪人となり，ただ悪意のために悪意をおこすようなことをしたのだろうか。悪意は醜いのに，わたしはそれを愛した。ほろびを愛し，自分の欠陥を愛した。自分に欠けていたものではなくて，まさに自分の欠陥そのものを愛した。醜い魂，それはあなたの堅固なとりでをぬけだして破滅をめざしてとびおり，恥辱によってなにかをではなく，まさしく恥辱そのものをもとめていたのです。」

(『告白』第2巻)

「この精神状態（仲間とともに盗みをおかすことに快感を見いだす精神状態）はどういうものだったのでしょうか。たしかに醜悪きわまるものでした。そんな状態の自分はわざわいだった。しかしけっきょくのところ，それはなんだったのでしょうか。だれが罪を理解することができましょうか。

自分たちがこんなことをするとは夢にも思わず、大いにくやしがるだろう、だましてやったんだ、こんなことをいってわたしたちは心をくすぐりあって笑いました。ひとりではやらなかったことが、なぜそんなに愉快だったのでしょうか。ひとりでは笑う気になれないからでしょうか。たしかにひとりではあまり笑う気になれない。けれどもただひとりぽつんとしており、だれも居あわせないばあいでも、なにか感覚や心にとてもおかしいことがおこると、笑わずにいられなくなることもあります。しかしあの盗みは、わたしひとりではしなかったでしょう。ぜったいにしなかったでしょう。

ごらんください、神よ、わたしの魂は御前（みまえ）において、いきいきと過去を想い起こしています。ひとりではあの盗みをしなかったでしょう。盗みにおいて愉快だったのは、盗む〈もの〉ではなくて、盗む〈こと〉でした。しかしそれはひとりでは、やってもけっして愉快でなかったし、やりもしなかったと思います。

おお、なんという非友情的な友情よ、わけのわからない精神の誘惑よ。遊びや冗談から、ものをそこないたい熱望と、他人を傷つけたい欲求が生じてくるとは。なんの得にもならず、復讐の念にかられたわけでもないのに。しかも、〈さあ、行こうよ、やろうよ〉といわれると、恥知らずでないことが、恥ずかしいことみたいな気になってしまうのです。」

(『告白』第2巻)

「神は、もろもろの自然本性の創造者であられて、もろもろの欠陥の創造者ではあられないので、人間を真正なものにおつくりになったのであるが、その人間は、みずから欲して醜悪となり、正当に罰をくだされたので、醜悪な者、罰をくだされた者を生みだすようになった。われわれはみな、かのひとりの人間（アダム）なのであった。女は、罪をおかすまえにこの人間からつくられ、かれはこの女をとおして罪のうちへ転落したので

第4章　アウグスティヌス

ある。それゆえに，われわれはみな，かのひとりの人間のうちにあったのであった。われわれにはまだ，われわれが単独に生きるような形式が当てがわれていなかったのであるが，しかし，われわれがそこからふやされていくべきであった種子的本性はあたえられていたのである。もちろんその本性は，罪のゆえに劣悪化し，正当に罰をくだされたものとなって死の足枷（あしかせ）にしばられ，人間はもはや他の条件において人間から生まれることがなくなったのである。

　このゆえに，自由意志の悪用から不幸の連鎖があらわれ出たのであった。それは，根源の腐敗とでもいうべき原初の堕落であって，人類は，さまざまな悲惨とむすびついて，ついには終局をもたない〈第2の死〉の破滅にまでみちびかれていくのである。ただ神の恩恵をとおして解き放たれる者だけを例外として。」

（『神の国』第13巻）

　「人間の自然本性は，まったく疑いもなく，この欲情を恥ずかしく思うであろうし，そのように恥ずかしく思うのは当然なのである。じつにそこでは，身体の性的器官がもっぱら欲情のうながしにのみ服従して，意志の支配力に服従しないその不従順において，あの最初の不従順にたいする報復がなんであるかということが，じゅうぶんにあきらかにされているのだからである。このことが，自然本性そのもの（それは最初の重大な罪ゆえに劣悪なものへと変化せしめられているのであるが）を生みだす身体のあの部分において，きわめてあきらかにあらわれねばならなかったのである。すべての人間がただひとりの人間において存在したのであるからには，罪はすべての人間に共通な破壊をもたらしたのである。神の正義によって罰せられたところのことが，個々の人間においてつぐなわれるには，神の恩恵をとおしてであって，神の恩恵によらないではだれもこの縄目からは解き放たれることはないのである。」

（『神の国』第14巻）

「このようにして，2種の愛が2つの国をつくったのであった。すなわち，この世の国をつくったのは，神を侮るまでになった自己愛であり，天の国をつくったのは，自己を侮るまでになった神の愛である。ひとことでいえば，前者は自己じしんにおいて誇り，後者は主において誇るのである。前者は人間からほまれをもとめるが，後者では，良心の証人であられる神においてもっともたかいほまれを見いだすのである。前者は，自己のほまれにおいてその頭をあげるのであるが，後者は，みずからの神にむかって〈わたしのほまれ，わたしの頭をあげられるかた〉(詩編3・4)というのである。前者の諸民族においては，その君主たちや，君主たちが隷属させているひとびとのうちに，支配しようという欲情が優勢であるが，後者においては，うえに立つ者はその思慮ぶかい配慮により，そして服従する者は従順にしたがうことにより，愛においてたがいに仕えるのである。前者は権力をもつ者において強さを愛し，後者はその神にむかって〈主よ，わたしの強さよ，わたしはあなたを愛する〉(詩編18・2)というのである。

それゆえに，この世の国においては，人間にしたがって生きている智者たちが，身体のもろもろの善か，精神のもろもろの善，あるいはそのいずれものもろもろの善を追求してきたのである。かれらは神を知ることができたのであるが，〈これを神としてあがめず，感謝もせず，その思いにおいてむなしくなり，その愚かな心は暗くなった。かれらはみずから智者と称して，愚かな者となったのである〉(これはすなわち，高慢によって支配されて，みずからの知恵においてみずからをたかい者とするのである)。〈そして不朽の神の栄光を，朽ちる人間，鳥，獣，そして這うもののかたちに変えたのであった〉(というのは，この種のもろもろの像をうやまうためにかれらは民衆の指導者となったか，それとも追随者となったのだからである)。〈そして，とこしえにほめられるべき創造主の代わりに被造物を拝し，それに仕えたのであった〉(ローマの信徒への手紙1・21〜25)。

第4章　アウグスティヌス

　しかし，天の国においては，それによって真の神が拝される敬虔な心のほかに人間の知恵はなく，聖徒たち（聖なるひとびとと聖なる天使たち）の共同体に報酬を待望するのであって，それは，〈神がすべての者においてすべてとなられるためなのである〉（コリントの信徒への第1の手紙15・28）。」

(『神の国』第14巻)

　「聖書の表現にしたがって，諸時代を日々として数え，それによって時代区分をあげるならば，この安息はあきらかに第7日となるであろう。第1の時代がいわば第1日で，アダムから洪水にいたるまでである。第2の時代は洪水からアブラハムまでである。これらはその時代の経過において等しくあるのではないが，世代数にかんしていえば，それぞれ10世代が見られる。

　その時代から，福音書記者マタイが区切っているように，キリスト降誕にいたるまで3つの時代がある。それぞれが14世代によって説明される。第1はアブラハムからダビデまで，第2はダビデからバビロン捕囚まで，第3はそこからキリストの肉における生誕までである。このようにわたしたちは5つの時代をもつこととなる。わたしたちはいま第6の時代にいるのであるが，しかし，世代数によって測ることはできない。それというのも，〈時期やばあいは，父がご自分の権威によってさだめておられるのであって，あなたがたの知るかぎりではない〉（使徒言行録1・7）といわれているからである。このあと，いわば第7日に神は休まれるであろう。そして，おなじ第7日を，わたしたちは神ごじしんのうちにあって休みとなすであろう。

　しかしながら，これらの各時代についてくわしくのべようとするならば，長いしごとになるであろう。重要なことは，この第7日は，わたしたちの安息であり，そのおわりは夕べではなく，いわば主の永遠の第8日であるということである。それは，たんに霊のみでなく，身体の永遠の安息

をも予示するキリストの復活によって聖なるものとされた日である。そこにおいては，わたしたちは休み，そして見るであろう。わたしたちは見，そして愛するであろう。わたしたちは愛し，そして称賛するであろう。これこそおわりなきおわりにおけることである。じっさい，わたしたちのおわりとは，いかなるおわりももたない御国（みくに）へといたることにほかならないからである。」

(『神の国』第22巻)

*

『告白』（全2冊）アウグスティヌス 著（服部 英次郎 訳）岩波文庫
『神の国』（全5冊）アウグティヌス 著（服部 英次郎 訳）岩波文庫
『省察と箴言』アウグティヌス 著（服部 英次郎 訳）岩波文庫
『三位一体論』アウグスティヌス 著（中沢 宣夫 訳）東京大学出版会
『アウグスティヌス』（世界の名著16；「告白」）中央公論社
『アウグスティヌス著作集』（全15巻）教文館

第5章

トマス・アクィナス

トマス・アクィナス
(1225年〜1274年)

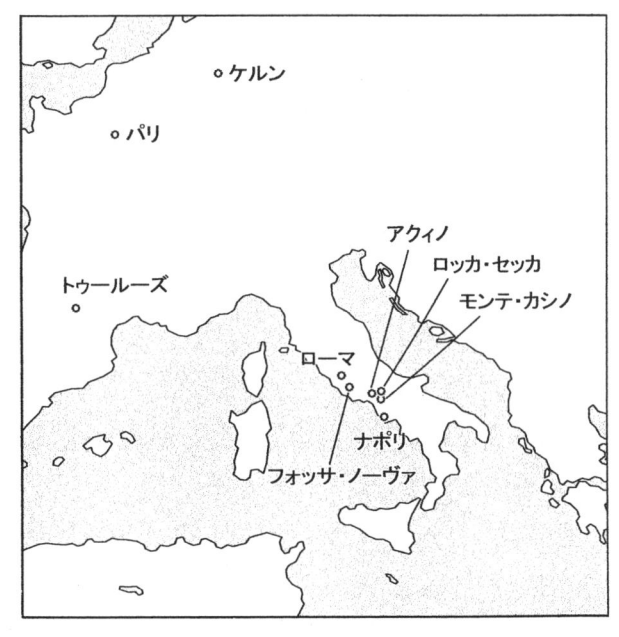

トマス・アクィナス関連地図

§1. トマス・アクィナスの生涯

　5世紀のおわりごろイタリアに建国された東ゴート王国は，6世紀のなかごろ，東ローマ帝国のユスティニアヌス帝の討伐をうけて滅亡した。東ゴート王国が滅亡すると，北方からロンバルド族（ゲルマン民族の一部族）が侵入し，568年，ロンバルド王国を建国した。約2世紀のあいだつづいたゲルマン民族の大移動は，ロンバルド王国の建国によってようやく終結した。

　フランス（ガリア）にはフランク王国がたてられていた。フランク王国を建国したメロヴィング家のクローヴィスは，5世紀のおわりごろ，正統的キリスト教（アタナシウス派）に改宗し，ローマ教会と提携した。クローヴィスの改宗は，フランク王国に，異端的キリスト教（アリウス派）を奉ずる他のゲルマン諸部族を討伐する絶好の大義名分をあたえ，ローマ教会に，正統的キリスト教を布教する強力なうしろだてをあたえることになった。8世紀になるとメロヴィング家が衰退し，カロリング家が台頭する。カロリング家のカール・マルテルは，スペインからフランスに侵入したイスラム教徒軍を，トゥール・ポワティエ間の戦いでやぶって，カロリング家の威信をたかめた（732年）。カール・マルテルの子のピピンは，751年，クーデターを強行して，みずから王位についた。ピピンは，754年，ローマ法王の要請のもとにイタリアに遠征して，ロンバルド軍をやぶり，北部イタリアの土地をローマ法王に寄進した（ピピンの寄進）。ピピンの子のカールは，ロンバルド王国をほろぼしてイタリアの北半分を統一したのをはじめ，あいつぐ外征をおこなって，かつての西ローマ帝国の領土に匹敵する広大な領土を獲得した。カールは，800年のクリスマスに，ローマ法王からローマ皇帝の冠をさずけられ，カール大帝（シャルルマーニュ）となった。

　カールの死後，1代おいてフランク王国は3つに分裂した。ヴェルダン

条約（843年）とメルセン条約（870年）によって，境界が設定され，東フランク，西フランク，イタリア（北半分）の3つの王国の領域が確定した。これらの領域が，のちのドイツ，フランス，イタリアを生む母胎となった。

　東フランク王国では，古来の諸部族の権力者（諸侯）が勢力をのばし，10世紀のはじめごろ，カロリング家が断絶すると，諸侯はフランケン侯を国王（コンラート1世）にえらんで，「ドイツ王国」を成立させた。ドイツ王国は，オットー1世のとき，大きく躍進した。オットーは，国内の教会勢力とむすんで世俗の権力者をおさえ，辺境地域の異民族を討伐して領土を拡大した。またイタリアの政争に介入して，イタリアの王位を獲得した。オットーは962年，ローマ法王からローマ皇帝の冠をさずけられ，ここに，19世紀までつづく「神聖ローマ帝国」（962年～1806年）が成立することになった。西フランク王国では，9世紀ごろ，北方のノルマン人（ヴァイキング）の侵入がはげしくなり，10世紀のはじめごろ，セーヌ川の河口域にノルマン人の公国（ノルマンディー公国）がたてられた。ノルマン人の侵入と建国によって，カロリング家は政治の実権をうしない，地方の貴族たちが有力となった。10世紀のおわりごろ，カロリング家が断絶すると，貴族たちはパリ伯のユーグ・カペーを国王にえらんで，「フランス王国」（カペー朝）を成立させた。

　ノルマン人は，9世紀の後半には地中海にも進出し，11世紀の後半には南イタリアを征服して，ナポリを首都とする王国（ナポリ王国）をたてた。さらに12世紀にはシチリア島を併合して，「両シチリア王国」とよばれる王国をたてた。12世紀のおわりごろ，神聖ローマ皇帝は，両シチリア王女と結婚し，両シチリア王国の王位をもかねることになった。

　「ローマ法王」という呼称は，もともとローマ（ローマ教会）の司教にたいする尊称にすぎないものであった。それが西方の他の教会の司教に

優越する別格の呼称とみなされるようになったのは，グレゴリウス1世（法王在位：590年～604年）のころからである。グレゴリウス1世は，ローマ教会が12使徒の筆頭であったペテロによって創建された教会であるという伝承や，ローマが古代ローマ帝国の首都であったという事実を利用して，ローマ法王の権威の高揚につとめた。

　ローマ教会とコンスタンティノープル教会は，教会の首位性をめぐって対立していたが，8世紀になると，聖画像の崇拝にたいする見かたのちがい（ローマ教会の見かたは寛大であったが，コンスタンティノープル教会の見かたは厳格であった）から対立をふかめ，ついに1054年，ローマ司教（法王）とコンスタンティノープル司教（総主教）がたがいに相手を破門しあうというかたちで，完全に分裂した。西のローマ・カトリック教会と東のギリシア正教会は，以後それぞれ，独自の道をあゆむことになった。

　ローマ教会は，フランク族の国王（いちはやく正統的キリスト教に改宗した）と提携して，他のゲルマン諸部族（アリウス派）にたいする布教活動をおこなった。そして11世紀ごろまでには，スペインをのぞく西ヨーロッパや北ヨーロッパのほぼ全域が，ローマ教会の統制下に入った（スペインは8世紀いらい，イスラム教徒に占領されていた。イスラム教徒の勢力がスペインから完全に駆逐されるのは，15世紀末のことである）。ローマ教会の主導する布教活動の先頭に立っていたのは，修道院や修道士たちであった。

　修道院は，4世紀にエジプトやシリアで，修道者が禁欲的な集団生活をはじめたことに起源をもつ。5世紀には，フランスやアイルランドにも修道院がつくられた。組織としての修道院（修道会）をはじめたのはイタリアのベネディクトゥスである。ベネディクトゥスは，529年，ローマ南方のモンテ・カシノに修道院をたて，ベネディクト会を結成した（529年は，

奇しくも，アテナイのアカデメイアが東ローマ帝国のユスティニアヌス帝の命令によって閉鎖された年でもある）。ベネディクト会の会則（ベネディクト戒律）は，「いのり，はたらけ」のスローガンで知られ，修道士が清貧，純潔，服従をむねとして，いのり，はたらくことを命じている。西方の修道院は，東方の修道院のようなきょくたんな禁欲主義をとらず，修道士の積極的な活動を奨励した。修道士たちは，布教や開墾事業や古典の筆写などの活動を精力的におこなった。西方の修道院のおおくはベネディクト会に組織され，ローマ教会の教会組織と協調して，正統的キリスト教の布教にあたった。

　修道院が，教会と同様に，領地の寄進をうけ，世俗的権力としての性格を強めるにつれて，修道士の規律もゆるみがちになり，修道院の組織にも破綻のきざしが見られるようになった。ここに修道院の内部から，修道院を改革しようとする動き（ベネディクト会則を遵守し，修道士の規律を刷新しようとする動き）がおこった。その動きのなかで，10世紀にクリュニー修道院がたてられ，11世紀にシトー会が結成された。また13世紀のはじめごろには，フランシスコ会やドミニコ会などの「托鉢（たくはつ）修道会」が結成された。托鉢修道会は，修道院が財産をもつことを否定し，修道士はひとびとの施しによって生活すべきであることを主張した。フランシスコ会は，イタリア中部のアッシジのフランシスコ（1182年～1226年）が結成した会であり，ドミニコ会は，スペイン出身のドミニクス（1170年～1221年）がフランス南部のトゥールーズで結成した会である。

　修道院の改革運動は，教会の改革を誘発した。11世紀の後半まで，国王が聖職者（司教や司祭など）の任命権をもち，金銭をもちいて聖職を売買することがふつうにおこなわれていた。クリュニー修道院出身のグレゴリウス7世（法王在位：1073年～1085年）は，法王が聖職者の任命権をもつべきであると主張し，聖職売買の慣行を批判して，改革を断行しよう

とした (グレゴリウス改革)。1075年, 神聖ローマ皇帝ハインリヒ4世がミラノの大司教の任命を強行すると, グレゴリウスはそれを自分の特権の侵犯であるとしてきびしく非難した。翌年, 皇帝は法王の解任を宣言し, 法王は皇帝の破門を宣言した。ドイツの諸侯は, 皇帝の権力を弱める好機とみて, 法王に味方し, 1年以内に破門が解かれないばあいはハインリヒを廃位するという決議をした。ハインリヒは, 1077年, イタリア北部のカノッサの城に滞在していたグレゴリウスを訪ねて, 破門の解除を乞いもとめた (カノッサの屈辱)。破門を解除され, 皇帝位にとどまることができたハインリヒは, 勢力を立てなおし, ローマに攻めこんで, グレゴリウスをナポリ王国に亡命させた (グレゴリウスは1085年, サレルノで憤死した)。皇帝と法王のあらそいは皇帝の勝利におわったかにみえたが, グレゴリウスの改革は, かれの後継者たちによって続行され, 1122年のウォルムス協約によって, 法王の聖職者にたいする任命権がみとめられることになった。

　11世紀末から13世紀後半にかけて, 十字軍の遠征 (1096年～1270年) がおこなわれた。十字軍の遠征は, キリスト教徒が聖地エルサレムの回復をめざすものであったが, 同時に, ヨーロッパの諸侯や騎士があたらしい領地の獲得をめざすものでもあった。第1回十字軍 (十字軍には大規模なものが7回あった) は, 小アジアをへてパレスティナに侵入し, エルサレムを占領して, エルサレム王国をたてた (1099年)。しかしエルサレム王国は長つづきせず, エジプト (アイユーブ朝) のサラディンによってほろぼされた (1187年)。第4回十字軍は, エルサレムにむかうことをとちゅうであきらめ, コンスタンティノープル (東ローマ帝国の首都) を占領して, ラテン帝国をたてた (1204年)。しかしラテン帝国も長つづきせず, いきおいをもりかえした東ローマ帝国によってほろぼされた (1261年)。十字軍の時代, ひとびとの宗教的な熱情がかき立てられ, ヨーロッパの各地で, おおくの異教徒 (ユダヤ教徒やイスラム教徒など) や異端者

(アルビ派やワルド派など) が殺された。

　ローマ法王の権威は, 聖職者の任命権をめぐるたたかいや, 十字軍の運動の指導などによって, さらにたかまり, インノケンティウス3世 (法王在位：1198年～1216年) のころに頂点にたっした。かれはローマ法王領を拡大するとともに, ドイツの諸侯と皇帝との抗争に介入し, ドイツの皇帝位を左右した。また, ヨーロッパ各地の聖職者を召集して, 第4回ラテラン公会議 (1215年) をひらき, 異端を排除して正統的信仰をまもる立場を確立した。フランシスコ会に承認をあたえたのも, インノケンティウス3世である (ドミニコ会に承認をあたえたのは, つぎの法王である)。インノケンティウス3世はまた, 南フランスにひろまっていた異端 (アルビ派やワルド派など) の活動をおさえるため, アルビ十字軍 (1209年～1229年) を結成し, 派遣した (アルビ十字軍は, 異端の活動に大きな打撃をあたえたが, 異端を根絶することはできなかった。異端を根絶するために, 13世紀のなかごろ, 異端審問の制度がはじめられた。ローマ法王の指導のもとで異端審問の任にあたったのは, 主としてドミニコ会の修道士であった。14世紀になると, 魔女も異端であるとされ, 異端審問所で魔女裁判もおこなわれるようになった。魔女裁判はプロテスタント諸国でもおこなわれ, 1600年前後の100年間に, ドイツでもっともさかんであった。魔女裁判は18世紀, 自然科学が発達し, 啓蒙思想が普及するにつれて, じょじょに下火になった)。

　14世紀に入ると, ローマ法王の権威は急速にうしなわれていった。法王庁はローマから南フランスの小都市アヴィニョンに移され, 法王は約70年間, フランス国王に従属する立場におかれた (法王のバビロン捕囚)。その後, ローマとアヴィニョンに法王がならび立つ, 教会大分裂 (シスマ) の時代が約40年間つづいた。コンスタンツ公会議 (1414年～1418年) の決定によって, 教会の大分裂は終結したが, 法王の権威がふたたび回復されることはなかった。

4世紀から6世紀にかけてつづいた，ゲルマン民族大移動の混乱のなかで，西ヨーロッパに存在していた，古代ギリシア・ローマの文献のおおくのものはうしなわれてしまった。民族大移動の混乱によって，西ヨーロッパの学問の水準はいちじるしく低下したが，学問の灯を絶やすことなく，ともしつづけたのは修道院であった。修道院のなかで，修道士たちは，うしなわれずにのこされた古代の文献を保存し，筆写して，後世につたえた。8世紀ごろになると，ようやく社会も安定し，学問をもとめる気運もたかまってきた。フランク王国のカール大帝は，学問を奨励し，修道院関係の学者（イギリスのアルクインなど）をまねいて，研究や教育にあたらせた。カール大帝の時代，宮廷付属や教会付属や修道院付属の学校（スコラ）が，数おおくつくられた。9世紀から11世紀にかけて，学問の研究で中心的な役割を演じたのは，スコラの教師たちであった。11世紀・12世紀になると，ヨーロッパの各地（サレルノ，ボローニャ，パリ，オックスフォードなど）に大学が設立された。12世紀以降，大学が学問の研究の中心になり，大学の教師たちが学問の研究の主役になった。

　中世後期の哲学は「スコラ哲学」とよばれる。スコラ哲学は，スコラで研究された哲学（スコラの教師たちの哲学）という意味であるが，12世紀以降は，おもに大学のなかで研究されるようになった。スコラ哲学は，初期（9〜12世紀），中期（13世紀），後期（14・15世紀）の3つの時期に分けられる。初期を代表する哲学者は，スコトゥス・エリウゲナ，アンセルムス，ロスケリヌス，アベラールなどであり，中期を代表する哲学者は，アルベルトゥス・マグヌス，トマス・アクィナス，ボナヴェントゥラなどである。そして後期を代表する哲学者は，ドゥンス・スコトゥス，ウィリアム・オッカムなどである。3つの時期をつうじて「最大のスコラ哲学者」とされるのがトマス・アクィナスである。中期，後期の代表的なスコラ哲学者は，ドミニコ会やフランシスコ会の修道士であった。

第5章 トマス・アクィナス

*

　トマス・アクィナス（アクィノのトマス）は，1225年，イタリアのナポリ北方のロッカ・セッカ（乾いた岩）の山城に生まれた。1225年は，インノケンティウス3世が権威を誇示した第4回ラテラン公会議がひらかれてから10年後であり，ドミニクスがなくなってから4年後，フランシスコ（アッシジのフランシスコ）がなくなる1年前である。トマスの父親のランドルフは，ロッカ・セッカの城主で，アクィノ地方を所領とする封建貴族（騎士）であった。トマスの母親のテオドラは，ナポリの貴族の娘であった。ランドルフは先妻と死別して，テオドラと再婚し，テオドラとのあいだに7人のこどもをもうけた。トマスは末子であった。トマスの2人の兄は神聖ローマ皇帝の軍隊に入った。1人の姉は女子修道院長になり，3人の姉は貴族と結婚した。

　トマスは6才のとき，モンテ・カシノの修道院にあずけられた。モンテ・カシノの修道院は，6世紀にベネディクトゥスによってたてられた修道院で，トマスの時代には，広大な領地と莫大な財産を所有する大修道院になっていた。両親が末の息子をモンテ・カシノ修道院にあずけたのは，息子がしょうらい修道院長になって，一族の威信をたかめてくれることを期待してのことだったのかもしれない（ランドルフはトマスを修道院にあずけたのち，修道院に多額の寄進をしている）。トマスは修道院で，他の貴族の子弟たちとともに，初等的な教育をうけた。ラテン語の文法をまなび，ラテン語に翻訳された聖書や，教父たちの著作をよんだ。トマスは口数のすくない少年で，友人たちと談話するよりも，ひとりでひきこもって読書するのをこのむような少年であった。

　修道院長は，トマスのすぐれた才能をみとめ，トマスをナポリの大学にやって学業をつづけさせるように，両親を説得した。トマスは14才のとき，モンテ・カシノ修道院を去り，ナポリ大学に入学した。ナポリ大学

は，トマスの生まれる1年前に，神聖ローマ皇帝フリードリヒ2世（皇帝妃となった両シチリア王女の子）によって設立された大学で，医学部，人文学部，法学部，神学部をもつ総合大学であった。トマスが入学したのは，人文学部である。ナポリ大学は，他のおおくの大学のように，教師と学生の共同体（組合）を母胎として成立した大学ではなく，皇帝の命令によって設立された国立の大学であった。皇帝がナポリ大学を設立した目的は，自国の発展に寄与すべき有能な人材が国外に流出するのを阻止することにあったといわれている。

設立者のフリードリヒ2世がアリストテレスの研究を奨励したので，ナポリ大学では，アリストテレスの研究がさかんであった。トマスはナポリ大学で，主として，アリストテレスの論理学や自然学をまなんだ。アリストテレスの論理学や自然学の著作は，アヴィケンナやアヴェロエスの注釈書とともに，すでにラテン語に翻訳されていた。それゆえ講義では，『オルガノン』にふくまれる論理学の著作や，『自然学』，『霊魂論』などの自然学の著作や，アヴィケンナやアヴェロエスの注釈書などがもちいられたであろう。トマスは講義をつうじてこれらの著作にふれ，アリストテレスの論理学や自然学の知識を身につけることができた。（ローマ法王による思想統制をうけていたパリ大学では，アリストテレスの哲学を自由におしえることはできなかったのであるが，神聖ローマ皇帝によって設立されたナポリ大学では，アリストテレスの哲学を自由におしえることができ，まなぶことができたのである。）

トマスが17才のころ，父親のランドルフがなくなった。ランドルフの死後は，母親のテオドラが一家の柱として，一家の諸事に采配をふるうことになった（テオドラがなくなったのは，トマスが30才のころである）。

トマスはナポリ大学在学中に，生涯を決定づける大きな出会いをする。それはドミニコ会との出会いである。ドミニコ会は，スペイン出身のドミ

第5章　トマス・アクィナス

ニクスによって結成された修道会で，ひとびとの施しによって生活しながら，学問の研究や福音の宣教にはげむことを使命とするものであった。トマスはドミニコ会の活動を知り，修道士たちとのまじわりをつづけるうちに，しだいにドミニコ会の修道生活にひかれるようになった。そして18才のとき，ドミニコ会に入会することを決意し，ナポリのドミニコ会の修道院で修道衣を身につけた。トマスがドミニコ会に入会したという知らせは，トマスの家族をおどろかせた。貴族の息子が，ひとびとの施しによって生活する修道会（托鉢修道会）に身を投ずることは，一族の名誉にかかわる，ゆるすことのできない暴挙とうけとられた。

　母親のテオドラは，すぐさまナポリにかけつけた。テオドラがナポリのドミニコ会の修道院にきてみると，トマスは家族の反対をさけて，他の修道士たちとともにローマへむけて出発していた。そしてテオドラが，トマスを追ってローマについてみると，トマスはすでに，ドミニコ会の総長テウトニクスにしたがって，パリへむけて旅立っていた。そこでテオドラは，当時神聖ローマ皇帝の軍隊に加わってローマの北方に遠征中であった息子（トマスの兄）に使いを送り，トマスをつれもどすように命じた。騎兵として軍隊に加わっていたトマスの兄が，徒歩で旅していたトマスの一行に追いつくことは，困難なことではなかった。トマスの一行がトスカナ地方に到着し，泉のほとりで休んでいると，とつぜん，トマスの兄にひきいられた騎兵の一団があらわれ，トマスをとらえた。

　トマスは，テオドラが待つロッカ・セッカの城につれもどされ，城の一室に監禁された。母や兄たちは，トマスの決心を変えさせるために，いろいろな手段をもちいた。ある夜，トマスの部屋に，娼婦のように着かざった美しい少女が送りこまれた。少女は，あまいことばや愛撫でトマスを誘惑した。トマスは，身のうちに肉の衝動がわきおこるのを感じたが，暖炉からもえているまきをとって少女を部屋から追いだし，そのまきで壁に十字架のしるしをかきつけて神にいのったという。トマスの母や兄たちが

どのような手段をもちいても，トマスの決心を変えさせることはできなかった。約1年後，家族はやむなくトマスの監禁を解いた。トマスはふたたび自由の身となり，ナポリのドミニコ会の修道院にもどった。そしてただちに，ローマへむけて出発し，ローマでドミニコ会の総長テウトニクスにむかえられた。トマスとテウトニクスは，ふたたびパリへむけて出発し，今度は無事に，アルプスをこえてパリについた。トマスが20才のときである。

トマスがパリにおもむいたのは，当時，ヨーロッパの神学や哲学の研究の中心であったパリ大学でまなぶためであった。パリ大学には，神学部の教授として，博学をもってきこえたアルベルトゥス・マグヌス（1206年ごろ～1280年；ドイツ生まれ。ドミニコ会）がいた。アルベルトゥスは，アリストテレスの哲学を研究し，キリスト教の神学とアリストテレスの哲学との総合をこころみていた。トマスはそのアルベルトゥスのもとで，神学や哲学をまなぶことになった。トマスがパリにきて3年ほどたったころ，ドミニコ会の決定で，アルベルトゥスが神学大学を設立するためにケルンに移ることになり，トマスもアルベルトゥスに同行してケルンに移った。トマスがケルンに移ったころ，ケルンの有名なゴシック式の大聖堂の定礎式がおこなわれているから，トマスもその定礎式に参列したかもしれない（大聖堂の建築はその後，中断と続行がくりかえされ，建築がほぼ完了したのは1880年である）。アルベルトゥスは，ケルンのドミニコ会の修道院のなかに神学大学を設立し，なくなるまでの約30年間，その大学で研究と教育に従事した。その大学が現在のケルン大学の起源であり，ケルン大学の広場には「初代学長」アルベルトゥスの銅像がたてられている。

ケルンに移ってからも，トマスはひきつづき，アルベルトゥスのもとでまなんだ。ケルン時代のトマスについて，つぎのような逸話がつたえられている。トマスは巨体で口数がすくなかったので，アルベルトゥスの

第5章　トマス・アクィナス

学生たちから，「おしの牛」というあだ名をもらっていた。トマスの口数のすくないことは，理解力の不足とうけとられがちであった。ところがあるとき，アルベルトゥスのだしたむずかしい問題に「おしの牛」のトマスが明快な解答をあたえたので，アルベルトゥスはおどろいて，自分でもこたえられないようなむずかしい問題を，もう一度だしてみた。トマスがふたたび完璧な解答をあたえたので，アルベルトゥスは驚嘆してこういったという。「われわれはトマスを〈おしの牛〉とよんだが，やがてトマスがおしえるようになったとき，その鳴き声は世界中にひびきわたるであろう。」

ケルンでおしえていたアルベルトゥスのもとに，ドミニコ会の総長テウトニクスから，パリ大学神学部の教授候補者を推薦してほしいとの依頼がきた。アルベルトゥスはトマスを適任者として推薦し，トマスは27才のとき，パリ大学の教授候補者として，4年ぶりのパリにもどってきた。神学部の教授候補者は，まず聖書についての講義をし，つぎにペトルス・ロンバルドゥス（12世紀）の『命題集』についての講義をして，教授としての力量をみとめられてはじめて，教授になることができるという慣例になっていた。（ペトルス・ロンバルドゥスの『命題集』は，アウグスティヌスをはじめとする教父たちの見解を整理し，解説したもので，中世の大学の神学の教科書としてひろくもちいられていた。）トマスは約4年間，パリのサン・ジャック修道院で聖書および『命題集』についての講義をし，31才のとき，パリ大学神学部の教授に就任した。

パリ大学の神学部では，教区司祭からなる教授団と，ドミニコ会やフランシスコ会などの托鉢修道会にぞくする教授たちとが対立していた。教区司祭からなる教授団は，なにかの機会をとらえて，托鉢修道会にぞくする教授たちを排除しようと画策していた。そのため，教授に就任したトマスも，すぐには，教授の共同体への加入をゆるされなかった。教区司祭からなる教授団が，ローマ法王の命令にしたがって，托鉢修道会にたいする

攻撃をやめ，トマスの教授共同体への加入をゆるしたのは，トマスが教授に就任した1年後のことである。（フランシスコ会のボナヴェントゥラも，おなじときに教授共同体への加入をゆるされている。）

　神学部の教授のおもな職務は，講義し，討論し，説教することであった。講義は，聖書についての講義であり，聖書の講読がおこなわれたのであるが，そのさい，アウグスティヌスやヒエロニムスなど，教父たちの見解がひんぱんに引用された。また討論には，通常の授業のなかでおこなわれる「定期討論」と，クリスマスおよび復活祭のまえに一般公開でおこなわれる「自由討論」とがあった。定期討論では，教授のだした問題にたいして，学生たちによっていくつかの解答（異論）があたえられ，つぎの授業のときに，教授によって確定的な解答があたえられた。自由討論では，一般の参加者がどのような問題を質問してもよかった。トマスの自由討論でとりあげられた問題をあつめた「自由討論集」には，つぎのようなおもしろい問題もふくまれている。「肉体から分離した霊魂が，物理的な火によって苦しむことが可能であるか？」，「砂漠で生まれ，洗礼（水をつかう）をうけないで死んだこどもは，母親の信仰で救われるか？」，「神はもし欲するならば，罪をおかすことができるか？」。講義し，討論することのほかに，説教することも教授の重要な職務であったが，この時期にトマスがどのような説教をしたのか，なにも知られていない。

　トマスは34才のとき，ドミニコ会の方針にしたがって，パリ大学の教授職を後任にゆずり，14年ぶりのイタリアにもどってきた。イタリアにもどったトマスは，1年後，ドミニコ会の「修道会顧問」に任命された。修道会顧問は，修道会全体のために活動する権限および責務をもつもので，ドミニコ会の少数の人物のみがなれるものであった。36才のときトマスは，ローマ北方のオルヴィエトに移り，オルヴィエトの修道院（ドミニコ会）の講師になった。40才のときには，ドミニコ会の決定にもとづいて，ローマのサンタ・サビーナ修道院のなかに神学大学を設立した。そして42才の

とき，オルヴィエトのちかくのヴィテルボに移り，ヴィテルボの修道院（ドミニコ会）の講師になった。修道会顧問に任命されてからのトマスは，ローマ法王庁から神学上の問題について質問や相談をうけることがおおく，ローマ法王庁の神学顧問のような役割をはたした。

　トマスの主著は『対異教徒大全』と『神学大全』である。『対異教徒大全』は，トマスが34才のころかきはじめられ，38才のころかきおえられた。『神学大全』(未完)は，トマスが40才のころかきはじめられ，なくなる前年の48才のころまでかきつづけられた。『神学大全』は，神論，人間論，キリスト論の3部からなり，第3部のキリスト論（キリストの受難と復活や，秘跡などの問題があつかわれている）の議論のとちゅうでおわっている。

　『対異教徒大全』は，イスラム教徒にたいする布教に従事していたドミニコ会の修道士の要請にこたえて，キリスト教の真理を弁護・論証するためにかかれたものである。『対異教徒大全』は4巻から構成されている。第1〜3巻では，理性によって知りうることがらがあつかわれ，第4巻では，理性によっては知りえず，啓示によってのみ知りうることがらがあつかわれている。第1巻では，神の存在，神の永遠性・単純性などについての問題が論じられている。そして神の存在が，動かずに動かすもの（不動の動者）の議論をもちいて，証明されている。第2巻では，おもに人間の霊魂についての問題が論じられている。天使は肉体をもたないが，人間の霊魂は肉体とむすびついている。人間の霊魂は形相であり，不死であるという。第3巻では，人間の幸福，神の摂理などについての問題が論じられている。人間の幸福は，富や権力や肉体の快楽のなかにあるのではない。人間の究極的な幸福は，神を瞑想することのなかにあるという。第4巻では，三位一体，秘跡，肉体の復活などについての問題が論じられている。秘跡（洗礼，堅信，聖体，告解，終油，叙任，結婚）は，罪をおかした聖職者によっておこなわれたばあいにも，効力をもつのだという。

トマスは43才のとき，ドミニコ会の方針にしたがって，ふたたびパリ大学神学部の教授に就任した。2回目のパリ大学教授時代，トマスは，学内の2つの強力な学派と論争をまじえなければならなかった。ひとつは，ブラバンのシゲルス（人文学部教授）によって代表される「アヴェロエス派」であり，もうひとつは，ジョン・ペッカム（神学部教授，フランシスコ会）によって代表される「アウグスティヌス派」である。

　トマスとアヴェロエス派との論争のおもな争点は，「能動理性の単一性」の問題であった。アリストテレスの『霊魂論』によると，人間の理性には，記憶のような受容的な思惟をおこなう受動理性と，観念の総合・分離のような創造的な思惟をおこなう能動理性とがある。（受動理性は肉体の死とともにほろびるが，能動理性のほうは肉体の死後も存続する。）アヴェロエス派は，アリストテレスの能動理性を解釈して，能動理性はすべての人間に共通する普遍的なもので，単一のものであると主張した。この主張が，人間の霊魂（能動理性を本質とする）は個別的なもので，世界の終末のときに神の審判をうけるというキリスト教のおしえに反するものであることはあきらかである。アヴェロエス派は，アリストテレスの哲学のなかから，能動理性の単一性などの主張をとりだして，哲学と神学のなかに対立する主張のありうることを指摘したのである。トマスは，アヴェロエス派に反論して，アヴェロエス派の解釈が必然的な解釈ではないと主張する。アヴェロエス派の解釈は，アヴェロエスの影響をうけた解釈であり，ひとつの解釈ではあっても，必然的な解釈ではない。人間の有する能動理性を個別的なものとする解釈も可能なのであり，そのほうがアリストテレスの真意にそった正しい解釈であるというのである。

　一方，トマスとアウグスティヌス派との論争のおもな争点は，「世界の永遠性」の問題であった。アリストテレスの『自然学』によると，世界にははじまりがなく，世界は永遠の昔から存在しているものである。この主張が，神による世界の創造を説くキリスト教のおしえに反するものであることは

あきらかである。アウグスティヌス派は，伝統的神学（とくにアウグスティヌスの神学）の立場をまもるべきであり，アリストテレスの哲学に不当に譲歩すべきではないと主張する。そしてアリストテレスの哲学のなかの，キリスト教の神学に役立つ主張は利用すべきであるが，世界の永遠性の主張のように，キリスト教のおしえに反する主張ははっきりと拒否すべきであると主張する。トマスは，アウグスティヌス派に反論して，世界の永遠性（世界がつねに存在したということ）と神による世界の創造（世界の存在が神に依存するということ）とは矛盾しないと主張する。世界は永遠なものでありながら，同時に，神によって創造されたものであると考えることも可能であるという。（しかしトマスの反論は，あいまいでわかりにくく，アウグスティヌス派を納得させることはできなかった。）

トマス（40代のころ）の風貌について伝記作者のつたえるところによると，トマスは背がたかく，太っていて，ひとなみはずれた巨体をしていた。（その巨体のゆえに，ひとといっしょに歩くときには遅れがちであったとか，大きな腹がおさまるように丸くくりぬいた専用の食卓を使用していたとかいわれている。）また，姿勢がよく，肌は小麦色で，頭は大きく，髪はややうすくなっていた。巨体にめぐまれていた反面，雷をおそれるという小心な一面ももっていた。雷がなると，急いで十字をきり，「神はひととなってわれわれのもとにくだり，われわれのために死に，よみがえりたもうた」ととなえる習性があったという。

トマスは47才のとき，ドミニコ会の決定にしたがって，神学大学を設立するために，約30年ぶりのナポリにかえってきた（9月）。旧知との再会のよろこびにひたる間もなく，トマスはナポリのドミニコ会の修道院のなかに神学大学を設立し，神学をまなぶ学生のための講義を開始した。トマスの講義は，修道院にちかいナポリ大学の学生にも開放されていた。トマスは学生のための講義のほか，一般の市民のための説教もおこなった。ナポリにかえった翌年の四旬節（復活祭のまえの40日間）に

おこなった連続説教には，ナポリのほとんどの市民があつまり，神からのことばをきいているかのようなうやうやしい態度で，トマスの説教に耳をかたむけたという。

ナポリにかえった翌年の12月6日，トマスは礼拝堂でのミサの最中に「ふしぎな変化」を体験し，それ以後，いっさいの著作活動をやめてしまう。友人の修道士に，著作を続行するようにすすめられても，わたしにはできない，とくりかえすだけであった。なぜ著作をやめてしまったのかと強くたずねられると，けっして口外しないようにと念をおしたうえで，「わたしが見，わたしに啓示されたことがらに比べると，わたしがこれまでかいたものはすべてわらくずのように見えるのだ」とこたえたという。トマスがどのような体験をしたのかあきらかではないが，なにか神的なものを直視するような神秘的な体験をしたのではないかと推測されている。その体験ののち，トマスは著作活動を停止したばかりではなく，しばしば放心状態におちいるようになり，病気がちの日々をすごすようになった。

年があけて2月のはじめ，リヨンの公会議（5月開催予定）に出席するため，トマスは数人の修道士とともに，リヨンにむけて出発した。病気をおしての旅行であるため，トマスはろばにのって出発した。なつかしいモンテ・カシノの修道院やアクィノの町をすぎ，トマスは北にむけて旅をつづけたが，疲労と衰弱がはげしくなり，めいの住むマエンザ城で休養することになった（2月半ばすぎ）。しかしマエンザ城にとどまっているあいだにも，トマスの病状はさらに悪化し，重体におちいってしまった。トマスは修道院で死をむかえることをのぞみ，2月の末，フォッサ・ノーヴァのサンタ・マリア修道院（シトー会）に運ばれた。3月4日，トマスは死期のちかいことをみずからさとって，聖体の拝領を乞うた。修道院長がかれのもとに聖体をもたらすと，かれはなみだを流し，ゆかにひれふして礼拝し，そしていった。「わたしはあなたをうけたてまつります。わたしは，夜を

第5章　トマス・アクィナス

徹してまなび，労し，説き，おしえました。それはすべて，あなたへの愛のためでした。」3月7日の早朝，トマスは息をひきとった。49才であった。トマスの遺体は，修道院の中央祭壇のそばに埋葬された。トマスがなくなって20年ほどたったころ，「トマスを聖人に」という運動がはじまり，なくなって49年後の1323年，トマスは聖人の列に加えられた。

　フォッサ・ノーヴァのシトー会の修道士たちは，トマスの遺骨をドミニコ会に返そうとはしなかった。かれらはトマスの遺骨を隠し，遺骨がドミニコ会の修道士の手にわたらないようにした。しかしトマスがなくなって95年後の1369年，ローマ法王の介入によって，トマスの遺骨はドミニコ会に返されることになり，ドミニコ会の発祥の地であるトゥールーズのドミニコ会の修道院に移された。現在，トマスの遺骨は，トゥールーズのサン・ジャコバン教会の中央祭壇のしたに安置されている。

＊

　『**神学大全**』は「神論」，「人間論」，「キリスト論」の3部からなっている。第1部（神論）では，聖なるおしえ（神学）の性格や，神の存在などの問題があつかわれている。聖なるおしえの性格について，聖なるおしえは他の諸学よりも高位のものであり，「他の諸学は聖なるおしえの婢（はしため）である」とのべられている。また神の存在について，神の存在を証明する5つの方法がのべられている。第1，動いているものはすべて，他者によって動かされている。動かすものと動かされるものの系列を無限にさかのぼることはできないから，動かずに動かすものとしての神が存在しなければならない。第2，感覚的世界のなかには原因と結果の系列が存在する。すべてのものは，原因である他のものの結果として存在している。原因と結果の系列を無限にさかのぼることはできないから，第一原因としての神が存在しなければならない。第3，事物のなかには必然的に存在するようなものがあるから，その必然性の根源としての神が存在しなければ

ならない。第4，事物のうちにはさまざまな段階の完全性が存在するから，その完全性の根源としての神が存在しなければならない。第5，世界の事物は目的にむかって秩序づけられている。それゆえ，事物を目的にむかって秩序づける理性的存在者（神）が存在しなければならない。『神学大全』の第2部（人間論）では，人間の徳の問題など，倫理学の問題があつかわれている。そして，信仰・希望・愛などの徳（対神徳）が，知恵・正義・勇気・節制などの徳（枢要徳）のうえに位置づけられ，論じられている。『神学大全』の第3部（キリスト論）では，キリストの受難と復活や，秘跡などの問題があつかわれている。第3部の記述は，秘跡のひとつである告解についての議論のとちゅうでおわっている。『神学大全』は，第1部に119，第2部に303，第3部に99の問題をふくんでいる。問題の総数は521である。それぞれの問題はいくつかの項（小問）からなっている。項の総数は2669である。それぞれの項は，つぎのような順序で記述されている。まず最初に，「……であるか？」というかたちで，問いが立てられる。つぎに，その問いにたいして，「……ではないと思われる。そのわけは」ということばで，いくつかの異論がのべられる。つぎに，「しかし反対に」ということばで，ひとつの反対異論がしめされる。そしてつぎに，異論と反対異論の両方をうけて，「こたえていわなければならない」ということばで，トマス・アクィナスじしんの解答があたえられる。反対異論やトマス・アクィナスじしんの解答においては，しばしば，聖書や，教父たちの著作や，アリストテレスの著作など，権威ある書物からの引用がおこなわれる。そして最後に，こうして到達されたたかい視点から異論がとらえなおされ，「それゆえ〈1〉についてはいわなければならない」，「〈2〉についてはいわなければならない」などのことばで，それぞれの異論にたいする論評があたえられる。（本章の§2の後半にある「神は存在するか？」はそのような項のひとつである。）『神学大全』には，そのような項が2669個（！）ふくまれている。

第5章　トマス・アクィナス

§2. トマス・アクィナスの哲学

　7世紀のはじめごろ，アラビア半島の片隅にひとつの宗教が生まれようとしていた。610年，メッカの商人であったムハンマド（570年ごろ～632年；マホメット）が，神の啓示をうけ，みずから，神につかわされた最高の預言者であると称して，イスラム教をおこした。イスラム教は，偶像崇拝を禁じ，聖職者をみとめず，ただ唯一神アッラーと預言者ムハンマドを信じ，神のおしえをまもって道徳的な生活をすれば，死後だれでも救われると説く。ムハンマドのあたらしい宗教は民衆の支持をえたが，偶像を崇拝するメッカの有力者たちからは反感を買った。ムハンマドは622年，メッカの有力者たちによる迫害をのがれて，信者とともに，メッカの北方400キロにあるメディナに移住し，ここに教団国家を建設した。ムハンマドのメディナへの移住はヒジュラ（聖遷）とよばれ，イスラム暦はその年（622年）を紀元元年としている。宗教・政治・軍事の指導者として，メディナを中心に勢力をのばしたムハンマドは，630年，メッカの政敵をたおして，カーバ神殿から偶像を一掃し，ここをイスラム教の聖地とした。ムハンマドはさらに，632年，アラビア半島の統一を実現し，シリア遠征にむかおうとしたが，同年，病没した。ムハンマドに啓示された神のおしえを記録したものが『コーラン』である。『コーラン』が現在のかたちにまとめられたのは，650年ごろである。

　ムハンマドの死後の30年間は，信者の選挙によってえらばれた4代のカリフ（後継者）が教団国家を指導した時代で，「正統カリフ時代」とよばれる。正統カリフ時代，教団国家はシリア，エジプト，メソポタミアを征服して，広大な帝国（イスラム帝国，サラセン帝国）に成長した。4代目のカリフ（ムハンマドのいとこであり，娘むこでもあったアリー）が暗殺されて正統カリフ時代がおわりをつげると，661年，シリア総督がカリフの地位につき，ウマイヤ朝をおこした。カリフの地位は以後，世襲制になった。首都はシリアのダマスクスに移された。ウマイヤ朝のもとで，

イスラム帝国はさらに領土を拡大した。東は中央アジアに進出して唐の勢力と接触し、西は北アフリカを征服してモロッコにたっし、さらにジブラルタル海峡をわたってイベリア半島に進み、711年、西ゴート王国をほろぼして、スペインを手中におさめた。732年（ムハンマドが死んでちょうど100年後）には、フランスに侵入したが、トゥール・ポワティエ間の戦いにやぶれてスペインにひきあげた。

アジア、アフリカ、ヨーロッパにまたがる巨大な帝国を形成したウマイヤ朝であったが、東ローマ帝国の攻撃に失敗して以後、急速におとろえ、750年、反ウマイヤ勢力によってたおされた。反ウマイヤ勢力は、首都をバグダードに移して、アッバース朝をおこした。アッバース朝は、唐の勢力をおしかえして東西貿易の覇権をにぎり、8世紀のおわりから9世紀のはじめにかけての黄金時代を現出した。アッバース朝の黄金時代、バグダードの人口は100万をこえ、バグダードは唐の長安とならぶ国際都市として繁栄した。一方、750年に滅亡したウマイヤ朝の一族はスペインにのがれ、コルドバを首都にして、新王朝をおこした。後ウマイヤ朝（756年～1031年）である。イスラム帝国はこれによって、東のアッバース朝と、西の後ウマイヤ朝に分裂することになった。後ウマイヤ朝は、10世紀前半に全盛期をむかえ、高度なイスラム文化を開花させたが、11世紀前半に滅亡した。スペイン（南半分）は北アフリカのベルベル人（ムーア人）の支配をうけるようになり、1232年、スペインにおける最後のイスラム王朝であるグラナダ王国（ナスル朝）がたてられた。グラナダ王国は、キリスト教徒による国土回復運動（レコンキスタ）のたかまりのなかで、スペイン王国に圧迫され、1492年、首都グラナダのアルハンブラ宮殿を占領されて滅亡した。

さてアッバース朝のほうは、9世紀のおわりごろから、国内のイラン人やトルコ人が自立する傾向を強め、各地にイラン系やトルコ系の諸王朝がたてられた。1037年にたてられたトルコ系のセルジューク朝は強力で、

第5章　トマス・アクィナス

またたくうちにイラン，メソポタミアを征服し，バグダードに入って，アッバース朝のカリフからスルタン（支配者）の称号をうけた。カリフはこれ以後，政治上の実権をうしない，カリフにかわってスルタンが実質的な支配者となった。セルジューク朝はさらに，シリア，パレスティナを占領し，小アジアをうばった（セルジューク朝がエルサレムを占領したことが十字軍の遠征をひきおこす直接の原因となった）。セルジューク朝は1157年に滅亡したが，アッバース朝はなお余命をたもっていた。アッバース朝が，フラグ（チンギス・ハンの孫）のひきいるモンゴル軍によってバグダードを攻撃されて，滅亡したのは1258年である（そのとき80万にのぼるバグダード市民が殺されたという）。

　広大な地域を支配したイスラム帝国は，エジプト，メソポタミア，ギリシア，インドなどの先進文化を融合して，独自の文化を発展させた。帝国盛時のイスラム文化は，学問，芸術，建築などにおいて，世界最高の水準にあった。学問では，哲学，医学，数学などが進んでいた。有名な学者には，アヴィケンナ（哲学・医学），アヴェロエス（哲学・医学），アル・フワーリズミー（代数学），バッターニー（三角法）などがいる。

　アラビア人（アラブ人）は，正統カリフ時代（7世紀）にシリアを占領した。シリア人は，アリストテレスの著作をふくむ，古代ギリシアのおおくの文献を保存していた。アッバース朝のカリフ（とくに第7代のマームーン）は，シリア人の学者を登用して，古代ギリシアのおおくの文献をアラビア語に翻訳させた。アリストテレスの著作もアラビア語でよめるようになり，アラビア人のなかに，アリストテレスの研究者が数おおくあらわれた。アリストテレスの研究者としてとくに有名なのは，アヴィケンナとアヴェロエスである。

　アヴィケンナ（980年〜1037年）は，中央アジアのブハラで生まれ，イスパハン（テヘラン南方の都市）で哲学と医学をおしえ，ハマダンでな

くなったひとである。アヴィケンナは，アリストテレスの哲学に依拠しながら，普遍の問題を考察した。アヴィケンナによると，普遍は，個物にさきだって存在するということもいえるし，個物のなかに存在するということもいえるし，また個物のあとに存在するということもいえる。すなわち普遍は，神の精神においては（イデアというかたちで）個物にさきだって存在し，自然的事物においては（本質というかたちで）個物のなかに存在し，また人間の思惟においては（概念というかたちで）個物のあとに存在する。アヴィケンナのこのような普遍解釈は，スコラ哲学の普遍論争（後述）に大きな影響をあたえた。

もう一方のアヴェロエス（1126年〜1198年）は，スペインのひとである。スペインのコルドバで生まれ，国王（カリフ）の宮廷でアリストテレスの哲学をおしえていたが，イスラム教正統派のひとびとに讒訴（ざんそ）されていっさいの名誉をうしない，流刑の地モロッコでなくなった。アヴェロエスは，アリストテレスを神のように崇拝し，アリストテレスの哲学の注釈をもって，みずからの終生のしごととしていた。アヴェロエスは，アリストテレスにしたがって，思惟の能力である理性を，能動理性と受動理性に区別した。アヴェロエスによると，能動理性は普遍的なものであり，単一のものである。人間の霊魂（もともとは受動理性であった）は，能動理性によって「可能理性」をあたえられ，この可能理性の光によって，永遠の真理を認識することができる。人間が死ぬと，肉体とむすびついた個別的な理性（受動理性）はほろびるが，すべての人間に共通する普遍的な理性（能動理性，可能理性）はほろびることがなく，永遠に存続する。

アリストテレスのすべての著作が中世のはじめから，ヨーロッパに知られていたわけではなかった。アリストテレスの一部の著作（『カテゴリー論』と『命題論』）は，ボエティウス（470年〜525年）の翻訳と注釈によって，はやくからヨーロッパに知られていたが，アリストテレスの

第5章 トマス・アクィナス

大部分の著作は，12世紀になるまでヨーロッパに知られることがなかった。12世紀の前半，スペインのトレドに翻訳センター（翻訳学校）が創設され，アラビア語の文献がラテン語に翻訳されるようになると，アリストテレスにかんする文献もラテン語に翻訳されるようになった。アラビア語に翻訳されていたアリストテレスの著作や，アヴィケンナやアヴェロエスによる注釈書などが，つぎつぎとラテン語に翻訳された。こうしてアリストテレスの大部分の著作が，アヴィケンナやアヴェロエスの注釈書とともに，ヨーロッパに知られるようになったのである。さらに13世紀のはじめごろ，第4回十字軍がコンスタンティノープルを占領してラテン帝国（1204年〜1261年）をたてると，東ローマ帝国に保存されていたアリストテレスの全原典がヨーロッパにもたらされることになった。アリストテレスの原典からの翻訳がなされるようになり，アリストテレスのすべての著作がヨーロッパに知られるようになった。（アリストテレスのすべての著作がヨーロッパに知られるようになっても，プラトンの著作はまだ，一部の著作をのぞいて，ヨーロッパに知られてはいなかった。プラトンのすべての著作がヨーロッパに知られるようになったのは，15世紀に東ローマ帝国がオスマン・トルコの圧迫をうけ，東ローマ帝国のおおくの学者がヨーロッパに移住して以後のことである。）

　アリストテレスの著作がヨーロッパに知られるようになると，アリストテレスの哲学にはキリスト教に反する主張がふくまれているという危惧が生じた。とくに能動理性の単一性の主張と，世界の永遠性の主張が，キリスト教に反する主張であると考えられた。ローマ教会（ローマ法王）は，アリストテレスの哲学にたいする警戒心を強め，1210年，パリ大学でアリストテレスの自然学をおしえることを禁止した。そして1215年には，パリ大学でアリストテレスの自然学および形而上学をおしえることを禁止し，1231年には，世界の永遠性の主張にたいする疑いがはれるまでという条件をつけて，パリ大学でアリストテレスの自然学および形而上学を

おしえることを禁止した。この条件つきの禁止令以後，禁止令は事実上，無意味となった。アリストテレスの研究がさかんにおこなわれるようになり，1250年代にはパリ大学でも，自然学や形而上学をふくむアリストテレスの哲学がおしえられるようになった。トマス・アクィナスがパリ大学でおしえたのは，1256年からの3年間と1269年からの3年間の2回である。トマス・アクィナスは，キリスト教に反すると考えられた主張のうち，能動理性の単一性の主張は，アリストテレスの解釈のあやまりによるものであると主張し，世界の永遠性の主張は，神による世界の創造と矛盾しないと主張した。アリストテレスの哲学は，キリスト教のおしえと矛盾するものではなく，キリスト教のおしえの論証に役立つ重要な哲学であるというわけである。ローマ教会は，アリストテレスの哲学にたいする見かたや態度をじょじょに軟化させ，アリストテレスの哲学は，教会の公認の哲学となった。そしてアリストテレスの著作は，聖書や教父たちの著作とならんで，権威ある書物とみなされるようになった。

　スコラ哲学は，理性によって信仰を基礎づけようとするものであり，スコラ哲学の中心の問題は，理性と信仰の関係の問題であった。理性と信仰は一致するものであろうか。あるいは一致するものではなく，明確に区別されるものであろうか。理性と信仰の関係について，どのように考えるべきであろうか。スコラ哲学の3つの時期を代表する3人の哲学者をとりあげて，理性と信仰の関係の問題にたいする考えかたを見てみよう。3人の哲学者は，アンセルムス（初期）とトマス・アクィナス（中期）とウィリアム・オッカム（後期）である。

　アンセルムス（1033年〜1109年；イタリアに生まれ，のちにイギリスのカンタベリーの大司教になる。「スコラ哲学の父」とよばれる）は，理性と信仰の一致を確信している。アンセルムスによると，理性と信仰は一致するものであり，信仰内容はすべて，理性的に証明することができる。神が存在するということも，人間の霊魂が不死であるということも，三位

一体の教義でさえも，理性的に証明することができる。

　アンセルムスは，神が存在するということをつぎのようにして証明している (この証明は「存在論的証明」とよばれる)。神は完全なもの (最大のもの) である。これはみとめざるをえないであろう。しかるに神が，完全なものとして理解されるのみで，じっさいには存在しないと仮定すると，存在しないものは完全なものではないから，神は完全なものではないことになる。これは神が完全なものであるということと矛盾する。ゆえに，神が存在しなければならない。この証明は帰謬法による証明であり，間接的な証明である。帰謬法をとりのぞいて，この証明を直接的な証明にかきなおすと，つぎのようになる。神は完全なものである。そして，完全なものは存在する。ゆえに，神は存在する。このアンセルムスの証明は，神は完全なものであるという神の概念から，神の存在をみちびきだしている。この証明にたいしては，すでにアンセルムスの時代から，賛成と反対の両論があった。ガウニロという修道士は，もしこの証明が正しいのであれば，たとえば「完全な島」の存在も証明できることになってしまうと反論した。完全な島は完全なものであり，完全なものは存在するから，完全な島も存在するというわけである。アンセルムスは，この反論にたいして，神のみが完全なものであり，島はどのようなものであっても完全なものではありえず，それゆえ，完全な島の存在を証明することはできないと再反論した。アンセルムスの証明にたいしては，近世においても，賛成と反対の両論がおこなわれた。デカルトやスピノザはこの証明を支持したが，カントはこの証明に反対した (カントは神の存在の証明は「仮象」であるという)。

　アンセルムスは，信仰を理性に対立するものとは考えていない。信仰は理性の能力をたかめるもの，理性のはたらきを助けるものであると考えている。アンセルムスは，信じるために理解するのではなく，「理解する (知る) ために，わたしは信じる」(クレド・ウト・インテリガム) という。神を理解するためには，神を信じることが必要である。神を信じ

ない者は，神を理解することができない。神を信じ，神の恩恵をうけることによってはじめて，神を理解することができる。理性と信仰は対立するものではなく，信仰を前提にして，一致するものである。理性にもとづく哲学も，信仰にもとづく神学と一致するものであり，区別できないものである。

トマス・アクィナスは，アンセルムスとことなり，理性と信仰の不一致をみとめている。トマス・アクィナスによると，理性と信仰は一致するものではなく，信仰内容をすべて理性的に証明することはできない。信仰内容のうち，神が存在するということや人間の霊魂が不死であるということは，理性的に証明することができるが，三位一体の教義や最後の審判の教義などは，理性的に証明することができない。

トマス・アクィナスは，神が存在するということをつぎのようにして証明している（この証明は「宇宙論的証明」とよばれる）。感覚的世界のなかには原因と結果の系列が存在する。すべてのものは，原因である他のものの結果として存在し，他のものもまた，原因である他のものの結果として存在している。原因と結果の系列を無限にさかのぼることはできないから，第一原因としての神が存在しなければならない。またトマス・アクィナスは，人間の霊魂が不死であるということをつぎのようにして証明している。人間は，形相である霊魂が質料である肉体とむすびついたものであり，人間が死ぬということは，霊魂（形相）が肉体（質料）と分離するということである。ところが霊魂じしんは，質料をもたない形相である（トマス・アクィナスは神，天使，人間の霊魂は質料をもたない形相であると考えている）から，さらに質料と分離する（死ぬ）ということはありえない。それゆえ，人間の霊魂は不死である。このようにして，神が存在するということや，人間の霊魂が不死であるということは，アリストテレスの哲学（そのままではない）をもちいて，理性的に証明することができるのである。

第5章　トマス・アクィナス

　トマス・アクィナスは，理性と信仰を明確に区別する（アンセルムスは明確に区別しなかった）。トマス・アクィナスによると，理性の能力には限界があり，理性の能力をこえた真理というものが存在する。理性の能力をこえた真理は，理性によってはとらえられず，信仰によってのみとらえられる。三位一体の教義や最後の審判の教義などは，理性の能力をこえた真理であり，理性によってはとらえられず，信仰によってのみとらえられる。理性は，ふかい信仰の真理（三位一体の教義や最後の審判の教義など）をとらえることはできないのであるが，信仰を基礎づける（基本的な信仰内容を証明したり，信仰内容を裏づける議論をしたりする）ことはできる。信仰を基礎づける能力において，理性は信仰に奉仕すべきものである。同様に，理性にもとづく哲学も，信仰にもとづく神学に奉仕すべきものである。哲学は神学に奉仕すべきものであり，哲学は神学の婢（はしため）である（フィロソフィア・アンキラ・テオロギアエ）。神学と哲学の関係は，建築家と職人（大工や左官など）の関係に似ている。職人は建築家に奉仕すべきものであるが，建築家は職人のしごとに干渉してはならず，職人のすぐれた技術が建築という目的のために生かされるように配慮しなければならない。同様に，哲学は神学に奉仕すべきものであるが，神学は哲学に干渉してはならず，哲学のすぐれた能力が真理の探求という目的のために生かされるように配慮しなければならない。哲学がすぐれた能力を発揮するときにこそ，哲学は神学によりよく奉仕することができるのである。

　ウィリアム・オッカム（1285年ごろ～1350年ごろ；イギリスのオッカムの生まれ。オックスフォード大学でまなび，おしえる。アヴィニョンの法王庁に召喚されて異端の宣告をうけるが，ミュンヘンに逃亡して，神聖ローマ皇帝に保護される。ミュンヘンでペストにかかって死んだとされる。フランシスコ会）は，理性と信仰の分離を主張している。ウィリアム・オッカムによると，理性と信仰はまったくことなるものであり，信仰

内容はどれも，理性的に証明することができない。神が存在するということも，人間の霊魂が不死であるということも，理性的に証明することができない。もちろん三位一体の教義や，最後の審判の教義なども，理性的に証明することができない。信仰内容は，理性によって証明されるものではなく，ただ信仰されなければならないものである。

　ウィリアム・オッカムは，理性と信仰を区別するばかりではなく，理性と信仰は無縁のものであると考えている。理性の領域と信仰の領域は，まったくことなる領域であり，理性が信仰の領域に立ち入るべきではない。理性が信仰の領域に立ち入ることは，みずからの本分をわきまえない越権行為である。理性と信仰は無縁のものであり，理性によって信仰を基礎づけることはできない。しかし理性によって信仰を基礎づけることを目的とするものがスコラ哲学であるから，ウィリアム・オッカムの哲学は，スコラ哲学の目的を放棄するものであるといわなければならない。ウィリアム・オッカムの哲学は，理性と信仰（哲学と神学）を分離することによって，神学を哲学的思弁からまもろうとするものであったが，結果的に，スコラ哲学の崩壊をみちびき，近世哲学の出現をうながす役割をはたすことになった。理性と信仰を分離する考えかたは，宗教改革者のマルティン・ルター（1483年〜1546年）にも影響をあたえている。ルターはスコラ哲学の批判者であり，スコラ哲学を評価しないが，ウィリアム・オッカムの哲学には強い関心をしめしている。

　理性と信仰の関係の問題とならんで，普遍の実在性をめぐる問題も，スコラ哲学の大きな問題であった。普遍の実在性をめぐる論争は，「普遍論争」とよばれる。普遍論争は，3世紀のポルピュリオス（プロティノスの弟子）が『カテゴリー論入門』のなかで提起した問題，すなわち，普遍（類と種）は実在するものであるか，あるいは人間の思考のなかに存在するにすぎないものであるかという問題に端を発している。

第5章　トマス・アクィナス

　スコラ哲学・初期のアンセルムスは，普遍は実在するものであり，個物にさきだって（アンテ・レム）存在するものであるという「実念論」を主張した。実念論によると，普遍は個物にさきだって存在するものであり，それじしんにおいて存在するものである。たとえば「人間」という普遍は，個々の人間にさきだって存在するものであり，個々の人間の存在とは関係なく，それじしんにおいて存在するものである。実念論の考えかたは，キリスト教の教義を説明するのにつごうのよい考えかたである。たとえば原罪の教義では，アダムというひとりの人間がおかした罪がすべての人間におよぶとされている。この教義は，「人間」という普遍の存在を仮定すれば説明しやすいであろう。「人間」という普遍が存在するならば，ひとりの人間がおかした罪は，すべての人間がおかした（おかしうる）罪であると考えられるからである。

　ロスケリヌス（1050年〜1120年；フランス生まれ）は，実念論にたいして，普遍は実在するものではなく，個物のあとに（ポスト・レム）つくりだされたものであるという「唯名論」を主張した。唯名論によると，個物のみが実在するものであり，普遍は個物のあとに，抽象によってつくりだされたものである。たとえば「人間」という普遍は，個々の人間のあとに，それらに共通する性質を抽象することによってつくりだされたもの（概念）である。個々の人間が存在するのであって，「人間」という普遍が存在するわけではない。普遍は存在するものではなく，たんなる「声の風」であり，名称であるにすぎない。ロスケリヌスは，唯名論の立場から，存在するものは個別的なものであり，父と子と聖霊も3つの個別的な神であると主張した(三神論)。ロスケリヌスのこの主張は，1092年，ソアッソンの宗教会議で異端の宣告をうけた。

　アベラール（1079年〜1142年；フランス生まれ。ロスケリヌスの弟子）は，普遍は個物のなかに（イン・レ）存在するものであるという「概念論」を主張した。概念論によると，普遍は個物のなかに共通の本質として

存在する。たとえば「人間」という普遍は，個々の人間のなかに，共通の本質として存在する。アベラールによると，個物のなかに共通の本質としての普遍が存在するのは，神がみずからのうちにもっている範型にしたがって世界を創造したからである。普遍はまず，個物にさきだって神のうちに概念（範型）として存在し，つぎに，個物のなかに共通の本質として存在し，さらに，個物のあとに抽象による概念として存在する。アベラールの概念論は，個物のなかに存在する普遍のみならず，個物にさきだって存在する普遍や，個物のあとに存在する普遍をもみとめているのであるから，実念論や唯名論の主張をとりいれた，折衷的な考えかたになっている。

　スコラ哲学・後期のウィリアム・オッカムは，ロスケリヌス（前期）の唯名論を復活させた。ウィリアム・オッカムによると，普遍は個物にさきだって存在するものでもなければ，個物のなかに存在するものでもない。もし普遍が個物にさきだって存在するものであるならば，普遍は神による個物の創造以前から存在していたことになるが，それは不可能である（無からの創造というキリスト教のおしえに反する）。またもし普遍が個物のなかに存在するものであるならば，普遍がおおくの個物のなかに存在することになるが，それも不可能である（ひとつのものが同時におおくのもののなかに存在することはできない）。普遍は，個物のあとにつくりだされたものであり，実在するものではない。普遍はおおくの個物をあらわす記号・名称にすぎない。実在するのは，個物のみである。ウィリアム・オッカムはまた，経験によってえられる知識のみが確実な知識であるとして，経験的な知識を重視した。経験的な知識を重視することにおいて，ウィリアム・オッカムの哲学は，フランシス・ベーコン（1561年〜1626年）にはじまるイギリス経験論の先駆となっている。

第5章　トマス・アクィナス

＊

　「カトリック真理の教師の使命は，進んだ者たちに教授するだけではつきない。使徒が『コリント前書』第3章（1・2節）において，〈あたかもキリストにおける幼児にたいするように，わたしはあなたがたに乳を飲ませ，かたい食物はあたえなかった〉というところによれば，初学者をみちびくこともその任務にぞくしている。そこで，この書においてわれわれの意図するのは，キリスト教にかんすることがらを，初学者をみちびくにふさわしいしかたでつたえることである。

　じっさいわれわれの見るところ，このおしえの入門者たちは，さまざまなひとびとのかいたものによって，かえって大いにさまたげられている。それは，ひとつには不必要な問題，項目，論証がいたずらに増加しているためであり，ひとつには初学者のぜひとも知るべきことがらが，学習の順序によらず書物の解説の必要に応じ，あるいはたまたま催される討論の機会に応じてつたえられるためであり，ひとつにはおなじことの度重なる反復が聴く者の心に倦怠と混乱とをひきおこすためである。

　そこでわれわれは，これらの，またこれに類する他の欠点をさけるようにつとめながら，神の助力に信頼して，聖なるおしえにぞくすることがらを，題材のゆるすかぎり簡潔明快に追求してみたいと思う。」

（『神学大全』序言）

　「第3項　神は存在するか？

　第3については，つぎのように進められる。神は存在しないと思われる。そのわけは，

　〈1〉反対的に対立するものの一方が無限であるばあいには，他方は完全にほろぼされるはずである。しかるにこの〈神〉という名のもとに理解されるのは，なにか無限に善なるものである。ゆえにもしも神が存在するとすれば，いかなる悪も見いだされないはずである。しかるに世界には悪

が見いだされる。ゆえに神は存在しない。

〈2〉さらに，よりすくない原因によって成就されうることは，よりおおくの原因によってなされるのではない。しかるに世界に見られるすべてのことは，神が存在しないと考えても，他の諸原因によってじゅうぶん成就されうると思われる。すなわち，自然的なことがらは自然本性という原因に還元されるし，意図にもとづくことは人間理性ないし意志という原因に還元される。ゆえに〈神在り〉とすべき必要性はまったくない。

しかし反対に，『出エジプト記』第3章（14節）には，神ごじしんの口から，〈われは在りて在る者なり〉といわれている。

こたえていわなければならない。神が存在することは，5つの道によって証明されうる。第1のもっともあきらかな道は，動きの側面からとられるものである。そもそも(1)この世界のなかでなにものかが動いているということは確実であり，感覚によって確認される事実である。(2)ところで動いているものはすべて，他者によって動かされている。動いているものはすべて，それにむかって動いている目的にたいし可能態に在るかぎりにおいて動いているのであるが，動かすものはこれにたいし，現実態に在るかぎりにおいて動かすのである。動かすとは，なにかを可能態から現実態にひきだすことにほかならないが，なにかが可能態から現実態にひきだされうるためには，なんらかの現実態に在る者によらなければならない。たとえば可能的に熱いものである木材を現実的に熱いものたらしめ，これによって木材を動かし変化させるのは，火という現実的に熱いものなのである。ところでおなじものがおなじ観点のもとに，現実態に在ると同時に可能態に在ることはできず，このことはただことなる観点のもとにおいてのみありうる。たとえば現実的に熱いものが，同時に可能的に熱いということはありえないが，同時に可能的に冷たいものではある。それゆえあるものがおなじ観点のもとにおなじしかたで動かすものでありかつ動かされる

ものであること，つまり，自分じしんを動かすものであることはできない。それゆえ動いているものはすべて，他者によって動かされているのでなければならない。(3) ところでその動かしている他者そのものが動いているばあいには，その他者はまたべつの他者によって動かされているはずであり，そのべつの他者もそれとはまたべつの他者によって動かされているはずである。しかしこの系列を追って無限に進むことはできない。なぜならそのばあいには，なにか第1の動者は存在しないことになり，したがってまた他のいかなる動者も存在しないことになるからである。じっさい第2次的な諸動者は，第1の動者によって動かされるかぎりにおいてのみ動かすのである。たとえば，杖がものを動かすのは，ただ杖が手によって動かされるかぎりにおいてである。(4) それゆえ，なにものによっても動かされることのないなにか第1の動者にまでいたることは必然である。これをすべてのひとびとは神と解する。

　第2の道は，形成因の根拠にもとづくものである。そもそも，(1) この感覚的世界のうちにわれわれは形成因の秩序の存在することを見いだす。(2) しかしながらなにかが自分じしんの形成因であることは見いだされないし，またそういうことはありえない。なぜならそのばあいには，そのものはそのものじしんよりもさきに存在することになるが，これは不可能だからである。(3) ところで形成因の系列を追って無限に進むことはできない。なぜならすべての秩序づけられた形成因のうち，第1のものは中間のものの原因であり，中間のものは最後のものの原因である (中間のものが複数であるにせよ，ただひとつであるにせよ)。しかるに原因がとり去られれば結果もとり去られる。ゆえに，もし形成因のうち第1のものがないとすれば，最後のものも中間のものもないであろう。しかるにもし形成因の系列を追って無限に進むとすれば，第1の形成因は存在せず，したがってまた最後につくりだされるもの（結果）も中間の形成因も存在しないことになるであろう。これはあきらかに偽である。(4) それゆえぜひとも

なんらかの第1形成因が在るとしなければならない。これをすべてのひとびとは神と名づける。

　第3の道は，可能的なるものと必然的なるものとを根拠としてえられる。それはつぎのような道である。(1) われわれは諸事物のうちに，存在することも存在しないことも可能であるものを見いだす。諸事物のなかには生成消滅し，したがって存在することも存在しないことも可能であるものが見いだされるのである。(2) ところでこのようなものがすべて，つねに存在することは不可能である。なぜならば，存在しないことが可能であるものは，いつかじっさい存在しないからである。(3) それゆえすべてのものが存在しないことの可能なものであるとすれば，いつか世界にはなにも存在しなかったことになる。(4) もしこれがほんとうだとすれば，今もなにも存在しないはずである。なぜならば，存在しないものが存在しはじめるためには，なにか存在するものによらなければならないからである。ゆえにもし存在するものはなにもなかったとすれば，なにかが存在しはじめることは不可能であったし，したがって今もなにも存在しないはずである。これはあきらかに偽である。(5) ゆえにかならずしもすべての存在するものが可能的なるものであるわけではなくて，諸事物のなかにはなにか必然的なるものも存在するのでなければならない。(6) ところですべて必然なるものは，その必然性の原因を他のものからうけるか，うけないかのいずれかである。(7) しかし必然性の原因を他のものからうける〈必然的なるもの〉の原因の系列を追って無限に進むことはできない。それは，形成因のばあいに証明されたのと同様である。(8) それゆえぜひとも，それじしんによって必然的であるようななにものかが存在するとしなければならない。それは，必然性の原因を他からうけるのではなく，かえって他のものにとって必然性の原因であるようななにものかである。これをすべてのひとびとは神という。

　第4の道は，諸事物のうちに見いだされる段階からえられる。すなわち，

第5章　トマス・アクィナス

(1) 諸事物のうちには、なにかよりおおく・よりすくなく善なるもの、真なるもの、高貴なるもの、等々が見いだされる。(2) しかるに〈よりおおく・よりすくなく〉ということは、種々ことなるものについて、それらがなにか最大度にかくあるものに種々ことなるしかたでちかづく度合に応じていわれるのである。たとえば最大度に熱いものによりいっそうちかいものが、よりいっそう熱いといわれる。それゆえなにかもっとも真なるもの、善なるもの、高貴なるもの、したがって最大度に存在する者が在る。じっさい、『形而上学』第2巻においていわれているように、最大度に真なるものは最大度に存在する者にほかならないのである。(3) ところである類において最大度にこれこれであるといわれるものは、その類にぞくするすべてのものの原因である。たとえば、これも同書においていわれていることであるが、最大度に熱いものとしての火は、すべての熱いものの原因である。(4) それゆえすべての存在者にとって、存在と善とあらゆる完全性の原因でもあるようななにものかが存在する。この者をわれわれは神というのである。

　第5の道は、諸事物の統治ということからとられる。われわれは、認識を欠いているもの、すなわち自然物体が目的のためにはたらくのを見る。このことは、それらのものが最善のものを獲得するためにいつも、あるいは非常にしばしば、おなじしかたではたらくという事実からあきらかに知られる。それゆえこれらの物は偶然的にではなく意図的に、目的に到達するということはあきらかである。ところで認識を欠く者が目的にむかうには、矢が射手によって指示されるように、なにか認識し理解する者によって指示されるのでなければならない。ゆえに、すべての自然物がそれによって目的に秩序づけられるなんらかの知性認識者が存在する。われわれはこれを神という。

　それゆえ〈1〉についていわなければならない。アウグスティヌスが『提要』においていっているように、〈神は最大度に善き者であって、悪をも善

用するほどに全能であり善き者でなかったとしたら，御業（みわざ）のなかにいささかたりとも悪の存在をゆるすことはなかったであろう〉。このように悪の存在を許容し，悪からさえも善をひきだすことは，神の無限の善性にぞくしているのである。

〈2〉についてはいわなければならない。自然がある目的のためにはたらくのは，なにか上位の作用者の指示によるものであるから，自然から生ずることがらは，やはり第一原因としての神に必然的に帰着する。同様に，意図的になされることがらも，人間の理性と意志とはことなるなにかもっとたかい原因に帰着するのでなければならない。人間の理性や意志は変わりやすく欠陥をこうむりやすいものであるが，可動的で欠ける可能性のあるものはすべて，すでにしめされたように，なにか不動でそれじしん必然的な第1の根源に帰着せしめられなければならないのである。」

(『神学大全』第1部 第2問)

*

『君主の統治について』トマス・アクィナス 著（柴田 平三郎 訳）岩波文庫
『対異教徒大全』(第1巻のみ) トマス・アクィナス 著　中央出版社
『神学大全』(全45冊になる予定，刊行中) トマス・アクィナス 著
　　　　　　　　　　　　　　　　　　　　　　　　　　　創文社
『トマス・アクィナス』(世界の名著20；「神学大全」) 中央公論社

第6章

デカルト

ルネ・デカルト
(1596年〜1650年)

デカルト関連地図

§1. デカルトの生涯

　ルネサンスの運動は，古典を復興し模倣する運動からはじまった。その運動はやがて，古典の復興や模倣にとどまらず，古典を媒介として，古代人がもっていた真理や美にたいするすなおな人間的欲求を追求しようとする運動へと発展した。ルネサンスの運動は，イタリアではじまり，文学・美術・建築・科学など，文化活動の全体にわたる運動として，ヨーロッパの各地に波及した。

　14世紀から15世紀にかけて，ルネサンスの中心地はイタリアのフィレンツェであった。14世紀のフィレンツェには，ダンテ，ペトラルカ，ボッカチオなどがあらわれ，イタリア語（ラテン語ではなく）による詩や小説などを発表した。ペトラルカやボッカチオは，古典を文献学的に研究する人文主義者としても知られている。15世紀には，ボッティチェリやレオナルド・ダ・ヴィンチなどがあらわれ，古典に題材をとったおおくの絵画を製作した。フィレンツェのルネサンスは，東方貿易と金融業で財をなしたメディチ家のような大富豪の援助にささえられていた。16世紀の前半におけるルネサンスの中心地はローマであった。フィレンツェからやってきたレオナルド・ダ・ヴィンチやラファエロが画家として活躍し，ミケランジェロが画家・彫刻家・建築家として活躍した。現存するローマのサン・ピエトロ大聖堂の建築が開始されたのもこのころである（大聖堂の建築は，16世紀初頭，ブラマンテによって起工され，ミケランジェロらによってうけつがれ，17世紀後半，ベルニーニによって完成された）。ローマのルネサンスをささえ，援助していたのは，巨大な富と権力をもつローマ法王であった。16世紀の後半になると，イタリアにおけるルネサンスの中心地は，地中海沿岸のヴェネツィアに移った。ヴェネツィアでは，ティティアン，ティントレット，ヴェロネーゼなどの画家が出て，豪華な色彩の油絵をえがいた。ヴェネツィアのルネサンスは，東方貿易によって繁栄したヴェネツィアの経済力に基盤をもっている。

第6章　デカルト

　15世紀のおわりごろから16世紀にかけて，新大陸の発見や新航路の発見があいつぎ，ヨーロッパ人の視野が世界的規模に拡大された。地中海にかわって，大西洋が海外貿易の舞台となった。地中海貿易によって繁栄していたイタリアの諸都市は衰退にむかい，イタリアの諸都市に開花したはなやかなルネサンス文化も，17世紀には凋落していった。

　イタリアにはじまったルネサンスの運動は，アルプスをこえて，北方のヨーロッパ諸国に波及した。ネーデルラントには人文主義者のエラスムスがあらわれ，教会の公用聖書のあやまりを指摘し，教会の迷信を攻撃した。また，ファン・アイクやブリューゲルが画家として活躍した。ドイツでは，ロイヒリンやメランヒトンが，人文主義者として，聖書の文献学的な研究をおこなった。また，精神的なふかみをもつ画風で知られる画家のデューラーやホルバインが活躍した。フランスでは，人文主義者のラブレーやモンテーニュが，風刺的，懐疑的な作品を発表した。スペインでは，エル・グレコやベラスケスが画家として活躍し，セルバンテスが没落騎士を風刺する文学作品をかいた。イギリスでは，トマス・モアが当時のイギリス社会を批判し，理想的な社会のすがたをえがいた。16世紀後半には，シェークスピアが劇作家として活躍した。

　ルネサンスの時代，古代ギリシアの科学精神の復興もおこなわれ，古代ギリシアの科学精神にあたらしい実験・観察の方法がむすびついて，自然科学の発展が促進された。ポーランドのコペルニクスは，16世紀の前半，地球や他の惑星がすべて太陽のまわりを回転しているとする，太陽中心の地動説をとなえた。コペルニクスの地動説は，キリスト教会の宇宙観に根本的な転換をせまるものであり，キリスト教会に大きな衝撃をあたえた。イタリアのガリレイも地動説をとったが，教会の圧迫をうけて，地動説を撤回せざるをえなかった。ガリレイはまた，望遠鏡をもちいて天体を観測し，月の表面に凹凸があること，木星も地球とおなじように衛星をもつことなどをあきらかにした。また落下の実験をおこなって，物体の落下する

速さが物体の重さに比例する（アリストテレスの主張）わけではないことをあきらかにした。ドイツのケプラーは，惑星の運行の法則（ケプラーの法則）を発見し，コペルニクスの地動説に数学的な裏づけをあたえた。イギリスのニュートンは，17世紀の後半，万有引力の理論によって，天体の運動と地上の物体の運動を統一的に理解することに成功し，力学的宇宙観を確立した。

ルネサンスの運動は宗教改革の運動をひきおこした。宗教改革の先駆となったのは，ウィクリフ（イギリス）やフス（ボヘミア）の活動であるが，宗教改革の気運をいっそうたかめたのは，ルネサンス時代のエラスムスやロイヒリンなど，人文主義者たちの研究であった。人文主義者たちの聖書原典の研究によって，カトリック教会のおしえと原始キリスト教会のおしえとの差異があきらかにされ，世俗化した現実の教会にたいする批判がたかまった。こうして，原始キリスト教の精神に立ちかえることによって，腐敗・堕落した教会を改革しようとする宗教改革の運動がはじまった。

ローマ法王が，サン・ピエトロ大聖堂の建築資金をあつめるために，免罪符（贖宥状）の大規模な販売を開始した（1515年）ことが，宗教改革の直接のひきがねになった。ウィッテンベルク大学の神学教授をしていたマルティン・ルターは，1517年10月31日，ウィッテンベルク教会の入口のとびらに「95か条の質問状」をかかげて，免罪符の販売を批判した。95か条の質問状は，神学上の議論によって免罪符の販売を批判するもので，法王や教会の権威を否定するものではなかった。しかしルターは，しだいに法王や教会と対決する姿勢をあきらかにし，『キリスト者の自由』（1520年）などの著作で，ひとは信仰によってのみ義とされるのであり(信仰義認説)，その信仰のよりどころとなるのは聖書のみであり（聖書主義），信仰の世界では聖俗の区別はない（万人祭司主義），などの主張をおこなった。ルターの主張は，法王や教会の権威を否定し，神とひととを媒介

する聖職者の役割を否定するものであったので，1520年，法王はルターに主張の撤回をせまり，破門をもって威嚇した。ルターは，法王の破門威嚇状を公衆の面前でやきすて，翌年，破門の宣告をうけた。

　ドイツ皇帝（神聖ローマ皇帝）は法王のがわに立ち，ルターを召喚し，ルターに自説の撤回をもとめた。しかしルターが自説を撤回しなかったので，ドイツ皇帝はルターの教説を禁止し，ルターの人身保護を拒否した（1521年）。ルターは，ザクセン侯によって保護され，ワルトブルク城にかくまわれることになった。この城でルターははじめて，『新約聖書』のドイツ語訳を完成した（ルターは後年，『旧約聖書』のドイツ語訳も完成している）。ルターの教説は，法王や皇帝と対立するドイツ諸侯たちによって支持され，ドイツの北部・中部に急速にひろまった。皇帝は，フランスやトルコに対抗するため，一時ルターの教説を黙認していたが，1529年，ふたたびルターの教説を禁止した。ルター派の諸侯たちはこれに抗議（プロテスト）し，同盟をむすんで皇帝に対抗した。皇帝とルター派の諸侯たちとの抗争が20年ほどつづいたのち，「アウグスブルクの宗教和議」（1555年）で，諸侯に信仰の自由がみとめられた。しかしこの自由は領邦（諸侯の領地）ごとの信仰の自由であり，個人の信仰の自由がみとめられたわけではなかった。またカトリックとルター派のいずれかを選択する自由でしかなかった。ルターの教説は，都市市民や農民たちの支持をえて，ドイツおよび北ヨーロッパの諸国にひろまっていった。

　おなじころ，フランス生まれでスイスで活動していたカルヴァンも，原始キリスト教の精神を理想とする，あたらしいおしえをとなえていた。カルヴァンは，ルターよりもさらに徹底した聖書主義の立場をとった。かれは，聖書にもとづかない教義や儀式を否定し，信者は聖書のおしえにしたがって，勤勉で道徳的な生活を送るべきだと主張した。またかれは，だれが救われ，だれがほろびるかは，神によってあらかじめ決定されているとする予定説を説いた。カルヴァンの教説は，おもに都市市民たちの

支持をえて，イギリスやフランスやネーデルラントなど，西ヨーロッパの諸地域にひろまっていった。カルヴァン派のひとたちは，イギリスではピューリタン(清教徒)，フランスではユグノー，ネーデルラントではゴイセン（乞食）とよばれた。

　宗教改革によっておおくの地盤をうしなったカトリック教会の内部に，みずからの改革を実行して，うしなわれた地盤を回復しようとする運動がおこった。このカトリックのがわの改革運動（反宗教改革）として注目されるのは，イエズス会の設立（1534年）である。イエズス会は，スペインのイグナティウス・ロヨラやフランシスコ・ザビエルなどが結成した会で，おおくの熱心な布教師をヨーロッパ各地に送り，民衆の教化とカトリックの復興につとめた。イエズス会の活動によって，プロテスタント（ルター派やカルヴァン派）の拡大が阻止され，プロテスタントにうばわれたおおくの地盤が回復された。またイエズス会は，海外布教にも力をそそぎ，キリスト教世界の拡大に大きな役割をはたした。

　宗教改革と反宗教改革によって，カトリックとプロテスタントのあいだに生じた対立は，フランスやドイツなどで，はげしい宗教戦争をひきおこした。フランスでは，16世紀のなかごろ，プロテスタント（ユグノー）が急速に増加し，人口の約1割を占めるまでになっていた。フランス国王は，国内の統一を乱すものとして，プロテスタントを弾圧したので，プロテスタントの反発をまねき，ユグノー戦争とよばれる宗教内乱がおこった。この宗教内乱は1598年，アンリ4世によって，プロテスタントに信仰の自由をみとめる「ナントの勅令」が発令されるまでつづいた。（ナントの勅令を発令したアンリ4世は，内乱のなかで断絶したヴァロア朝のあとをうけて，ブルボン朝をはじめたひとでもある。）

　ドイツでは，プロテスタントの弾圧にたいして，ボヘミア地方のプロテスタントが反乱をおこし，三十年戦争とよばれる宗教戦争（1618年～

1648年)がはじまった。戦争の初期では,ドイツ皇帝がプロテスタント派の諸侯をやぶり,プロテスタント勢力を圧倒した。ドイツの強大化をおそれたデンマーク王が,プロテスタントを保護する名目で,ドイツに侵入したが,ドイツ皇帝軍はこれをやぶり,余勢をかってデンマークにまで進出した。北ヨーロッパの覇権をねらうスウェーデン王のグスタフ・アドルフが干渉にのりだし,ドイツに侵入した。グスタフ・アドルフは,ドイツ皇帝軍との戦いに勝利したものの,かれじしんは敵の銃弾をうけて戦死した。フランスも,スウェーデンやオランダと同盟をむすんで戦争に介入し,ドイツに出兵した。ドイツが戦場となり,ドイツの人口の半分以上がうしなわれたとされる三十年戦争は,1648年の「ウェストファリア条約」の締結でおわりをつげた。この条約によって,カトリックとプロテスタント(ルター派,カルヴァン派)は等しく信仰の自由をみとめられることになった。

　ネーデルラントは,16世紀半ば(1556年)いらい,スペイン領になっていた。ネーデルラントの北部はプロテスタント(ゴイセン)のおおい地域であり,南部はカトリック教徒のおおい地域であった。カトリック主義をとるスペインが,領内のプロテスタントを圧迫したので,ネーデルラント北部のプロテスタントは,信仰の自由をもとめて,独立運動をおこした。そして1581年,ネーデルラントの北部7州は,ネーデルラント連邦共和国(7州の中心であるホラント州の名前をとってオランダとよばれるようになった)として,独立を宣言した。独立宣言後のオランダは,東洋貿易や新大陸貿易によって,経済的に繁栄した。17世紀(とくに17世紀の前半)はオランダの黄金時代であり,首都のアムステルダムは世界商業・金融の中心地であった。そのオランダも,17世紀後半からはイギリスとの戦争や内紛によって弱体化し,18世紀以降はヨーロッパの一小国になった。

*

　イギリスのフランシス・ベーコンとならんで「近世哲学の祖」とされるデカルト（ルネ・デカルト）は，1596年3月31日，フランス中部のトゥレーヌ州のラ・エイという田舎町（現在では，ラ・エイ・デカルトあるいはたんにデカルトとよばれている）に生まれた。1596年は，アンリ4世がフランス王位について7年後にあたり，ナントの勅令によってユグノー戦争が終結する2年前にあたる。デカルトの父親はジョアシャンといい，ブルターニュの高等法院の評定官（司法官）をしていた。デカルトの母親はジャンヌといい，ポワトゥ州の高官の娘であった。父かたも母かたも，「法服貴族」とよばれる貴族の階層にぞくしていた。法服貴族というのは，中世いらいの封建貴族にたいして，近世以降に買官によって貴族の称号をえた新興の貴族のことである（そのおおくが司法官であったので，法服貴族とよばれた）。デカルトは，幼死した長子，兄と姉につづいて，4番目に生まれたこどもであった。

　デカルトの家はポワトゥ州のシャテルローにあったが，デカルトの母親は，ラ・エイに住んでいた母親（デカルトの祖母）のところでデカルトを出産した。そして1年後，5番目のこども（デカルトの弟）を死産して数日後になくなった。デカルトの父親はまもなく再婚し，ポワトゥ州の家をはなれて，べつのところに移り住んだ。デカルトはそのため，ラ・エイの祖母のもとにひきとられ，ひとりの乳母の手によってそだてられることになった。デカルトは終生，この乳母に思慕の念をもちつづけ，金銭的な援助をおしまなかった。みずからの死にさいしても，相続人に乳母のことをたのんでなくなったほどである。デカルトは，青白い顔をした，からだの弱い子であった。診断をうけた医者のだれからも，若死にするといわれていた。

　デカルトは10才のとき，ラ・フレーシュ学院に入学した。この学院は，

第6章　デカルト

アンリ4世が生地ラ・フレーシュの自邸をイエズス会にあたえてつくらせた学校であり，ヨーロッパでもっとも著名な学校のひとつであった。教師陣にもすぐれた人物がそろっており，デカルトによると，「学識のあるひとがこの世のどこかにいるとすれば，まさにここにこそいるはずだ」と思われたという。ラ・フレーシュ学院の教育は，5年間（あるいは6年間）の人文学の課程と，3年間の哲学の課程からなっていた。人文学の課程では，文法や歴史や詩学や修辞学などがおしえられ，ギリシア・ローマの古典が教材としてもちいられた。哲学の課程では，論理学や自然学や数学や形而上学などがおしえられ，アリストテレスの著作やスコラ哲学の文献などが教材としてもちいられた。ラ・フレーシュ学院の教育は，基本方針として，スコラ哲学の習得をめざすものであったが，あたらしい学問をすべて排除するほど保守的であったわけではなかった。ガリレイが望遠鏡をもちいて木星の衛星を発見したという報をうけ，ラ・フレーシュ学院では，ガリレイの新発見をたたえる詩が朗読されたとのことである。

　学院長（シャルレ神父）がデカルトの親戚でもあったので，デカルトはラ・フレーシュ学院に在学中，特別の待遇をうけていた。たとえば，健康上の理由から，ひとりだけ，寄宿舎で朝寝することをゆるされていた。朝寝することはデカルトの習慣になった。後年のデカルトは，10時間の睡眠をとり，めざめてからも寝床のなかで思索にふけるのがつねであった。午前中はずっと寝床のなかにいて，ときどきからだをおこして思いついたことを紙にメモしながら，思索をつづけた。昼食後は，座談や散歩などに時間をすごしたのち，4時ごろからは研究にうちこみ，研究は深更におよぶこともあったという。

　デカルトは，ラ・フレーシュ学院でまなんだいくつかの学問にたいして，失望を感じた。それらの学問は，学問をすれば人生に有用なことがらについての確実な認識がえられる，というデカルトの期待をうらぎるものであった。デカルトは人文学で論じられる，ストア学派の道徳論（古代

異教徒たちの道徳論)にたいして不満をもった。ストア学派の道徳論は,徳を賛美し,徳を尊重すべきことを説くが,いかにして徳を認識すべきかをおしえてくれない。それは,砂のうえにたてられた宮殿のようなものだ,という。デカルトはまた,スコラ哲学にたいしても強い不満をもった。スコラ哲学のなかには,疑う余地のないことがらはなにひとつ存在しない。スコラ哲学は,真実らしいにすぎないことがらをふくむものであって,確実なことがらをふくむものではない,という。デカルトはラ・フレーシュ学院でまなんだ学問のうち,確実で明証的な推理にもとづく学問として,数学は気に入っていた。しかし数学がなぜ,機械的技術に利用されるのみであり,もっとたかい目的のために利用されないのかがふしぎであり,不満でもあった。

デカルトは18才のとき,ラ・フレーシュ学院を卒業し,ポワティエ大学に入学した。ポワティエ大学では法学と医学をまなび,20才のとき,法学士の学位を取得した。

ポワティエ大学を卒業するやいなや,デカルトは,学校の教師たちにおそわった「書物の学問」をすてた。そして,「自分じしんのうちに見いだされうる学問,あるいはまた世間(世界)という大きな書物のうちに見いだされうる学問のほかは,もはやいかなる学問ももとめまいと決心して」,青年時代ののこりを旅行についやそうとした。旅行をして,「あちらこちらの宮廷や軍隊を見,さまざまな気質や身分のひとびとをおとずれ,さまざまな経験をかさね,運命がさしだすいろいろな事件のなかで自分じしんをためそうとした」のである。

デカルトは22才のとき,オランダのブレダにゆき,ナッサウ伯マウリッツの軍隊に志願将校として入隊した。戦闘に参加するために軍隊に入ったわけではなく,「世間という大きな書物」の勉強のひとつとして,軍隊の生活を体験しようとしたのである。学校を卒業した貴族の子弟が,世間修行のために軍隊に入ることは,当時よくあることであった。ナッサウ伯マウ

リッツは，オランダの独立宣言後の初代統領（オラニエ公ウィレム1世）の息子で，父親が暗殺されたのちは，スペインと戦ってオランダの独立をかため，オランダの独裁者となったほどのひとである。

　デカルトはブレダで，偶然，イサク・ベークマンという学者と知りあいになった。ベークマンはもとは医学者であったが，数学や自然学にもひろい知識をもつ，すぐれた学者であった。デカルトは，ブレダの街頭で，数学の問題がオランダ語で掲示されているのを見て，かたわらにいたひとにラテン語に訳してもらった。そのひとがデカルトに興味をもち，問題の解答をもとめると，デカルトは問題をみごとに解いて，そのひとをおどろかせた。そのひとがベークマンであったという。ベークマンはそのころ，自然の現象を数量的に考察することによって，自然学を数学的に構成するという研究をはじめていた。デカルトはベークマンとの交流によって，数学的自然学への関心をよびさまされ，数学が機械的技術に役立つばかりではなく，全宇宙の認識にも役立つということをおしえられた。デカルトはベークマンにあてた手紙のなかで，「あなたは，まどろんでいたわたしをよびおこし，真剣なしごとから迷っていた精神を，よりすぐれたことがらにひきもどしてくれたただひとりのひとなのです」とかいている。

　デカルトがブレダにきてまもないころ，ドイツで三十年戦争（1618年〜1648年）がはじまった。ドイツでは，アウグスブルクの宗教和議（1555年）ののちも，カトリック派とプロテスタント派との対立がつづいていた。ドイツ皇太子（フェルディナント）がボヘミア王に就任してプロテスタントの弾圧をはじめると，ボヘミアのプロテスタントたちはファルツ伯をボヘミア王に擁立して反乱をおこした（1618年）。ボヘミアの反乱はたちまち，カトリック派とプロテスタント派との全面的な戦争に発展した。戦争がはじまった翌年，デカルト（23才）は，その戦争を見るためにドイツに入り，バイエルン公（カトリック派）の軍隊に加わった。7月から9月にかけてフランクフルト・アム・マインでおこなわれた，新ドイツ皇帝

（フェルディナント）の戴冠式を見物したのち，デカルトはバイエルン公の軍隊にもどり，ドナウ川のほとりにあるウルムの近郊の村の宿舎に入った。しかしフランスの干渉もあって，戦闘はおこなわれず，バイエルン公の軍隊はべつの方面に移動した。デカルトは，おなじ宿舎にとどまって，冬のはじめの日々をすごすことになった。（ウルムは，20世紀の物理学者アインシュタインの出身地でもある。）

11月10日のこと，話相手もおらず，心をなやます心配ごともなかったので，デカルトは終日，炉部屋のなかにひとりとじこもって，思索にふけった。――ただひとりの人間がつくった作品のほうが，おおくの人間がつくった作品よりも完全である。たとえば建物のばあい，ただひとりの建築家が設計して完成した建物のほうが，おおくの人間が古壁などを利用してたてたものよりも，美しく，秩序だっている。また町のばあいも，ただひとりの技師が平野のなかで，思いのままに設計してつくった町のほうが，城下町にすぎなかったものがときがたつにつれて大きな町になったものよりも，全体のつりあいがとれている。また法律のばあいも，ただひとりの立法者がひとつの目的にむけてつくった法律のほうが，時代の経過とともにそのときどきのつごうを考えてつくった法律よりも，統一性をそなえている。学問のばあいも同様であって，良識あるひとりの人間が，確実な推理にもとづいて組み立てた学問のほうが，スコラ哲学のように，おおくの人間が，蓋然的な推理にもとづいてすこしずつ組み立てた学問よりも，真理にちかい。

「炉部屋での思索の1日」ののち，デカルトはなお数か月の時間をついやして，事物を認識する方法（学問の方法）について思索し，「自分の精神がたっしうるあらゆる事物の認識にいたるための，真の方法」をもとめようとした。デカルは，その方法として，論理学や幾何学や代数学の方法が役立つのではないかと考えた。しかし論理学の方法は，あたらしいことをまなぶのには役立たず，すでにまなんだことを他人に説明するのに役立つ

のみである。また，幾何学や代数学の方法も，きわめて抽象的な問題にしかもちいることができない。それゆえデカルトは，なにかべつの方法をもとめなければならないと考え，つぎの4つの規則をとりだした。厳格にまもる決心をしさえすれば，これら4つの規則でじゅうぶんであるという。第1は，明証的に真であるとみとめないいかなるものも，真としてうけいれないこと(明証性の規則とよばれる)。第2は，問題を，できるかぎりおおくの，小部分に分割して考えること(分析の規則とよばれる)。第3は，単純なものの認識からはじめて，すこしずつ段階的に，複雑なものの認識へと進むこと(総合の規則とよばれる)。第4は，なにものも見落とすことがなかったと確信しうるほどに，全体にわたる再検討をおこなうこと(枚挙の規則とよばれる)。デカルトはこれらの規則を適用して，幾何学や代数学のおおくの問題を容易に解くことができたという。

　デカルトは，数か月におよぶ長い思索をへて，哲学者としてあゆむ決意をかため，冬がまだおわりきらぬうちに，ウルム近郊の宿舎を出た。そして，オランダやフランスに滞在したのち，27才になるころ，イタリア旅行に出発した。アルプス越えの道でなだれが雷鳴のごとくにとどろくのをきき，ヴェネツィアで祝祭を見物し，ロレットで聖母寺院に参詣し，ローマで式典に参加した。イタリアのフィレンツェには時のひとガリレイ(デカルトよりも32才年上)がいたが，デカルトはガリレイには会っていない。

　デカルトは29才のとき，イタリア旅行をおえてフランスにもどり，約3年間，パリに滞在した。デカルトはパリで，バルザックのような文学者や，デザルグのような数学者や，メルセンヌのような神学者たちと交友関係をもった。メルセンヌは，フランシスコ会にぞくする修道士で，数学者や自然学者としても知られていたが，最大の功績は，学者たちの知的交流のためのサロンをひらいたことであった。メルセンヌのひらいたサロンには，ガッサンディやパスカルがおとずれ，亡命中のホッブズが

参加するなど，多彩な顔ぶれの学者たちがあつまり，情報の交換をおこなった（メルセンヌのサロンは，のちのフランス科学アカデミーの母胎となった）。デカルトはメルセンヌにふかい信頼をよせ，オランダ移住後は，メルセンヌを仲だちにしてフランスの学者たちとの通信をおこなった。オランダ移住後にデカルトがメルセンヌに送った手紙は140通にのぼっている。

　パリに滞在していたデカルト（31才）は，ある会合に出席して，シャンドゥなる人物の講演をきいた。シャンドゥはスコラ哲学を攻撃し，哲学の革新を説いて，出席者たちのかっさいをはくした。デカルトのみが平然としていて，すこしも感動したようすがなかったので，同席していた枢機卿のベリュルは，デカルトの意見をもとめた。デカルトはシャンドゥの哲学革新の意図には賛成しながらも，シャンドゥのいうあたらしい哲学なるものが，その原理においてあいまいであり，その方法においてふるく，けっきょくは真実らしく見えるだけのものにすぎないこと，つまりスコラ哲学とあまり変わりばえのしないものであることを，具体的な事例について論じた。そして，「哲学において，もっと明晰でもっと確実な原理を樹立し，それによって，自然がもたらす結果をいっそう容易に説明することが可能であろう」とのべた。デカルトの話は，ベリュルや他の出席者たちにふかい感銘をあたえた。ベリュルは数日後，デカルトをまねいて長時間，ひざをまじえて話しあい，かれの才能をあたらしい哲学の研究にささげることが神にたいする義務であり，神はかならずかれのしごとを祝福したもうであろうとはげました。ベリュルとの会見はデカルトに，明晰で確実な原理のうえにあたらしい哲学をきずくというみずからの使命を強く意識させることになった。

　デカルトは32才のとき，オランダに移った。そして約20年のあいだ，3回ほどフランスにかえることはあったが，ほとんどオランダをはなれることなく，オランダに住んだ。オランダに住んだといっても，ひとつの場所

第6章 デカルト

に定住していたわけではない。何度も住所を変えながら、フラネケル、アムステルダム、デフェンテル、それからまた、アムステルダム、ユトレヒト、ライデン、……と移り住んだ。約20年のあいだに、20数回も住所を変えたといわれる。デカルトが何度も住所を変え、ごく親しい人間をのぞいて、だれにも住所を知らせなかったのは、自由に思索し、研究する閑暇をうるためであった。だれにもわずらわされず、孤独と静寂のなかで真理の探求に没頭するためであった。デカルトはなによりも、心の平和をたいせつにし、「よく隠れた者こそ、よく生きた者である」というオヴィディウス（古代ローマの詩人）のことばを座右の銘にしていた。世間なみの名声をのぞまなかったわけではないが、名声によって自由と閑暇をうしなうことをおそれた。デカルトはメルセンヌにあてた手紙のなかでかいている。「わたしは名声というものを欲するよりもおそれます。名声はこれをうるひとたちの自由と閑暇を、つねになんらかのしかたで減少させるものと考えるからです。この2つのものをわたしはいま、完全に所有しているのであり、これをわたしから買いとれるほどゆたかな帝王は世界にひとりとしていないというくらいに、これを尊重しております。」

オランダは、ヨーロッパでもっとも「自由」にめぐまれた国であった。オランダは当時、スペインからの独立をはたし、東洋や新大陸との貿易によって経済的に繁栄していた。首都のアムステルダムは、世界貿易の中心としての地位を占めていた。学問や文化の面での発展もいちじるしく、ユトレヒト大学やライデン大学はヨーロッパじゅうからおおくの遊学者をあつめていた。レンブラントやフランス・ハルスなどの大画家が活躍したのもこのころである。デカルトは『方法序説』のなかで、「ここ（オランダ）でわたしは、他人のことに興味をもつよりは自分のしごとに熱心な、きわめて活動的なひとびとの群れのなかで、もっとも人口のおおい町でえられる生活の便宜をなにひとつ欠くことなく、しかも、もっともとおい荒野にいるのと同様な、孤独な、隠れた生活を送ることができた」とのべている。

またバルザックにあてた手紙のなかで,オランダのことを,「これほど完全な自由をあじわいうる国, これほどやすらかにねむりうる国, われわれをまもるために常時おこたりない軍隊のある国, 毒殺やうらぎりや中傷はどこよりもまれで, われわれの祖先の無邪気さのなごりをこれほどおおくとどめている国がほかにあるだろうか」とほめたたえている。

　デカルトは33才のころ,『世界論』という自然学の著作をかきはじめ,37才のころには, ほぼかきおえていた。しかしおなじころ, コペルニクスの地動説を支持していたガリレイが, ローマの異端審問所（検邪聖省）で有罪の宣告をうけた。デカルトはこのことを知って, 大きな衝撃をうけ, 印刷するばかりになっていた『世界論』の出版を断念した。『世界論』も地動説を重要な内容としてふくんでいたからである。『世界論』はデカルトが死んで10数年後に出版された。

　『世界論』は, 世界のなりたちや運動の原理などについてのべている。『世界論』によると, 世界は物体（物質）にみたされているが, その物体の本質は延長をもつ（空間の場所を占める）ということである。空虚（真空）は存在しない。空虚が存在しなくても, 物体が場所をゆずりあうことによって, 運動は可能である。運動している物体は, そとからの作用をうけないかぎり, おなじ状態の運動をつづける（慣性の法則）。また, ある物体が他の物体に衝突するとき, 一方がうしなう運動は他方がうる運動に等しく, 全体の運動の量は不変である（運動量保存の法則）。また, 物体の各部分はつねに直線運動をつづけようとする傾向をもつ。世界は神によって創造されたものである。神は創造したばかりの世界に運動をあたえ, その運動からおおくの円環運動が生じた。円環運動によって, 物体はおおくの粒子に分割され, もっとも小さい粒子はあつまって発光体（恒星や太陽）をつくった。そして, 中ぐらいの粒子は透明体（天空）をつくり, もっとも大きい粒子はあつまって不透明体（惑星や彗星）をつくった, という。

第6章 デカルト

　デカルトの哲学の著作のうち，とくに重要なものは，『方法序説』,『省察』,『情念論』の3つである。『方法序説』は，『方法序説および3試論』の「序文」である。『方法序説および3試論』には，長い「序文」のあとに，「屈折光学」,「気象学」,「幾何学」の3つの論文がおさめられている。「屈折光学」では，光の反射や屈折の現象が説明され，「気象学」では，雨，雷，虹などの現象が説明されている。そして「幾何学」では，幾何学と代数学との対応についての考察がなされている。『方法序説および3試論』が出版されたのは，デカルトが41才のときである。『省察』では，神が存在することや，精神と物体が独立の実体であることなど，デカルトの形而上学の考えかたがのべられている。『省察』が出版されたのは，デカルトが45才のときである。

　デカルトは47才のとき，デカルトの熱心な読者であったエリザベト王女（三十年戦争でプロテスタント派からボヘミア王におされて戦い，敗退してオランダに亡命したファルツ伯の娘。母親は英国王チャールズ1世の姉）から，ひとつの質問をうけた。『省察』で主張されているように，精神と物体が独立の実体であるならば，いったい精神（意志）はどのようにして物体（身体）を動かすことができるのか，という質問であった。デカルトは，この質問の重要性をみとめ，精神と身体の関係の問題について考察して，『情念論』をかいた。『情念論』が出版されたのは，デカルトが53才のときである。

　デカルトは生涯，結婚をしなかったが，20代のころ，身内の者から結婚をすすめられて，ひとりの女性としばらく交際したことがある。その女性と交際していたころ，デカルトは恋がたきから決闘をいどまれた。そのときデカルトは，相手の剣をうばいとってなげかえし，「きみの命があるのは，きみがいま命を賭けようとしたこの婦人のおかげだと思え」といったという。その女性はけっして不美人ではなかったが，デカルトは「真理の美にまさる美はない」とのべ，ていちょうに結婚をことわったそう

である。そのデカルトも，一度だけ，こどもをもったことがある。ヘレナというオランダ人の女中を愛して，39才のとき，娘をもうけた。この娘はフランシーヌと名づけられた。しかしフランシーヌは，わずか5才で，しょうこう熱でなくなってしまう。デカルトは，わが人生の最大のかなしみであるといってなげいたという。（フランシーヌがなくなったおなじ年に，デカルトの父親のジョアシャンもなくなっている。）

デカルトは45才のとき，ユトレヒト大学の神学教授ヴォエティウスとの論争にまきこまれた。ヴォエティウスは，カルヴァン主義の立場から，デカルト哲学を「無神論をひろめる」危険な思想であるとして攻撃し，大学にはたらきかけて，デカルト哲学についての講義を禁止するという措置をとらせた。デカルトも，「ヴォエティウスにあたえる公開状」をかいて反論したが，ヴォエティウスは今度は，ユトレヒト市にはたらきかけて，デカルト哲学についてのいっさいの出版を禁止するという布告をださせた。またデカルトが51才のときには，ライデン大学の神学者レヴィウスが，デカルト哲学を，人間の自由意志を過度に尊重するペラギウス主義（異端説）であるとして非難し，ライデン大学でもまた，デカルト哲学についての講義を禁止するという措置がとられることになった。デカルトにとって，オランダはもはや，「自由」の国でも，住みやすい国でも，安全な国でもなくなっていた。

デカルトがスウェーデンの女王クリスティナ（22才）の招請をうけたのは，ちょうどそのような時期であった。クリスティナは，三十年戦争でドイツに攻め入り，戦死したグスタフ・アドルフの娘である（父王の戦死により5才で即位）。クリスティナは，フランス公使としてストックホルムにいたデカルトの親友シャニュからデカルトのことをきき，デカルトの哲学に関心をもった。そして「神の愛」について，シャニュを介してデカルトの意見をもとめた。デカルトは，これにこたえて，愛についての長文の手紙をシャニュにあててかいた。クリスティナは，この「愛についての

第6章　デカルト

手紙」をよんでひじょうに感動し，さらに「最高善」（人生の究極の目的）について，ふたたびデカルトの意見をもとめた。デカルトは今度は，すでにかきあげていた『情念論』の第1部・第2部の原稿の写しなどを，シャニュを介してクリスティナに献上した。このようなやりとりがあったのち，クリスティナはデカルトから直接おしえをうけることを願い，デカルトをスウェーデンにまねく決心をした。デカルトは女王から，招請の手紙をうけとったが，熊と氷の北国にまででかけてゆくのは気の進まないことであった。しかし女王が軍艦までよこして招請につとめたので，さすがのかれもことわりきれず，でかけてゆく。デカルトが53才のときである。デカルトは9月にオランダを出発し，10月にストックホルムについている。

　女王はデカルトをていちょうにむかえ，デカルトがスウェーデンに永住できるようにとりはからった。年があけて1月より，女王はデカルトから，哲学の講義をうけることになった。1日のうちのいちばんしずかで，政務にわずらわされることのない自由な時間として，女王がえらんだ時間は，早朝の5時であった。女王は，週に2,3回，早朝の5時にデカルトを王宮に伺候させた。しかし幼少のころから，朝寝の習慣をもち，寝床のなかで瞑想することをこのんでいたデカルトにとって，厳寒の地での早朝のつとめはつらいことであったにちがいない。デカルトは2月のはじめに風邪をひき，肺炎を併発し，病床について9日目の2月11日，午前4時になくなった。享年53才であった。女王は盛大な葬儀を挙行しようとしたが，シャニュが質素な葬儀を主張し，デカルトの葬儀は質素にとりおこなわれた。

　デカルトの遺体はスウェーデンにほうむられ，死後17年たって，パリに送還された。現在，デカルトの墓は，パリのサン・ジェルマン・デ・プレ教会にある。棺をほりだして運ぶとき，ストックホルムとコペンハーゲンで棺がひらかれ，ストックホルムで頭蓋骨が盗まれ，コペンハーゲンで

ものこりの遺骨の一部が盗まれた。150年ののち,スウェーデンの化学者(ベルセリウス)が,フランス科学アカデミーの会員にえらばれてパリにきたとき,おみやげにデカルトの頭蓋骨をたずさえてきて,博物学者キュヴィエの手にわたした。現在,デカルトの頭蓋骨は,パリの人類博物館にある。頭蓋骨の上部には,スウェーデンの学者の作になる,デカルトをたたえる詩文がかきつけられている。それはつぎのような詩文(原文はラテン語)である。「このデカルトのドクロはまことに小さく,のこされた宝のよりおおくはフランス人の墓のなかにおさめられている。しかし,天才の名声は全世界にひろがっており,神々と合体したかれの敬虔な精神はつねにひとびとにかたりかける。」

＊

『**方法序説**』は,6部から構成されている。第1部では,ラ・フレーシュ学院でまなんださまざまな学問にたいするデカルトの感想がのべられている。デカルトは,とくに哲学(スコラ哲学)について,哲学は「あらゆることについてまことしやかな話をし,学あさいひとびとの賞賛をはくする手段をあたえる」が,哲学には「論争の余地のない,したがって疑いをいれる余地のないようなことがらはなにひとつ存在しない」とのべている。『方法序説』の第2部では,学問の方法についての考察がおこなわれている。デカルトは,ドイツの小村の宿舎で,学問の方法(事物を認識する方法)について思索し,つぎの4つの規則を立てた。第1に,明証的に真であるものしか,真としてみとめないこと。第2に,問題を,できるだけ,小部分に分割して考えること。第3に,単純なものの認識からはじめて,すこしずつ段階的に,複雑なものの認識に進むこと。第4に,見落としたものがないかどうかを,全体にわたって検討すること。『方法序説』の第3部では,自分の信念を吟味し,自分の意見(哲学)をつくりなおすあいだにも,日々の行動の決定においてしたがうべき,道徳の格率(方針)が

のべられている。デカルトは，その格率として，自国の法律にしたがい，幼児からの宗教をもちつづけて，穏健な意見にしたがうこと，自分の行動において，きっぱりした態度をとること（いったん決心したことには，したがいつづけること），運命を変えようとつとめるのではなく，自分の欲望を変えようとつとめることなどをあげている。『方法序説』の第4部では，デカルトの形而上学の考えかたがのべられている。デカルトによると，すべてのものを疑おうとしても，疑っている自分じしんの存在は疑うことができない。「わたしは考える，ゆえにわたしはある」という真理こそ，確実な真理である。「わたし」すなわち「精神」は，ひとつの実体であり，その本性あるいは本質は考えること（思考すること）である。神が存在することは，つぎのようにして証明することができる。わたしは不完全なものであるが，完全なもの（神）の観念をもっている。不完全なものから完全なものの観念が生ずることはないから，完全なものの観念は，神によってわたしのうちにおかれたものである。それゆえ，神が存在する（人性論的証明）。あるいはまた，つぎのようにして証明することもできる。神は完全なものであり，完全なものの観念のなかには存在ということがふくまれているから，神は存在する（存在論的証明）。『方法序説』の第5部では，自然学の問題，とくに心臓のしくみやはたらきについての問題が論じられている。『方法序説』の第6部では，デカルトがこの著作（『方法序説および3試論』）をかき，発表した理由がのべられている。

　『省察』も，6部から構成されている。第1部では，懐疑をもってはじめることの必要性がのべられている。デカルトによると，確実な知識をきずくためには，すべてのものを疑ってみなければならない。すべてのものを疑ってみるとき，感覚のおしえるものが確実ではないこと，数学の真理でさえも確実ではないことなどがわかる。『省察』の第2部では，精神の存在は確実であることがのべられている。デカルトによると，すべてのことを考えつくして結論せざるをえないこと，それは，「わたしはある，

わたしは存在する」は確実であるということである。「わたし」とは，考えるもの，すなわち「精神」であるから，精神の存在が確実であることになる。(「わたしは考える，ゆえにわたしはある」という表現は，『省察』には出てこない。)　『省察』の第3部では，神が存在することの証明がおこなわれている。デカルトによると，わたしは不完全なものであるが，完全なもの（神）の観念をもっている。不完全なものから完全なものの観念が生ずることはないから，完全なものの観念は，神によってわたしのうちにおかれたものである。それゆえ，神が存在する（人性論的証明。『方法序説』の証明とおなじ）。わたしがもっている神の観念は，そとから（感覚から）きたものではなく，自分がつくりだしたものでもなく，生得的なもの（生まれつきのもの）である。『省察』の第4部では，明晰かつ判明に知られることは真であることがのべられている。デカルトによると，神がわたしを欺くことはありえない（神が欺くということは，神が完全であるということと矛盾する）から，わたしが明晰かつ判明に理解することはすべて，わたしが理解するとおりに真である。『省察』の第5部では，ふたたび神が存在することの証明がおこなわれている。デカルトによると，神は完全なものであり，完全なものの観念のなかには存在ということがふくまれているから，神は存在する（存在論的証明。『方法序説』の証明とおなじ）。『省察』の第6部では，物体が存在することの証明がおこなわれている。デカルトによると，神は欺瞞者ではないから，物体の観念を直接わたしのなかに送りこんで，わたしを欺くことはありえない。それゆえ，物体の観念の原因として，物体が存在しなければならない。精神は不可分なものであるが，物体は可分的なものである。精神の本性（本質）は思考することであるが，物体の本性は延長（空間的なひろがり）をもつことである。

　『**情念論**』は，3部から構成されている。第1部では，精神と身体は松果腺において関係をもちうることがのべられている。デカルトによると，

第6章　デカルト

われわれの脳には，ひょうたん形をした脳室があり，前室と後室の通路のうえに小さな松果腺がぶらさがっている。精神と身体は，この松果腺という小部分において関係をもつことができる。身体におこる変化は，神経管をとおって脳室に伝達され，脳室内の動物精気の運動をひきおこす。その精気の運動が松果腺（精神の座）につたわり，精神に作用をおよぼす。逆に精神の作用は，松果腺の周囲に精気の運動をひきおこし，その運動が神経管をとおって伝達されて，身体の変化をもたらす。精神には，脳室内の精気の運動によってひきおこされ，影響をうける受動的な部分と，影響をうけない能動的な部分（理性や意志）とがある。精神の受動的な部分のことを「情念」という。『情念論』の第2部では，情念には6つの基本的な情念のあることがのべられている。デカルトによると，情念には，おどろき，愛，憎しみ，欲望，よろこび，かなしみ，という6つの基本的な情念がある。他の情念は基本的な情念の複合であるか，または基本的な情念の一種（変種）である。「おどろき」は，対象がわれわれの不意をついて出現するとき，精神をして，その対象を注意して見ようと意志させる情念である。「愛」は，精神をして，善いものであると感ぜられる対象と結合しようと意志させる情念である。「憎しみ」は，精神をして，悪いものであると感ぜられる対象からはなれていようと意志させる情念である。「欲望」は，精神をして，善いものをもとめ，悪いものをさけるよう，未来にむかって，意志させる情念である。「よろこび」は，精神がすでに善いものをもっているという考えから生ずる，快い感動の状態である。「かなしみ」は，精神がすでに悪いものをもっているという考えから生ずる，不快な無感動の状態である。『情念論』の第3部では，基本的ではないさまざまな情念についての説明がおこなわれている。デカルトによると，高邁（こうまい），高慢，謙遜，卑屈など，基本的ではない情念のうち，高邁の情念が重要である。「高邁」とは，自由意志を善くもちいることにのみ自己が賞賛されるべき理由があることを知り，自由意志を善くもちいようとする決意を

自己のうちに感ずることである。われわれは自己のうちに高邁の情念をもつように努力することによって、高邁の徳をわがものとすることができる。高邁の徳は、「すべての他の徳の鍵（かぎ）であり、あらゆる情念の迷いにたいする万能の薬である」。

§2. デカルトの哲学

デカルトは、ラ・フレーシュ学院というイエズス会の学校で、スコラ哲学を中心とする教育をうけた。しかしデカルトは、スコラ哲学にたいして、強い不満をもった。スコラ哲学には、論争の余地のない、したがって疑う余地のないようなことがらは存在しない。ひとつの問題については、真実の意見はひとつしかありえないはずなのに、おおくのことなる意見が（スコラ哲学者によって）主張されている。スコラ哲学は、真実らしいにすぎないことがらをふくむものであって、確実なことがらをふくむものではない。

スコラ哲学にたいして不満をもったデカルトは、みずから、あたらしい哲学をきずこうとした。もっとも確実な真理といえるものを土台にして、その土台のうえに、あたらしい哲学をきずこうとした。そしてもっとも確実な真理といえるものを見いだすために、すべての知識を疑うことから出発した。すべての知識を疑ってみて、すこしでも疑わしいものはこれを偽としてしりぞけ、疑おうとしても疑うことのできない、確実な真理を見いだそうとした。この疑いは、疑うための疑いではなく、確実な真理をえるための疑いであり、確実な真理をえる方法としての疑いであるから、「方法的懐疑」とよばれる。

感覚的な知識がまず、疑わしいものとしてしりぞけられる。感覚はあてにならないものであり、ときとしてわれわれを欺くものである。しかし、このようにいうひとがあるかもしれない。感覚はあてにならないもの

第6章　デカルト

であり，ときとしてわれわれを欺くものであるが，感覚的な知識のなかには，まったく疑うことのできないようなものもたくさんある。たとえば，自分がいま炉端にすわっていることとか，上衣を着ていることとか，赤い火を見つめていることなどである。このような，自分がいま体験している事実を，どうして否定することができようか。このような事実を否定するのは狂気のさたであるように思われる。そのとおりである。しかしわれわれは，夜になるとねむり，さまざまな夢を見る人間ではないか。われわれは，夢のなかで，いろいろな体験をする。じっさいはベッドのなかで横になっているのに，夢のなかで，空をとんだり，海をおよいだり，森のなかをさまよったりする。われわれが現実の世界と思っている世界も，じつは大きな夢の世界であるかもしれない。自分がいま炉端にすわっていることとか，上衣を着ていることとか，赤い火を見つめていることなども，夢ではないと断言することはできない。絶対に確実で，疑うことのできないような感覚的な知識は存在しないのである。

　数学的な知識もまた，疑わしいものとしてしりぞけられねばらない。われわれは，数学的な知識ほど確実な知識はないと思っている。現実の世界がくずれ去っても，すべてのものが夢であっても，数学的な知識がくつがえされることはないと思っている。しかしデカルトによると，数学的な知識も確実なものではないという。ある有能で，狡猾な「悪い霊」が存在して，つねにわれわれを欺いているかもしれないからである。（デカルトははじめ，「全能の神」がわれわれを欺いているかもしれないという想定をしたが，神が欺くというのは神の善性に反すると考え，「悪い霊」がわれわれを欺いているかもしれないという想定に変えた。）われわれは，2に3を加えると5になることは自明の真理であると考えている。しかし狡猾な悪い霊がいて，われわれが2に3を加えるたびごとに，われわれがあやまるようにしむけているのかもしれない。また数学の定理は，おおくのばあい，補助的な定理をもちいて証明される。数学の定理の証明は，それゆえ，

補助的な定理が証明されたという記憶にたよっているのである。しかし，記憶にはあやまりの可能性があり，狡猾な悪い霊がいて，われわれの記憶をあやまらせ，われわれを欺いているかもしれないのである。それゆえ数学の真理は，2に3を加えると5になるというような単純な真理も，補助的な定理をもちいて証明されるような真理も，ふつうに思われているほど，確実なものではないのである。

　こうして，感覚的な知識は疑わしいものであり，数学的な知識も疑わしいものである。おおくの知識は疑わしいものであり，確実なものではない。では，すべての知識が疑わしいものであり，確実な知識は存在しないのであろうか。そうではない，とデカルトはいう。疑おうとしても疑うことのできない，確実な知識が存在する。それは疑っている自分じしんの存在である。さまざまな知識を疑い，偽であると考えている自分じしんの存在である。考えている自分じしんの存在だけは，疑おうとしても疑うことのできない，確実な真理である。考えている自分じしんが存在するということ，すなわち，「わたしは考える，ゆえにわたしはある」（コギト・エルゴ・スム）ということが，もっとも確実な真理である。デカルトは，このもっとも確実な真理を「哲学の第一原理」とみなし，その原理のうえにみずからの哲学をきずこうとした。

　「わたしは考える，ゆえにわたしはある」というデカルトの原理にたいしては，いろいろな批判がよせられた。デカルトと同時代のガッサンディ（1592年～1655年；フランスの哲学者・数学者。エピクロスの原子論に共鳴）は，2つの観点から，デカルトの原理を批判した。

　ガッサンディによると，「わたしは考える，ゆえにわたしはある」というのは，三段論法の大前提が省略されたものである。すなわち，「すべて考えるものは存在する。しかるにわたしは考えるものである。ゆえにわたしは存在する」という三段論法の，「すべて考えるものは存在する」という

第6章　デカルト

大前提が省略されたものである。そして、「わたしは存在する」という結論をみちびく2つの前提のうち、原理としてより重要であるのは、「わたしは考えるものである」という小前提のほうではなく、「すべて考えるものは存在する」という大前提のほうである。それゆえ、もっとも基本的な原理と考えられるのは、「わたしは考える」という小前提でも、「わたしは存在する」という結論でもなく、「すべて考えるものは存在する」という大前提なのではないか。これにたいしてデカルトは、「わたしは考える、ゆえにわたしはある」というのは三段論法（の省略形）をあらわしたものではない、という。「わたしは考える、ゆえにわたしはある」というのは、考えている自分じしんが存在するという、直観によって直接的に知られる事実をあらわしたものであって、三段論法によって間接的に知られる事実をあらわしたものではない、というのである。

　ガッサンディによるとまた、「わたしは考える」という事実をもちいてわたしの存在をみちびくデカルトの方法が、わたしの存在をみちびく唯一の方法ではないという。「作用する（はたらく）ものは存在する」ということは一般的にいえることであって、わたしの存在をみちびくためには、考えるというはたらきのみならず、どのようなはたらきでももちいることができるはずである。たとえば、歩くというはたらきをもちいて、「わたしは歩く、ゆえにわたしはある」といってもよいではないか。これにたいしてデカルトは、つぎのように反論する。「わたしは歩く」ということは、感覚にもとづく知識であって、確実な知識ではない。夢のなかでは、ほんとうはねむっているのに、歩いていると思っているではないか。確実な知識であるのは、「わたしは歩く」ということではなく、「わたしは歩いているのを意識している」、「わたしは歩いていると考えている」ということなのだ。「わたしは考える」というところまでいってはじめて確実な知識といえるのである。ガッサンディは、よく考えもしないで、「わたしは歩く、ゆえにわたしはある」などというが、それに吟味を

加えると, けっきょく, 「わたしは考える, ゆえにわたしはある」ということに帰着するのである。

「わたしは考える, ゆえにわたしはある」。では「わたし」とはなにか。「わたし」とは, 考えるもの, すなわち精神である。それゆえ「わたしは考える, ゆえにわたしはある」は, 精神の存在を主張している。「わたしは考える, ゆえにわたしはある」が確実な真理であるということは, 精神の存在が確実な真理であるということである。

デカルトは, 精神の存在をたしかめたのち, 神の存在の証明にむかう。デカルトは, 神が存在するということをつぎのようにして証明する (この証明は「人性論的証明」とよばれる)。われわれ人間は, みずからが不完全なものであることを知っている。人間は, 完全なものの観念をもっており, それとの対比において, みずからが不完全なものであることを知るのである。その完全なものの観念, すなわち神の観念は, 人間がつくりだしたものではありえない。なぜなら, 人間は不完全なものであり, 不完全なものが完全なものの観念をつくりだすことは不可能であるからである。「無から有は生じない」ように, 不完全なものから完全なもの (の観念) が生ずることはありえない, とデカルトはいう。神の観念は, したがって, 神じしんによって人間にあたえられたものである。ゆえに, 神が存在しなければならない。ところで人間のもつ観念には, 3種類のものがある。感覚によってそとからあたえられたもの (太陽の観念のような) と, 人間がつくりだしたもの (セイレンの観念のような) と, 人間に生まれつきそなわっているものとである。神の観念は, 感覚によってそとからあたえられたものでも, 人間がつくりだしたものでもなく, 人間に生まれつきそなわっているものである。神は, 人間を創造するにあたって, 「あたかも工匠がかれの作品に自分のしるしを刻印するように」, みずからの観念を人間のなかにうえつけたのである。

第6章 デカルト

　デカルトは，精神の存在をたしかめ，神の存在をたしかめたのち，物体の存在の証明にむかう。デカルトは，物体が存在するということをつぎのようにして証明する。人間は物体の感覚（観念）をもつが，その感覚は，人間の意志にかかわりなく生ずるものである。あるものを感覚しようと意志して，感覚が生ずるわけではないし，あるものを感覚すまいと意志して，感覚が生じなくなるわけでもない。物体の感覚がこのように，人間の意志にかかわりなく生ずるものであることは，物体の感覚は人間のそとに存在する物体に由来するという信念を人間にもたせる。そして神は欺瞞者ではないから，みずから物体の感覚を直接に人間のなかに送りこんで，人間を欺く（人間の信念をうらぎる）ということはありえない。それゆえ，人間のそとに感覚の原因としての物体が存在しなければならない。

　こうして，神と精神と物体の存在がたしかめられた。デカルトによると，神と精神と物体が「実体」である。デカルトのいう「実体」とは，それじしんで存在するもの，すなわち，他のものに依存しないで独立に存在するものである。神と精神と物体のうち，神のみが他のものに依存しないで存在するものであり，精神と物体は神に依存して存在するものであるから，真の意味で「実体」とよべるのは神のみである。しかし精神と物体も，たがいに他のものに依存しないで独立に存在するものであるから，「実体」とよばれる。精神と物体が，たがいに他のものに依存しないで独立に存在する2つの実体であるとするのが，デカルトの心身二元論である。これら2つの実体のうち，精神という実体の本性（本質）は，思考することであり，物体という実体の本性は，延長をもつことである。思考するとは，疑う，理解する，意志するなどのことであり，延長をもつとは，空間的（3次元的）なひろがりをもつということである。

　物体は，延長をもつということを本性とするものであり，形相（実体的形相）や目的をもたないものである。物体は形相や目的をもたないとする考えかたから，「機械論的自然観」がみちびかれる。機械論的自然観によると，

自然界の変化は物体の運動であり，その物体の運動は，無目的で機械的な運動である。物体の運動は，目的にむかった運動ではなく，機械的な法則にしたがった運動である。運動をひきおこす原因は，目的としての原因ではなく，物理的条件（の充足）としての原因である。目的によって運動がおこるわけではなく，物理的条件がととのうことによって運動がおこるのである。たとえば，雨がふるという現象は，植物の成長を可能にするというような目的によっておこるのではなく，空気中の水蒸気の量が限度にたっするというような物理的条件がととのうことによっておこるのである。目的としての原因はいわば「ひく力」のようなものであり，物理的条件としての原因は「おす力」のようなものである。「ひく力」をみとめず，「おす力」のみをみとめるのが，機械論的自然観であるといえる。機械論的自然観にたいして，アリストテレスやスコラ哲学の自然観のように，自然界の変化は目的にむかった物体の運動であるとする考えかたのほうは，「目的論的自然観」とよばれる。目的論的自然観は，「おす力」よりも「ひく力」のほうを重視する考えかたである。

　デカルトによると，人間や動物の身体は，物体から構成された機械のようなものであり，機械論的に説明できる。（たとえば心臓は，一種の熱機関である。心臓が膨張するのは，静脈から入ってきた血液が，心臓の熱で熱せられて希薄になり，膨張するからである。熱せられて希薄になった血液は，肺で冷却されて，ふたたび濃厚になる。）人間や動物の身体は，機械論的に説明できるのであるが，精神は，物体から構成されているわけではないから，機械論的に説明できない。精神は機械的法則による支配をうけないものであり，精神をもつのは人間のみである。人間のみが精神をもつことは，人間のみが言語をあやつり，理性的な行動をすることからわかる。動物は精神をもたず，身体のみをもつ存在である。動物は自動機械のようなものであり，どのように複雑な動きをするばあいでも，ただ機械的に，反射的に動いているにすぎない。デカルトは，動物を時計にたとえて

いる。精神をもたない動物が，諸器官をはたらかせてたくみな行動をすることができるのは，あたかも時計が，歯車とぜんまいとだけから組み立てられているにもかかわらず，きわめて正確に時間をきざむことができるようなものである。(機械式の時計は，1300年ごろにイタリアの修道院のなかで発明され，ヨーロッパの各地にひろまった。デカルトの時代には，かなり精巧な時計がつくられるようになっていた。)

　精神と物体を独立の実体とすることから，つぎのような問題が生ずる。精神と物体が独立の実体であり，たがいに他のものに依存しないで存在するものであるならば，人間のなかで，精神と身体（物体）はいかにして関係をもつことができるのか，という問題（心身問題）である。じっさい精神と身体は，人間のなかで，関係をもっているようにみえる。精神のはたらきが身体の動きとなってあらわれる（たとえば手をもちあげようと意志すれば，手をもちあげることができる）し，身体の状態が精神の状態に影響をおよぼす（たとえば胃の調子が悪ければ，気分が憂うつになる）。精神と身体が独立の実体であれば，このようなことはおこらないはずではないか。デカルトは，精神と身体の関係の問題にたいして，つぎのようにこたえる。精神と身体は，脳のなかの「松果腺」において関係をもつことができる。人間の脳のなかには，脳室とよばれる部屋があり，その中央に小さな松果腺がぶらさがっている。身体（感覚器官）におこる変化は，神経管をとおって脳室につたえられ，脳室のなかに「動物精気」(血液が希薄化されたもの) の運動をひきおこす。その動物精気の運動が松果腺（精神の座）につたわり，精神に作用をおよぼす。逆に精神の作用は，松果腺の周囲に動物精気の運動をひきおこし，その運動が神経管をとおってつたえられて，身体（筋肉）の変化をもたらす，というのである。しかし精神と身体が独立の実体であるならば，松果腺という小部分においてであれ，精神と身体は関係をもつことができないはずであるから，デカルトの説明は，心身問題にたいする解決にはなっていない。心身問題は，デカルトの説明に

もかかわらず，未解決のままにのこされたといわなければならない。(松果腺はじっさいに，間脳の視床上部に存在する。松果腺は，現代の生理学では，メラトニンという生体リズムを調節するホルモンをだす内分泌腺と考えられている。)

デカルトは，「近世哲学の祖」であると同時に，「大陸合理論の祖」でもある。大陸合理論は，人間の知識活動における理性のはたらきを重視する考えかたにとくちょうがある。デカルトによると，理性（良識）はすべての人間に平等にあたえられているものであり，人間は理性を正しくもちいることによって，確実な知識をえることができる。理性による知識が確実な知識であり，経験による知識は確実な知識ではない。経験による知識は，理性による知識をおぎなうものにすぎない。デカルトによってはじめられた大陸合理論は，スピノザやライプニッツなどの哲学によってうけつがれた。

スピノザ（1632年〜1677年；オランダの哲学者。アムステルダムに，ユダヤ人の商人の子として生まれる。ユダヤ教の教義や信仰に疑問をもつようになり，23才のとき，ユダヤ教会から破門される。レンズみがきで生計を立てながら，孤独のうちに一生を送り，肺結核で死去。主著『エチカ』）は，「神すなわち自然」という汎神論の主張で知られている。スピノザによると，精神や物体は実体ではなく，神のみが実体である（一元論）。すべてのものは神のあらわれであり，精神や物体も神のあらわれである。精神は精神とのあいだに因果関係をもち，物体は物体とのあいだに因果関係をもつ。精神と物体（身体）とのあいだに，因果関係は存在しない。精神と身体とのあいだに存在する関係は，因果関係ではなく，平行的な対応関係である。

ライプニッツ（1646年〜1716年；ドイツの哲学者・数学者。政治家・外交官としても活躍。ライプツィヒに，ライプツィヒ大学教授の子として

生まれる。ニュートンとならんで微積分学の創始者とされている。仕えていたハノーヴァー侯が英国王にむかえられたとき随行を願い出るがみとめられず，ハノーヴァーで死去。主著『単子論』は，モナド（単子）の理論で知られている。ライプニッツによると，無数の不可分なモナドが実体である（多元論）。モナドは，原子とはことなり，非物体的なものであり，空間的規定をもたないものである。すべてのものはモナドからなり，精神と物体もモナドからなる。個々のモナドは，それぞれ，全宇宙を表象している。モナドは，相互に因果関係をもたない（モナドは窓をもたない）のであるが，あらかじめ神によって調和的にふるまうようにつくられている（予定調和説）。モナドからなる精神と身体（物体）も，相互に因果関係をもたず，あらかじめ神によって調和的にふるまうようにつくられている。精神と身体は，正確につくられた2つの時計のようなものである。2つの時計はなんの関係ももたないが，2つの時計はつねに一致した動きをする。

*

「良識はこの世でもっとも公平に配分されているものである。というのは，だれもかれもそれをじゅうぶんにあたえられていると思っていて，他のすべてのことでは満足させることのはなはだむずかしいひとびとでさえも，良識については，自分がもっている以上をのぞまぬのがつねだからである。そしてこの点において，まさかすべてのひとがあやまっているとは思われない。むしろそれはつぎのことを証拠だてているのである。すなわち，よく判断し，真なるものを偽なるものから分かつところの能力，これがほんらい良識または理性と名づけられるものだが，これはすべてのひとにおいて生まれつき相等しいこと。したがって，われわれの意見がまちまちであるのは，われわれのうちのある者が他の者よりもよりおおく理性をもつからおこるのではなく，ただわれわれが自分の考えをいろいろ

ちがった途（みち）によってみちびき，また考えていることが同一のことでない，ということからおこるのであること。というのは，よい精神をもつというだけではじゅうぶんではないのであって，たいせつなことは精神をよくもちいることだからである。もっとも大きな心は，もっとも大きな徳行をなしうるとともに，もっとも大きな悪行をもなしうるのであり，ゆっくりとしか歩かないひとでも，もしいつもまっすぐな途をとるならば，走るひとがまっすぐな途をそれるばあいよりも，はるかにさきへ進みうるのである。」

（『方法序説』第１部）

「当時わたしはドイツにいた。そこでいまなお（1637年）おわっていないあの戦争（三十年戦争。1618年〜1648年）に心ひかれてわたしはそこへいっていたのである。そして皇帝の戴冠式を見たのち，軍隊にかえるとちゅう，冬がはじまってある村にとどまることになったが，そこにはわたしの気をちらすような話の相手もおらず，また幸いなことになんの心配も情念もわたしの心をなやますことがなかったので，わたしは終日炉部屋にただひとりとじこもり，このうえなくくつろいで考えごとにふけったのであった。さてそのとき考えた最初のことどものひとつは，おおくの部分から組み立てられ，おおくの親方の手でできた作品には，おおくのばあい，ただひとりが仕上げた作品におけるほどの完全性は見られない，ということをいろいろな方面からよく考えてみようと思いついたことであった。たとえば，ただひとりの建築家が設計し完成した建物は，ほかの目的のためにつくられたふるい城壁などを利用することによって，おおくのひとの手でとりつくろわれてできあがった建物よりも，美しくまた秩序だっているのがつねである。同様にまた，はじめ城下町にすぎなかったのが，ときがたつにつれて大きな町となったところのふるい都市は，ひとりの技師が平野のなかで思いのままに設計してつくった規則正しい町に比べると，たいていは全体のつりあいがとれておらず，なるほどそのなかの建物

をひとつひとつべつべつに見れば，あたらしい町の建物に見られるとおなじくらいの，あるいはそれ以上のたくみが見いだされはするけれども，しかしそれらの建物が，ここには大きいのが，あちらには小さいのが，というふうにならんでいるのを見，またそのために街路がまがりくねり，高低（たかひく）になっているのを見ると，それらをそのようにならべたものは，理性をもちいる人間の意志であるよりはむしろ偶然である，といいたくなる。（中略）同様にしてまた，わたしはこうも考えた。書物による学問，すくなくともその推理が蓋然的であるにすぎず，なんらの論証をももたないところの学問は，おおくのちがったひとびとの意見からすこしずつ組み立てられ，ひろげられてきたものであるから，良識あるひとりのひとが，眼のまえにあらわれることがらにかんして，生まれつきのもちまえでなしうる単純な推理ほどには，真理にちかくありえない，と。」

（『方法序説』第2部）

「ほんのわずかの疑いでもかけうるものはすべて，絶対に偽なるものとしてなげすて，そうしたうえで，まったく疑いえぬなにものかが，わたしの信念のうちにのこらぬかどうか，を見ることにすべきである，と考えた。かくて，われわれの感覚がわれわれをときには欺くゆえに，わたしは，感覚がわれわれの心にえがかせるようなものはなにものも存在しない，と想定しようとした。つぎに，幾何学のもっとも単純な問題についてさえ，推理をまちがえて誤謬推理をおかすひとびとがいるのだから，わたしもまた他のだれともおなじくあやまりうると判断して，わたしが以前にはあきらかな論証と考えていたあらゆる推理を，偽なるものとしてなげすてた。そして最後に，われわれが目ざめているときにもつすべての思想がそのまま，われわれがねむっているときにもまたわれわれにあらわれうるのであり，しかもこのばあいはそれらの思想のどれも，真であるとはいわれない，ということを考えて，わたしは，それまでにわたしの精神に入りきたったすべてのものは，わたしの夢の幻想と同様に，真ならぬものである，と

仮想しようと決心した。しかしながら，そうするとただちに，わたしは気づいた。わたしがこのように，すべては偽である，と考えているあいだも，そう考えているわたしは，必然的になにものかでなければならぬ，と。そして〈わたしは考える，ゆえにわたしはある〉というこの真理は，懐疑論者のどのような法外な想定によってもゆり動かしえぬほど，堅固な確実なものであることを，わたしはみとめたから，わたしはこの真理を，わたしのもとめていた哲学の第一原理として，もはや安心してうけいれることができる，と判断した。」

(『方法序説』第4部)

「そこでわたしは，真理の源泉である最善の神がではなく，あるいは悪い霊が，しかも，このうえなく有能で狡猾な霊が，あらゆる策をこらして，わたしをあやまらせようとしているのだ，と想定してみよう。天も，空気も，地も，色も，形も，音も，その他いっさいの外的事物は，悪い霊がわたしの信じやすい心を罠（わな）にかけるためにもちいている，夢の計略にほかならない，と考えよう。また，わたしじしん，手ももたず，眼ももたず，肉ももたず，血ももたず，およそいかなる感覚器官をももたず，ただあやまって，これらすべてのものをもっていると思いこんでいるだけだ，と考えよう。

わたしは頑強にこの省察を堅持してふみとどまろう。そうすれば，たとえ，なにか真なるものを認識することはわたしの力にはおよばないにしても，しかし，つぎのことだけは確かにわたしにできるのである。すなわち，偽であるものにはけっして同意しない，ということである。それゆえわたしは，あの欺き手が，どんなに有能であろうと，どんなに狡猾であろうと，わたしになにものをもおしつけることのできないよう，つとめて用心しよう。」

(『省察』第1部)

「アルキメデスが，地球全体をその場所からよそへ動かすためにもとめ

第6章　デカルト

たものは，確固不動の一点だけであった。したがってわたしも，たとえほんのわずかでも，なにか確実でゆるぎないものを見いだすならば，大きな希望をいだいてよいはずである。

ゆえにわたしは，わたしの見るものはすべて偽であると想定しよう。偽りおおい記憶のしめすものは，なにひとつ，けっして存在しなかったのだ，と信じよう。わたしは，まったく感覚器官をもたないとしよう。物体，形状，延長，運動，場所などは幻影にすぎぬとしよう。それならば真であるのはなんであろうか。おそらくこのひとつのこと，すなわち，なんら確実なものはないということ，だけであろう。

しかしわたしは，いまわたしのあげたものとはべつのもので，しかも疑う余地がすこしもないようなもの，はなにもないということを，いったいどこから知るのであろうか。なにか神のごとき全能者がいて，これを神といって悪ければどのような名でよんでもよいが，これがわたしにそういう考えをそそぎこむのではあるまいか。しかし，どうして神などをもちだすのか。おそらくはわたしじしんがそういう考えの作者でありうるのに。

それならば，すくなくともこのわたしはなにものかであるはずではないか。けれどもわたしは，わたしがなんらかの感覚器官をもつこと，なんらかの身体をもつことを，すでに否定したのである。しかしわたしはためらいをおぼえる，それではどういうことになるのか，と。わたしは身体や感覚器官にしっかりとつながれていて，それらなしには存在しえないのではないか。けれどもわたしは，世にはまったくなにものもなく，天もなく，地もなく，精神もなく，物体もないと，みずからを説得したのである。それならば，わたしもまたない，と説得したのではなかったか。

いな，そうではない。むしろ，わたしがみずからになにかを説得したのであれば，わたしはたしかに存在したのである。しかしながら，いま，

だれか知らぬが，きわめて有能で，きわめて狡猾な欺き手がいて，策をこらし，いつもわたしを欺いている。それでも，かれがわたしを欺くのなら，疑いもなく，やはりわたしは存在するのである。欺くならば，力のかぎり欺くがよい。しかし，わたしがみずからをなにものかであると考えているあいだは，けっしてかれはわたしをなにものでもないようにすることはできないであろう。

このようにして，わたしは，すべてのことを存分に，あますところなく考えつくしたあげく，ついに結論せざるをえない。〈わたしはある，わたしは存在する〉というこの命題は，わたしがこれをいいあらわすたびごとに，あるいは，精神によってとらえるたびごとに，必然的に真である，と。」

(『省察』第2部)

「それゆえここで，精神は脳の中心にある小さな腺（松果腺）のうちにそのおもな座をもち，そこから身体のすべての他の部分に，精気や神経や，さらには血液をも介して，作用をおよぼす，と考えよう。血液も精気の印象にあずかることによって，その印象を，動脈によりすべての肢体に運ぶことができるのである。そして，まずわれわれの身体の機構についてすでにのべられたことを思いだすとしよう。すなわち，われわれの神経の細い糸は，身体のあらゆる部分にゆきわたっていて，ある身体部分において，感覚の対象によってひきおこされるさまざまな運動に応じて，神経は脳の孔（あな）をさまざまにひらくが，このことによって，脳室にふくまれている動物精気は，さまざまなしかたで筋肉に入りこむことになり，そうすることによって神経は肢体を，それらが動かされうるかぎりのさまざまなしかたで動かすことができること。さらにまた，精気をさまざまに動かしうる他のすべての原因は，精気をさまざまな筋肉に入りこませるのにじゅうぶんであること。これらのことを思いだしたうえで，ここにあらたにつぎのことをつけ加えよう。すなわち，精神のおもな座である小さな腺は，精気を容れている2つの脳室のあいだにつるされていて，精気によって，

対象のもつ感覚的多様に対応する多様なしかたで動かされうること。しかし，この腺はまた精神によってもさまざまに動かされることができるのであり，精神はこの腺のうちにおこる多様な運動に対応する多様な知覚をうけとるという性質をそなえていること。また，逆にこの腺は，精神または他のなんらかの原因によってさまざまに動かされるということのみによって，腺をとりまいている精気を脳のおおくの孔のほうへおしやり，その孔は神経をつうじて精気を筋肉のなかへ送りこみ，こうすることによって腺は筋肉をして肢体を運動せしめるのであること。」

(『情念論』第1部)

「それゆえわたしの考えでは，人間をして正当に自己を重んじうる極点にまで自己を重んぜしめるところの真の〈高邁〉(こうまい) とは，一方では，自己が真に所有するといえるものとしては，自分のもろもろの意志作用の自由な使用しかなく，自己がほめられとがめられるべき理由としては，意志を善くもちいるか悪しくもちいるかということしかない，と知ることであり，また他方，意志を善くもちいようとする確固不変の決意を自己じしんのうちに感ずること，すなわち，みずから最善と判断するすべてを企て実現しようとする意志を，どんなばあいにもすてまいとするところの，いいかえれば，完全に徳にしたがおうとするところの，確固不変の決意を自己じしんのうちに感ずることである。(中略)

このような意味で，高邁なひとびとはそのもちまえからいって，偉大なことをしようという心組みでいるが，しかし，自分にできると感じないことは企てようとはしない。そしてかれらは，他のひとびとに善いことをし，そのために自分じしんの利害を軽視する，ということをもっとも偉大であると考えるから，かれらはだれにたいしても，申しぶんなく礼儀正しく愛想よく，親切である。そのうえ，かれらは自分の情念を完全に支配している。とくに，かれらは自分の力で獲得しえないもので，自分が大いにのぞむだけの値打ちのあるものはない，と考えるから，〈欲望〉や

〈執心〉や〈羨望〉に動かされず，また他の人間をすべて重んじているから，人間にたいする〈憎しみ〉に動かされず，さらに自分の徳にたいする信頼がかれらを安心させているので，〈おそれ〉に動かされず，最後に，他人に依存するすべてのものをただ軽くしか見ず，敵の優越性によって自分が傷つけられるとみとめるほど，敵に優越性をゆるすことはけっしてないのであるから，かれらは〈怒り〉にも動かされないのである。」

（『情念論』第 3 部）

*

『方法序説』デカルト 著（谷川 多佳子 訳）岩波文庫
『方法序説』デカルト 著（山田 弘明 訳）ちくま学芸文庫
『省察』デカルト 著（三木 清 訳）岩波文庫
『省察』デカルト 著（山田 弘明 訳）ちくま学芸文庫
『情念論』デカルト 著（谷川 多佳子 訳）岩波文庫
『哲学原理』デカルト 著（桂 寿一 訳）岩波文庫
『精神指導の規則』デカルト 著（野田 又男 訳）岩波文庫
『デカルト』(世界の名著 27；「世界論」,「方法序説」,
　「省察」,「哲学の原理」,「情念論」,「書簡集」) 中央公論社
『デカルト著作集』(全 4 巻) 白水社

あとがき

　哲学と科学は, 世界の見かた（世界はどのようなものか）についての主張をふくむ点ではおなじである。では哲学と科学はどこがちがうのだろうか。いろいろなちがいを指摘できるであろうが, ひとつの重要なちがいは, 科学（とくに自然科学）が価値判断をふくまないものであるのにたいして, 哲学は価値判断をふくむものであるという点であろう。科学は, 事実をあるがままに記述するものであり, 価値判断をふくまないものである。科学はそれゆえ, 事実の問題にこたえることはできるが, 価値の問題にこたえることはできない。事実の問題は「いかにあるか」ということであり, 価値の問題は「いかにあるべきか」ということである。「いかにあるか」ということと「いかにあるべきか」ということはまったくことなることであり,「いかにあるか」ということをいくら追求しても「いかにあるべきか」ということは出てこない。科学は「いかにあるか」という事実の問題にこたえることはできるが,「いかにあるべきか」という価値の問題にこたえることはできない。しかし哲学は,「いかにあるべきか」という価値の問題にもこたえることができなければならない。たとえば「人間はいかにあるべきか」,「社会はいかにあるべきか」などの問題にもこたえることができなければならないであろう。価値の問題は価値判断によってこたえられるものであり, 哲学は価値判断をふくまなければならない。科学が価値判断をふくまないものであるのにたいして, 哲学は価値判断をふくむものであるという点が, 科学と哲学の大きなちがいである。

　また哲学と宗教は, 人生の見かた（人生はどのようなものか）についての主張をふくむ点ではおなじである。では哲学と宗教はどこがちがうのだろうか。ひとつの重要なちがいは, 宗教がなによりも教義を信じることを優先させ, 教義を信じるためには理性の立場を放棄することも厭わないとするのにたいして, 哲学は最後まで理性の立場にとどまり, 理性の立場を

つらぬこうとする点であろう。どのような宗教でもおおかれすくなかれ，自己の教義を真理であるとする理由づけをもっているから，教義をある程度までは理性の立場で理解することができる。しかし教義のすべてを理性の立場で理解することはできないのであり，理性の立場で理解しようとしても，どうしても理解できない部分がのこる。教義のすべてをうけいれ，信じることができるためには，どこかで理性の立場を放棄しなければならない。理性の立場にとどまろうとするかぎり，教義のすべてをうけいれ，信じることはできない。それゆえ理性はしばしば，教義を信じることをさまたげるもの，ちゅうちょさせるものとみなされてきた。宗教改革者のルターは，理性のことを「悪魔の娼婦」とよび，「信仰の敵」とよんでいる。「理性は信仰の最大の敵である。それはけっして霊的なことがらの助けにならないばかりではなく，しばしば神のみことばとたたかい，神から発するすべてのことを軽蔑をもってあつかう。」(『卓上語録』)宗教は教義を信じることをもとめ，教義を疑うことを禁ずる。しかし哲学は，教義というひとつの可能性を無批判的に受容することをいましめ，すべての可能性を疑いながら検討することをもとめる。疑うことは，宗教にとってはタブーであるが，哲学にとっては奨励されるべきことである。宗教が教義を信じることを優先させ，教義を信じるためには理性の立場を放棄することも必要であるとするのにたいして，哲学は最後まで理性の立場にとどまろうとする点が，宗教と哲学の大きなちがいである。

　本書は，ソクラテスからデカルトまでの6人の哲学者の生涯と哲学についてのべたものです。本書の出版を決断してくださり，美しい本に仕上げてくださいました北樹出版株式会社の木村哲也氏と古屋幾子氏に，心からの感謝を申し上げます。

　　　　平成24年6月20日　　　　　　　　　　著　者

著者紹介

山 本　新（やまもと・しん）

　1949年　岡山県生まれ
　翻　訳　『数学の哲学』（S. ケルナー著、公論社）
　著　書　『数学基礎論』（高文堂出版社）
　　　　　『現代論理学』（高文堂出版社）
　　　　　『ロックからウィトゲンシュタインまで』（八千代出版）

ソクラテスからデカルトまで

2012年7月25日　初版第1刷発行

　　　　　　　　　　　著　者　山 本　新
　　　　　　　　　　　発行者　木 村 哲 也
定価はカバーに表示　　　印刷　富士見印刷／製本　川島製本

発行所　株式会社　北樹出版
〒153-0061　東京都目黒区中目黒1-2-6
電話(03)3715-1525(代表)　FAX(03)5720-1488

ⓒ Shin Yamamoto 2012, Printed in Japan　　ISBN978-4-7793-0341-8

（落丁・乱丁の場合はお取り替えします）